|光明社科文库|

聚焦乡村教师成长

农村教师培训政策研究

金礼久 ◎ 著

光明日报出版社

图书在版编目（CIP）数据

聚焦乡村教师成长：农村教师培训政策研究 / 金礼久著. --北京：光明日报出版社，2020.4
ISBN 978-7-5194-5645-0

Ⅰ.①聚… Ⅱ.①金… Ⅲ.①农村—师资培养—教育政策—研究—中国 Ⅳ.①G451.2

中国版本图书馆 CIP 数据核字（2020）第 037546 号

聚焦乡村教师成长：农村教师培训政策研究
JUJIAO XIANGCUN JIAOSHI CHENGZHANG：NONGCUN JIAOSHI PEIXUN ZHENGCE YANJIU

著　　　者：金礼久	
责任编辑：曹美娜　黄　莺	责任校对：肖晓庆
封面设计：中联学林	特约编辑：万　胜
责任印制：曹　净	

出版发行：光明日报出版社
地　　址：北京市西城区永安路 106 号，100050
电　　话：010-63139890（咨询），010-63131930（邮购）
传　　真：010-63131930
网　　址：http://book.gmw.cn
E - mail：caomeina@gmw.cn
法律顾问：北京德恒律师事务所龚柳方律师
印　　刷：三河市华东印刷有限公司
装　　订：三河市华东印刷有限公司
本书如有破损、缺页、装订错误，请与本社联系调换，电话：010-63131930

开　　本：170mm×240mm	
字　　数：260 千字	印　　张：16.5
版　　次：2020 年 4 月第 1 版	印　　次：2020 年 4 月第 1 次印刷
书　　号：ISBN 978-7-5194-5645-0	
定　　价：88.00 元	

版权所有　　翻印必究

序

在新中国成立70周年之际,作为"国培计划"中小学名师领航工程南京师范大学名师成长研究的重要成果之一《聚焦乡村教师成长——农村教师培训政策研究》被列入《光明社科文库》资助出版项目,这是一件值得高兴的事。

该书以农村教师培训政策研究为题,选题具有鲜明的理论与实践价值。就理论价值而言,教师政策研究一直是教育政策研究,也是教育理论研究的重要主题。多年来,我国教育学界的一些学者或研究者十分关注教师政策研究,也取得了较为丰硕的研究成果。但就农村教师培训政策而言,翻阅已有的教育政策研究文献,关注于此的研究似不多见。而这也恰恰是需要加强的方面。金礼久的这一研究,在一定程度上是对教师政策研究,也是对教育政策研究的一种充实与丰富。从实践价值的层面看,基于我国特有的国情,农村教育的发展备受关切。改革开放至今,农村教育的发展始终与乡村教师的发展息息相连,因而也始终与乡村教师培养与培训政策的实施和推进息息相连。作为身在农村教育岗位的教师,其专业发展更是与培训政策的实施密切相关。40年来,中国农村教育取得的重要成就,彰显着乡村教师培训的政策成效。而农村教育依然存在的问题,也继续显现于农村教师培训的政策问题。正是在这种意义上,将农村教师培训政策研究作为研究主题,其实践价值也明显可见。

金礼久对这一论题的关注,也与他自身的生活与工作经历相关。他生长于农村,曾在农村中学任教多年。后来在南京师范大学教师教育学院工作,又一直和农村教师培训打交道。他参与并组织过多种有关培训农村中小学校长和教师的"国培班""省培班"、县乡镇校教师培训班。长期的生活与工作经历，使他对农村教育和农村教师有着深厚的情愫，可谓情有所系。攻读博士学位期间，他的专业方向为教育政策研究。这样，他专注于农村教师培训政策的研究自然在情理之中。

写作期间，作者努力克服工学矛盾，利用一切可能的时间，在多种图书馆和档案室搜集文献资料，同时深入到农村社区，尤其深入到乡村教师群体中，进行了大量的访谈调查。文中，作者运用了丰富的史料和访谈资料，多层面多序列地呈现并分析了改革开放以来我国乡村教师培训政策的目标定位、政策行动、政策成效和政策问题。本书以江苏为例，点面结合，以一条主线、一个观察点、三个观测对象为重要线索，揭示了农村教师培训政策形成的历史逻辑，做到了史论集合，论从史出，剖析了农村教师不断接受培训的政策背景和与政策互动的培训历程。

针对国家导向的农村教师培训制度及其弊端，文末提出了实施以教师为本的个性化乡村教师培训的政策建议，突显了教师培训对于乡村教师个性成长的意义。本书对深化乡村教师培训政策改革的建议与期待，契合新时代加强教师队伍建设的需要，具有针对性与创新性。

本书的出版，对于金礼久来说，只是学术研究的一个节点而非终点。新时期我国农村教育事业处在继续大力发展的过程中，乡村教师培训任重而道远。希望金礼久一如既往地关注农村教育和乡村教师的发展，进一步加强对农村教师培训政策的研究，以奉献出新的研究成果。

是为序。

张乐天
2019 年 1 月 7 日于南京师大随园

目 录
CONTENTS

第一章 绪论 ………………………………………………………………… 1
  一、研究缘起 ………………………………………………………………… 1
  二、文献综述 ………………………………………………………………… 4
  三、概念界定 ………………………………………………………………… 25
  四、研究方法 ………………………………………………………………… 31
  五、研究思路与创新、框架与不足 ………………………………………… 33

第二章 学历补偿教育与合格教师培训的政策重建(1978—1984) …… 37
  一、普及教育对合格教师培训的政策要求 ……………………………… 37
  二、机构推进:乡村教师合格培训的政策行动 ………………………… 50
  三、政策成效 ……………………………………………………………… 61
  四、政策问题 ……………………………………………………………… 70

第三章 从学历达标到提高培训的政策强化(1985—1999) …………… 80
  一、义务教育对学历达标和提高培训的制度化要求 …………………… 80
  二、制度化推进:从学历达标到提高培训的政策强化 ………………… 91
  三、从江苏省小学教师基本功训练看乡村教师提高培训的政策实施 … 103
  四、政策成效 ……………………………………………………………… 106
  五、政策问题 ……………………………………………………………… 121

1

第四章　乡村教师全员培训的政策推进(2000至今) …………… 137
　一、全面推进素质教育与乡村教师全员培训的政策制定 …………… 137
　二、工程化推进:乡村教师全员培训的政策执行 …………………… 157
　三、政策成效 ……………………………………………………………… 177
　四、政策问题 ……………………………………………………………… 198

第五章　个性化乡村教师培训政策展望 ………………………………… 216
　一、"以教师为本":乡村教师培训的政策定位 ……………………… 216
　二、市场化选择:个性化乡村教师培训的政策推进 ………………… 225
　三、专业自主性:改变乡村教师"被"培训的惯习 …………………… 233

参考文献 ……………………………………………………………………… 240

后　记 ………………………………………………………………………… 254

第一章

绪　论

一、研究缘起

（一）有缘乡村教师

我是一个教师教育者，也与农村教师有缘，曾经在农村做过长达7年的中学教师，因而有意选择乡村教师这方面的话题来做研究。早在初中毕业那年，班主任和学校领导就都动员我报考中师，那几年中师都是提前选拔学习成绩最好的学生，对于农村的孩子来说，能够有机会农转非是很现实也很幸运的事，然而，我没有报名。也许班主任对我也蛮有信心，觉得我考县中没有问题，也就没有过多干涉。高考那年没有发挥好，最终还是很不情愿地服从志愿被录取到了师范专业，也许这就是缘分吧。1991年前后师范生都实行定向分配政策，按照"哪来哪去"的原则，我被分配到了家乡一所乡镇中学做教师。好多同学下去一扎根就是一辈子，现在他们都是学校的中坚力量了。只是很惭愧，我做了一个逃兵，沿着读书的路走了出来，好在这条路还是教师的路，一干也快30年了。"历史是充满思想与情感的，我们需要进入历史去感知、去体悟"[①]，进而寻求教育的真谛。每每回去与过去的老师和同学们见面，与他们聊起在农村学校工作的情形总是历历在目。我想本研究多少可以记录一些我和他们都曾经历的岁月和他们的希冀。

在农村的时候，适逢九年制义务教育普及，乡乡镇镇忙达标验收，教育行政部门对乡村教师学历进修既鼓励又有限制。民办教师由于学历不够，需要参加学历补偿教育获得相应证书才能有机会转正；而像我这样小科班出身的想提

[①] 赵金坡.记忆、历史与角色：王丽娟和她的中师校友//中国教育：研究与评论：第13辑［C］.北京：教育科学出版社，2009：126.

高学历层次须满一定工作年限，且要层层报批，不仅要学校批，也要乡镇教育办公室批，更要教育局和人事部门批，否则连报名资格都没有。计划经济的管理模式与乡土社会人情、面子的交织还是留给了农村教师一线生机。不甘寂寞的我最终还是冲破了重重围帐，就像《围城》里讲的，对外面的世界充满了新奇。历史就像季节一样不停地转换着，而牵引这些变化的，也许就是乡村教师对知识、对自由永恒不变的向往而形成的"万有引力"。

（二）有缘乡村教师培训

乡村教师的经历让我有兴趣同时也感到有责任开展这方面的研究，研究生毕业后我留校在师大工作，更与教师培训结下了不解之缘。平时我接触比较多的可能就是教师培训了。作为一名教师培训工作者，我自然会强调乡村教师培训对于提高乡村教师队伍的整体素质和促进义务教育均衡所具有的特别重要的意义和导向作用，我也深深地热爱教师培训这个职业。

随着大规模乡村教师培训工作的开展，一批批来自省内外的中小学教师，尤其是来自乡村的教师，使我倍感亲切。因为他们不断地感动着我，我也从他们身上学到了更多优秀的品质和思想，聆听着他们的故事与烦恼。对于他们反映的问题，我表示深深的理解，并为他们呐喊，但我也羡慕他们今天能有条件走出来，走出大山，而我那时候靠政策，更靠自己一个人默默地奋斗，无论是工作还是学习，好多情况下要靠自己面对一条陌生的道路慢慢去求索。

改革开放以来我国出台了一系列加强乡村教师队伍建设的政策举措，国家对乡村教师培训给予了越来越多的政策倾斜，乡村教师培训从来没有像现在这样显得这么迫切和重要。以"国培计划"为代表的一系列教师培训计划，加大了中央财政和省市财政对乡村教师培训转移支付的力度。新近出台的《乡村教师支持计划（2015—2020年）》和《国家教育事业发展"十三五"规划》更是提出了一系列支持乡村教师队伍建设的重要举措，明确从2015年起，"国培计划"主要面向乡村教师，重点支持中西部乡村教师培训，全面提升乡村教师能力素质。应该说乡村教师培训的春天已经来临，我们没有理由不撸起袖子加油干。

（三）有缘教师教育政策研究

本研究是我的工作，也是我的学业。教师教育领域的工作基础使我对教师职前培养与职后培训一体化政策有了逐渐清晰的认识。工作之余，我有幸选择了教师教育政策作为自己的研究范畴，从政策分析的角度将教师职前培养与教师职后培训作为一个整体来研究,这也是我国教师教育政策发展的一种时代需要。

改革开放以来,人们普遍比较重视对教师职前培养的研究,包括对教师培养模式和教育理论的研究,也包括课程体系和教学内容的改革研究,并出现了一些研究成果。但在教师职后培训方面却没有得到应有的重视,"这种不重视不仅体现在培训机构的安排、培训队伍的建设、课程的研究和教学内容的更新等方面,而且也反映在培训理论的建设和发展非常落后,甚至可以说,在这方面几乎是一个空白。这是非常可怕的现象"[①]。过去很长一段时间,我国乡村教师培训以学历补偿教育为主,乡村教师培训的针对性比较强,"教什么,补什么","缺什么,学什么",培训内容和培训方式都比较简单,因而,也鲜见关于乡村教师培训政策的研究。

"教师培训既是政策议题,又是学术专业议题,它涉及教师专业发展的重要外在支持系统,为此我们需要给予特别关注,尤其是农村教师培训。"[②] 教育政策具有明确的处理和解决社会问题的目标指向性,同样,改革开放以来我国的乡村教师培训政策源于也服务于普及九年制义务教育对教师队伍的总体要求,教育政策的这种实践指向性要求我们必须加强乡村教师培训政策的研究,以更好地实现教育政策的价值目标。这种研究可以弥补教师培训领域普遍缺乏的理论指导倾向,丰富和发展教师政策和教师教育理论体系,因而具有极其重要的理论价值。

乡村教师培训为九年制义务教育的普及做出了巨大贡献。乡村教师队伍建设实现了从数量满足到质量提升的历史性转变。乡村教师全员培训工作的实施,需要对改革开放以来我国农村教师培训政策进行系统梳理,及时总结并反馈乡村教师培训政策所取得的成就和不足,为大规模乡村教师培训工作的开展建言献策。

(四)有感师范院校承载的责任

历史上,我国的师范教育是与乡村教育相伴而生的。陶行知倡导乡村教育运动,并有为乡村教育献身的可贵精神,撰写了《师范教育下乡运动》,强调师范教育对于支持乡村教育义不容辞的责任及自身新的出路:"我以为乡村师范学

[①] 谢维和. 教师培训:补充还是转型 [J]. 高等师范教育研究, 2002 (1).
[②] 朱旭东. 论我国农村教师培训系统的重建 [J]. 教师教育研究, 2011 (6).

校负有训练乡村教师改造乡村生活的使命。师范学校在乡村里设分校,在乡村的环境里训练乡村师资已经是朝着正当的方向进行了……要充分运用乡村环境来做这种训练的工夫。"①

然而,受培养与培训分离的影响,师范院校俨然已成为城市发展的一道亮丽风景,并一度远离乡村教育的实际。师范院校是"行动的巨人,思想的矮子",跟好多培训者一样,我们做得多,研究得少,只顾埋头干活,从不抬头看路。做培训的好像都比较忙,项目来了就得安排,任务到了必须去张罗,每天跟打仗似的,永不停息。很少有人能够静下心来思考农村教师培训"是什么""为什么""怎么样"等政策问题。尽管国家有鼓励以师范院校和综合性大学为主体开展农村教师培训的政策,然而,很多高校仍然习惯性地停留在教师职前培养的阶段,满足于学科建设和高深学问的制造,而很少顾及服务乡村教育的实际。

就当前的政策来讲,不少高校并不鼓励教师过多地参与地方教师培训工作,甚至视培训为副业,将培训作为创收的渠道并课以重税,培训更没有专门的事业编制,没有财政拨款,至多招几个退休教师甚至雇佣外面的临时工来自行消化,更谈不上专业的研究力量了。教师培养与培训还是"两张皮",教师教育一体化远未完成,教师教育学科建设尚且举步维艰,教师培训学科建设更是纸上谈兵了。

农村教育的落后,师范院校责无旁贷。"十三五"教育事业的发展,为师范院校推进教师教育一体化改革提供了新的契机。我们需要从政策层面强化服务农村教育的责任意识,建立服务乡村教师培训的政策体系,既"顶天"又"立地",鼓励和促进高校尤其是高等师范院校持续不断地为农村教育培养和培训优秀教师,重构与基础教育的伙伴关系,承载起历史赋予的重任,真正为农村学校"雪中送炭"。因而,加强农村教师培训政策研究,关注农村教育发展,服务乡村教师成长,对于师范院校来说是机遇,也是一种责任,更也是一种挑战。

二、文献综述

(一) 关于乡村教师的研究

1. 关于农村教育和乡村教师研究的变化

改革开放之后较早论述我国农村教育的研究成果有 1985 年由江苏省教育学

---

① 江苏省陶行知教育思想研究会. 陶行知文集 [M]. 南京:江苏人民出版社,1981:91.

会教育学研究会编的《农村教育研究论文集》以及1988年由人民教育出版社出版、南京师范大学教科所教育系编的《农村教育学》。此后有中国陶行知研究会主编的《农村教育出路》（人民教育出版社，1991）、李少元的《农村教育论》（江苏教育出版社，1996）、廖其发的《中国农村教育问题研究》（四川教育出版社，2006）、陈敬朴的《农村教育发展水平质量评价研究》（东北师范大学出版社，2008）等。

关于乡村教师的研究相比农村教育的研究起步要晚，相应的研究著作也更少，南京师范大学图书馆书目检索系统显示当前关于农村教育的书目有45种，而关于乡村教师研究的书目只有8种，更多有关乡村教师的研究散见于各种对于农村教育的论述中。近10年关于乡村教师研究的代表性著作有唐松林的《中国农村教师发展研究》（浙江大学出版社，2005），周险峰的《农村教师研究30年：回顾与反思》（华中科技大学出版社，2011），李金奇的《资本与地位：农村教师社会地位的社会学考察》（中央编译出版社，2012），肖正德、林正范的《农村教师的发展状况和保障机制研究》（浙江大学出版社，2014）等。这些研究成果体现了改革开放以后我国学者对农村教育和乡村教师的关注，或许那个年代的那个政策在乡村教师身上留下的不仅仅是一个时代的烙印，还是一代乡村教师永久的记忆。

根据CNKI中国期刊全文数据库1980年至2015年的期刊检索，以每5年学术期刊发表的关于农村教育和乡村教师的论文数量来看，研究者对农村教育和乡村教师的关注度呈正相关，并且随着对农村教育研究的深入，对乡村教师的研究也由很少关注到逐步增加。1980—1985年各类期刊共发表农村教育类文章113篇，而关于乡村教师的文章只有9篇；1986—1990年共发表农村教育类文章568篇，关于乡村教师的只有10篇；1991—1995年共发表农村教育类文章802篇，关于乡村教师的有28篇；社会大众及学者们对农村教师的研究成果大量呈现于2000年之后（如图1-1），说明随着对农村教育关注度的提高，社会对乡村教师的关注度也随之升高，在近10年达到了历史的最高峰。从已有的研究成果来看，不同时期的乡村教师研究呈现出了不同的偏好。研究者们在那个时期强烈政策呼吁或表现的可能就是当时教育发展的某种需要，也可能是某种意识形态发展的要求，整体上来看就是某种可能发生的趋势。

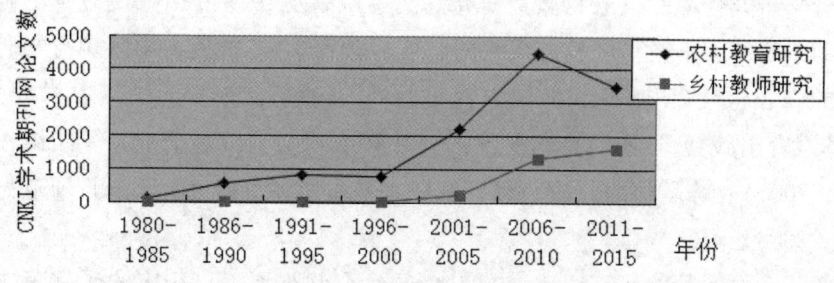

图1-1 从关注农村教育到关注乡村教师的研究

2. 关于乡村教师社会地位的研究

根据韦伯的社会分层理论,西方学者较早地从"财富""声望""权利"三个外在维度对乡村教师群体的社会地位进行了研究。20世纪80年代我国学者也引入了这三个维度对乡村教师群体外在的社会境遇进行了研究。20世纪80年代后期至90年代,对农村教育的考察重在"经济"的维度。改革开放初期我国社会的主要问题集中在"脑体倒挂"方面,包括乡村教师在内的整个知识分子阶层经济收入都比较低。因而,研究者也比较关注乡村教师的物质生活问题。1980年秦海宗在《人民教育》发表的《深受欢迎的"教师之家"》介绍了湖北省黄冈县文教局在县城里腾出文教局的十二间房子,为乡村教师进城办事或治病提供住宿就餐方便而建了一所"教师之家",受到全县乡村教师的热烈欢迎。1981年《人民教育》刊发了《认真解决农村教师的报酬和生活问题》的社论,阐述了农村实行联产承包生产责任制的同时给乡村教师工作和生活带来的新问题,如有乡村教师因分到责任田而忙于种地,不能集中精力忙教学;有的乡村教师因无力承包责任田或减产而受了惩罚;也有因实行以工带粮,家庭得到的工分少,导致口粮不足。王慧、马晓娟(2007)对西部乡村教师生存状态的调查显示,乡村教师存在着职业压力大、幸福感不高、教师管理过于刚性化的情况。[①] 研究者对乡村教师物质生活和精神状态的关注对国家的教育决策发挥了积极的影响。1986年《中华人民共和国义务教育法》以法律的形式为乡村教师队伍的稳定与发展提供了支持与保障。

---

① 王慧,马晓娟. 西部农村教师的生存状态——来自甘肃省的调查[J]. 当代教育科学,2007(12).

如何建立一支稳定的数量充足的乡村教师队伍是改革开放初期国家制定乡村教师政策的基本出发点，也是研究者们广泛关注的话题。许海瀛、李海维（1988）研究了山区乡村教师队伍建设存在的问题，认为普及九年义务教育关键在于要有一支合格稳定的教师队伍。山区乡村教师队伍建设存在数量不足、质量不高、学科不配套、骨干教师少等共性问题，也有其特殊性。师范院校可设立山区班专门为山区培养乡村教师。要改革乡村教师进修制度，设立在职教师进修奖励基金和优惠政策。改善山区教师待遇，吸引优秀人才到山区终身任教。[①] 王云鹤（1989）着眼于建设一支新型的乡村教师队伍，提出农村初中实施普通教育与职业技术教育的关键是教师。要处理好精神鼓励与物质报酬、校园经济与家属庭院、学校工作和家庭劳动的关系。[②] 徐柏林、刘国荣（1990）认为稳定乡村教师队伍存在配偶难、分房难、子女就业难、创造实绩难等影响因素。加强乡村师资队伍建设，逐步提高乡村教师的政治地位和生活待遇，对于搞好农村教育至关重要。[③] 稳定乡村教师队伍不是简单地提高乡村教师工资待遇的问题，更要提高乡村教师的政治地位和社会声望。金柱伟、段兆兵（2013）从文化资本的三种形式对乡村教师低职业吸引力进行了分析，认为新教师不愿到农村就职和在职教师离职，根源在三种形态文化资本的缺失，一是具体形态的文化资本缺失，致使乡村教师的发展机会丧失；二是客观形态的文化资本缺失，导致乡村教师的生存质量降低；三是体制形态的文化资本缺失，导致农村教师社会地位下降。因而，提高乡村教师的经济待遇、增强其职业认同感、提高其社会地位来改变农村教师的低职业吸引力现状。[④]

乡村教师的社会地位、乡村教师对自身身份的认同、职业观及世界观又不断影响着乡村教师的专业发展，他们互为条件，相互制约。李金齐（2012）从社会学的角度揭示了乡村教师的生存困境和低下的身份认同，进而运用布迪厄的资本理论对乡村教师的经济资本、文化资本和社会资本进行了剖析，认为乡村教师的文化资本支撑着乡村教师的经济地位和社会地位。唐海朋、周天梅（2012）重视乡村教师角色意识的转变对于乡村教师专业发展、提高乡村教师职

---

① 许海瀛，李海维. 山区农村教师队伍建设亟待解决的问题［J］. 教育理论与实践，1988（2）.
② 王云鹤. 培养一支新型的农村教师队伍［J］. 现代中小学教育，1989（4）.
③ 徐柏林，刘国荣. 我们是怎样稳定农村教师队伍的［J］. 人民教育，1990（12）.
④ 金柱伟，段兆兵. 农村教师低职业吸引力的社会学分析［J］. 教育探索，2013（10）.

业认同感、促进乡村教师身心健康、发展农村教育的重要意义。在现实中，乡村教师作为单纯知识传授者的角色已发生改变，尚缺乏作为课程开发者和研究者的角色认同和对教师角色规范的理解，对于扮演的课程开发者、研究者和学生心理辅导者等角色充满了挫败感[①]。因而，发展乡村教师的个人理论，实现乡村教师角色意识转变尤为重要。

我国学者对乡村教师经济待遇和社会地位等问题的研究已经取得了喜人的成果，尽管理想的权利与现实的满足差距还很大，但至少在形式上已经获得了政策层面的采纳与执行，并且形成了法制化的成果，乡村教师的社会地位和声望有了长足的进步。

3. 关于乡村教师内在素质的研究

随着农村九年制义务教育的推进，乡村教师的素质问题越来越引起研究者的关注。吴忠魁（1993）将基础教育的质量问题归结为教师的素质，以升学机制为主导的应试教育对教师素质的要求是学科中心主义，学历教育和教师培训严重脱离农村实际。基础教育的质量与教师的素质之间存在正相关，乡村教师的素质已经成为进一步发展农村教育的核心问题。[②] 众多研究者将乡村教师的质量归结于乡村教师的专业化发展。联合国教科文组织日内瓦第45届国际教育大会（1996）强调"在提高教师地位的整体政策中，专业化是最有前途的中长期策略"，并且"教师专业化应该作为改善教师地位和工作条件的策略之一"。[③] 研究者们视专业化为提高乡村教师社会地位的重要途径，呼吁只有不断提高乡村教师的专业化水平，才能提高乡村教师的职业声望，使乡村教师的职业成为受人尊敬的职业，成为具有较高社会地位的职业。

进入21世纪，适应农村新课程改革的需要，中小学教师继续教育制度开始实施，乡村教师的专业发展问题成为十多年来研究者最热衷的政策话题之一。田慧生（2003）认为乡村教师整体素质低是困扰乡村教师队伍建设的根本问题，具体表现在：一是乡村教师教育观念陈旧、方法落后、知识老化；二是学历达标与能力落差大；三是乡村教师民转公的多、代课教师多，没有接受过系统的

---

① 唐海朋，周天梅. 农村教师角色意识的转变撷谈 [J]. 继续教育研究，2012（1）.
② 吴忠魁. 农村教师素质与基础教育质量 [J]. 比较教育研究，1993（4）.
③ UNESCO Internationnal Bureau of Education. 1996, Internationnal Conference on Education 45th Session Final Report, Geneva：IBE.

师范训练，水平和能力偏低；四是农村教师职业道德有待提高。① 史静寰、延建林（2006）从农村教师的层次结构、年龄结构、学历职称结构及性别构成分析了乡村教师队伍存在的结构性矛盾，认为乡村教师队伍建设的突出矛盾，正由过去的数量性矛盾向结构性与质量性矛盾转变。② 新课程改革要求乡村教师必须走专业化发展的道路，农村教师教育是推进农村基础教育课程改革的关键。③ 张进良、何高大（2010）从信息技术的角度提出了乡村教师专业发展的新途径，认为信息技术可以从观念更新、培训革新、环境建设、深化研究、促进反思等方面促进乡村教师的专业发展。④

（二）关于支持乡村教师发展的政策研究

从政策层面剖析乡村教师发展的专门文献很少，中国期刊全文数据库收录的 2000 年以前发表的以乡村教师政策为主题的文章屈指可数。进入 21 世纪以来，研究者开始关注影响乡村教师发展的政策研究，研究成果不断增多。根据近 10 年来关于乡村教师发展的研究文献，对乡村教师发展的政策研究可以从以下五个方面来进行考察。

1. 关于乡村教师发展政策取向的研究

2006 年《教育发展研究》第 14 期以"教师专业化发展"专题形式刊发了一组文章，从社会、学校及教师自身三个视角讨论了教师专业发展面临的新情况、新问题。《"择教"与"择校"：学校与教师专业发展的另一种视角》从"选择教育"的视角对教师专业发展提出了新的要求；《专业化与教师社会形象的重建》从社会不同时期教师专业身份和地位的变化讨论了现代价值标准影响下教师专业新形象问题；《校本学校改善与教师专业发展——为了教育质量提升之教师专业发展》强调学校改善的关键在于教师，教师校本发展的方式应以专业学习社群为基础，以校本课程发展为路径；《小学教师专业发展的阻碍因素研究》依据第一手调研数据，运用专业的统计分析，对小学教师专业发展的现实状况进行了分析。吴文胜（2013）以特定历史条件和历史时空的背景材料为基

---

① 田慧生. 关于农村教师队伍建设问题的思考 [J]. 教育研究, 2003 (8).
② 史静寰, 延建林. 聚焦农村中小学教师, 关注农村基础教育的可持续发展 [J]. 教育发展研究, 2006 (4).
③ 林健. 基础教育课程改革与农村教师教育 [J]. 教育探索, 2004 (12).
④ 张进良, 何高大. 信息技术支持下农村教师专业发展的思考 [J]. 中国电化教育, 2010 (5).

础，采用历史方法，着眼于政治文化对乡村教师发展的影响，讨论了我国乡村教师政策中的若干问题，构筑基于中国语境的"历史叙事之认同"。[1]

基于政治文化对教师发展的影响，不少研究者主张把"人"作为乡村教师发展政策价值选择的基础。叶澜（2002）将教师专业发展描述为"促进教师专业成长或教师内在结构不断更新、演进和丰富的过程"。[2] 于泽元（2004）把教师专业发展表述为"教师个体知识、技能的获得以及教师生命质量的成长"。[3] 蒋茵（2012）则从专业品性的角度对乡村教师专业发展的价值进行了思考。

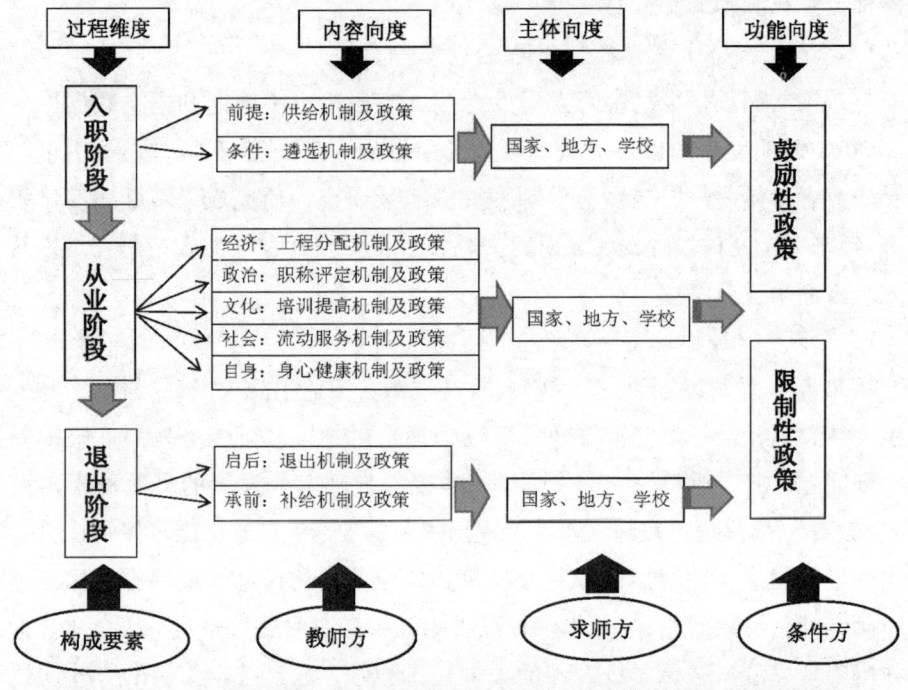

图1-2 "一维三向九类"乡村教师保障机制及政策体系构建分析框架

容中逵（2014）将整个乡村教师发展的问题置于"人"的基础上从主体、内容、功能三个向度对乡村教师发展的保障机制进行了研究，主张依据乡村教师从教的生命历程将乡村教师发展政策体系的构建划分为入职、从业、退出三

---

[1] 吴文胜. 教师发展与政治文化研究：基于教师政策演变的分析 [M]. 杭州：浙江大学出版社，2013.
[2] 叶澜等. 教师角色与教师发展新探 [M]. 北京：北京教育科学出版社，2002：222.
[3] 于泽元. 教师专业发展视野中的高师课程改革 [J]. 高等教育研究，2004（3）.

个阶段,再依据内容维度即不同阶段乡村教师发展的不同需求划分出九类政策机制(如图1-2)。① 这个自成体系的乡村教师发展政策系统体现了教师方与求师方争取条件方的相互博弈过程。解决乡村教师发展的问题需要明确划分国家、地方、学校等不同政策主体和执行主体的权限,形成鼓励性政策和限制性政策等政策保障。

然而,由于政策价值主体及其所构成的各种关系体系对利益追求的差异往往会导致价值认识和价值选择上的冲突。政府的政策取向未必与研究者的研究旨趣完全一致甚至背离教育的本质。乔晖(2008)从国际比较的视角介绍了英美日乡村教师专业发展的组织形式,认为我国对乡村教师专业发展的研究都只是研究人员单方面闭门造车、逻辑推理的结果,缺乏对乡村教师真实情境的调查,过分强调教师的专业发展而忽视了乡村教师对于新农村建设的社会价值,忽视了乡村教师与乡土环境的互动。② 张华(2014)将我国教师教育存在的根本问题视为把教师仅仅视为社会控制的对象,而否定教师认识的独特性。

2. 关于乡村教师发展的保障性政策研究

乡村教师的发展多受国家宏观政策的影响和支配,与乡村教师生存相关的基本保障政策是研究者关注的基本问题。历史上,国家对乡村教师社会地位、经济待遇和专业发展等方面的政策保障奠定了中国式的乡村教师专业发展之路。

与乡村教师生活息息相关的工资、住房、福利及学习经费等问题是事关乡村教师队伍稳定和发展的基本问题,历来受到研究者的广泛关注。增加经费投入被视为促进教师专业发展的首要因素,③ 并构成稳定乡村教师队伍的前提和基础。梁文艳、胡咏梅(2008)就乡村教师队伍建设相关的数量、编制、学历、收入、教学质量等问题对中国西部五省县、乡镇、学校、班级四级大规模的抽样调查发现,中小学教师质量不高、学历偏低、受训机会有限、工作生活压力大、代课教师问题突出、教师参与学校管理不够等问题,提出了稳定乡村中小学教师队伍的一系列政策建议,包括以公共财政保障乡村教师工资和福利,将乡村教师的编制核算落实到乡镇一级按需设岗,建立乡村中小学教师培训机制,

---

① 容中逵. 农村教师发展保障机制与政策体系的系统构建[J]. 教育理论与实践,2014(1).
② 乔晖. 农村教师教育的问题与转变——从国际比较的视角出发[J]. 盐城师范学院学报(人文社会科学版),2008(2).
③ 丁钢. 中国中小学教师专业发展状况调查与政策分析报告[M]. 上海:华东师范大学出版社,2010:234.

西部中小学教师津补贴、安居房及培训经费由中央和省级财政按比例分担,鼓励教师参与民主管理等,以此稳定乡村教师队伍,减少优秀人才流出,吸引优秀人才到西部农村任教。[①] 王凯(2011)调查了浙江省乡村教师专业发展的保障问题,近85.3%的乡村教师反映教师学习经费短缺。各级政府对农村教育经费的投入重点在于校舍危房改造、校园硬件建设,而用于教师专业发展的资金往往是经费投入的末端,只有在其他经费充足的情况下才会酌情考虑增加乡村教师专业发展的经费。经费短缺严重影响农村中小学内部教师专业发展的制度和项目实施的效果,并成为农村教师专业发展的瓶颈问题。[②] 李金齐(2012)在对我国农村教师的工资、奖金、津贴及其他福利待遇的分析中,对比了农村教师的绝对收入,县、乡、村教师的经济收入,农村教师群体的内部差距及行业差距,发现农村教师群体之间存在着严重的分化,农村教师的平均工资在国民经济各行业排名依然比较靠后。这种低工资的状况会导致农村教师的职业倦怠,直接威胁农村教育的可持续发展。[③]

加强体制机制建设,完善教育法规,从根本上保障乡村教师发展的基本权利、完善农村教师发展运行机制是众多研究者的期盼。田慧生(2003)将乡村教师发展问题归结为体制性问题,建议加快体制创新,建立符合乡村教师实际的工资发放和人事管理制度是乡村教师发展的根本大计和基本前提。[④] 陈赟(2003)对乡村教师的工资问题进行了研究,认为教师工资是教师社会地位的重要反映,体现了国家对教育的重视程度,建议依法治教,建立县级教师工资统筹、省级动态平衡的拨款机制;完善教师劳动力市场,运用市场杠杆调节教师工资。[⑤] 庞丽娟、韩小雨(2006)针对我国农村义务教育阶段农村教师队伍建设存在的问题提出了破解之法,建议修改《教师法》,实行教育公务员制度,确立义务教育阶段教师的公务员法律地位,要建立健全农村教师的工资待遇和教师培训的财政保障机制,完善乡村教师队伍建设与管理体制,加强乡村教师培

---

① 梁文艳,胡咏梅. 农村中小学教师队伍建设的实证研究——基于中国西部农村的调查[J]. 上海教育科研,2008(12).
② 王凯. 农村教师专业发展的保障状况与对策[J]. 全球教育展望,2011(11).
③ 李金齐. 资本与地位:农村教师社会地位的社会学考察[M]. 北京:中央编译出版社,2012:19-49.
④ 田慧生. 关于农村教师队伍建设问题的思考[J]. 教育研究,2003(8).
⑤ 陈赟. 20世纪90年代教师工资问题研究[J]. 清华大学教育研究,2003(1).

训制度建设，构建乡村教师职业发展的政策支持体系。① 肖正德、林正范（2014）根据乡村教师发展的开放性特征提出了职前教师培养机制、职后教师培训机制和制度保障机制。要严格农村教师的准入标准，执行严格的教师资格认证制度，使之与教师专业发展的要求相适应。②

乡村教师发展的体制机制建设是推进城乡义务教育均衡发展的重要前提和基础。张宇、宇海英（2012）着眼于城乡教育一体化对农村义务教育教师质量问题进行了研究，建议实行包容性教师配置制度，打破城乡教师身份归属，形成由县区统一管理模式，将城乡教师的管理权限与学校剥离开来。要为乡村教师提供关键职业资助，通过实施多元主体监控乡村教师质量等办法，探索农村教师发展的路径，促进义务教育均衡发展。③ 何杰（2014）考察了L县乡村教师发展的支持性政策，对江苏"千校万师支援农村教育工程"进行了研究，发现人们在对支教政策寄予高期望的同时却忽视了农村教师队伍建设长期存在的农村教师稳定性不足、职业声望吸引力低等根本性问题。支教老师的首要任务，不在于让他们带一个班，或者教授一门课程，而是让他们传递全新的教改信息，发挥其引领作用，带动农村学校的教师专业发展。对L县的支教政策存在着支教动机异化、支教缺乏针对性、支教管理漏洞以及支教考核中的人情考量等问题。④

3. 关于乡村教师发展的评价政策研究

乡村教师评价是一项政策性很强的工作。农村教育行政部门对农村中小学教师进行的众多不切实际的考核，职称评聘中的论资排辈以及应试教育中的唯分数论等现象挫伤了很多乡村教师专业发展的积极性。对此，研究者给予了高度关注。跟乡村教师激励评价政策直接相关的是对乡村教师的绩效考核、职务晋升、薪酬调整等多方面的政策规定。郭浩（2007）侧重人事制度层面强调机制创新是乡村教师走出专业发展困境的根本出路。机制创新，一是保障机制创

---

① 庞丽娟，韩小雨. 我国农村义务教育教师队伍建设：问题及其破解［J］. 教育研究，2006（9）.
② 肖正德，林正范. 农村教师的发展状况和保障机制研究［M］. 杭州：浙江大学出版社，2014：9.
③ 张宇，宇海英. 城乡教育一体化进程中农村义务教育教师质量问题与对策［J］. 教育发展研究，2012（24）.
④ 何杰. 新世纪支持农村义务教育发展的政策执行考察［M］. 北京：中国社会科学出版社，2014：123.

新，要为乡村教师专业发展提供必要的条件；二是激励机制创新，要调动乡村教师专业发展的积极性；三是教育机制创新，要构建适合乡村教师专业发展特点的教育模式；四是管理机制创新，要建立开放、高效的管理机制。①

亚当斯（John Stacey Adams）的公平理论强调，一个人的公平感源于他自己的贡献与报酬之比与他人的贡献与报酬之比是否相等。传统的教师薪酬依据教龄和职称来确定工资级别导致了教师干多干少一个样，显然有失公平，贫困地区的乡村教师更不能安心农村教育。以"多劳多得、优绩优酬"为原则的义务教育绩效工资改革也使得学校内部职工、教师与领导之间产生了一些新的不公平现象。马国贤、赵宏斌（2011）通过对绩效工资制度实施情况的调查发现，一些学校的绩效考核只注重激励、鉴定、选拔和管理的功能，并未对教师的专业发展起到促进作用；考核内容更多是对过去业绩的考核，而非面向未来促进教师专业发展。②

对乡村教师考核评价政策的研究不仅仅局限于人事管理的层面，随着对基础教育质量要求的提高，对教师业务能力和水平进行考核评价的政策逐渐成为研究者十分关注的话题。王凯（2011）通过对我国农村中小学教师专业发展评价政策的调查，发现我国农村中小学教师评价制度改革非常滞后，作为促进乡村教师发展的校本化评价制度，不仅不能促进农村教师的专业发展，反而成为教师专业发展的绊脚石。③ 农村中小学教师专业发展评价制度存在的主要问题表现在评价主体缺乏评价技能、评价方法单一、评价内容片面、评价标准过于统一、评价结果缺乏有效反馈等方面，因而，农村中小学教师专业发展评价工作很难得到较高的信度和效度。

4. 关于乡村教师发展的教研政策研究

我国基础教育历来有重视教研的传统。20世纪50年代起我国就着手建立了各级教研机构，如教育行政部门设立的各级"教研室"以及各类学校设立的"教研组"等。随着基础教育新课程改革的不断推进，中小学教研制度研究逐渐成为研究者关注的热点话题。"教研制度是关于教学研究的制度，它的内涵非常

---

① 郭浩. 机制创新：农村教师专业发展的根本出路 [J]. 中小学教师培训，2007（2）.
② 马国贤，赵宏斌. 我国农村义务教育财政政策：现状与思考 [M]. 镇江：江苏大学出版社，2010：58.
③ 王凯. 我国农村中小学教师专业发展评价存在的问题及政策建议——以山东省为个案 [J]. 当代教育科学，2011（24）.

丰富，对于教学研究具有导向性、制约性。"① 学术界把教研制度关注的焦点集中在教研室职能的转变和教研员角色的定位研究上。有学者认为"专门的教研机构和人员是中国教育发展史上一种独特的现象，是一个典型的具有本土化色彩的研究课题"②。"教研员，世界教育史上独一无二的群体，诞生于建国初期，一个特殊年代的特殊群体，在完成着一项特殊的历史任务。"③

与本土化教研制度相适应，"校本课程"和"校本教研"（以校为本的教学研究制度）成为支撑本土化教研制度、促进乡村教师发展的重要组织形式。因而，对"校本课程"和"校本教研"的研究也成为本土化教研制度研究的重要内容，具有代表性的专著有崔允漷（2000）的《校本课程开发：理论与实践》、姜平（2005）的《校本教研教师行动研究案例》、胡庆芳（2007）的《校本教研制度创新》、王永和（2008）的《教研组建设简论》、李子建的《校本课程发展、教师发展与伙伴协作》（2010）、张扬（2010）的《有规矩成方圆：区域推进以校为本教研制度建设》、沈伟（2014）的《中国大陆教研员的制度演进与身份建构》等。以张扬为代表的研究团队以区域推进教研制度建设的案例向读者呈现了实验区校本教研建章立制的历程，阐述了他们利用制度杠杆的作用来加强教研组建设，并提升教师专业发展的思想和行动。这些团队不仅专注于校本教研的研究，更注重参与农村中小学校本教研的实践和制度创建。教育部基教司"创建以校为本教研制度建设基地"项目专家组组长顾泠沅老师在上海市青浦县主持了长达15年的数学教育改革实验，并开展了近10年的后续研究，在此基础上他们著述了校本研修的理论与实践系列丛书，如王洁、顾泠沅（2007）的《行动教育：教师在职学习的范式革新》、张丰（2007）的《校本研修的活动策划与制度建设》等。

5. 关于乡村教师发展的国际经验研究

教师发展是国际社会普遍关心的政策议题，世界各国无不把教师专业化作为支撑国民教育的重要抓手而给予政策上的广泛支持。对教师专业化发展最有影响力的三个文件是美国卡内基工作小组、霍姆斯小组相继发表的报告，明确提出了教师发展的专业化问题，强调教师不仅仅是一种大众化的职业，更是一

---

① 王少华. 关于中小学教研制度建设的研究 [J]. 现代中小学教育，2005（12）.
② 张行涛，李玉平. 走进校本教研 [M]. 北京：开明出版社，2003：7.
③ 李建平. 教研：如何适应课程改革的需要 [N]. 中国教育报，2003 – 05 – 25.

种专业。① 1986年卡内基教育经济论坛发表了《国家为培养21世纪的教师作准备》报告，强调教师是教育改革成功的关键，教师应当成为与医生、建筑师、律师等职业一样的"专门职业"。同年，霍姆斯小组（Holmes Group）发表了《明日的教师》报告，改革教师培训课程，第一次提出了"专业发展学校"的概念，主张大学要与中小学校密切合作，并以中小学为基础建立教师专业发展学校（PDS）。5年后，霍姆斯小组又发表了第二份报告《明日的学校》，提出了教师专业发展学校的六项办学原则。1996年，霍姆斯小组再次推出《明日的教育学院》，要求大学的教育学院或教育研究生院重新设计教师教育课程，通过大学与中小学合作，共同促进教师的专业发展。霍姆斯小组的三份报告得到了全美各个大学和中小学的支持。1997年美国国会通过《1997年美国优秀教师挑战法案》，提供竞争性财政支持推动专业发展学校，促进教师培养、补充和发展，为专业发展学校提供了法律依据。教师专业发展学校政策已经成为美国教师教育的重要支撑，并为众多国家政府和研究者所关注。

由于不同教师在不同的发展阶段面临着不同问题和不同的专业发展需求，因而，众多的学者开始关注教师专业发展的阶段理论，以期解决不同教师在不同阶段遇到的专业发展问题，寻求适合教师专业发展的路径。费斯勒（Fessler, 1985）长期对教师职业生涯进行了研究，提出了动态的教师职业生涯八个阶段理论，即职前教育阶段、实习导入阶段、能力建立阶段、热心成长阶段、生涯挫折阶段、稳定停滞阶段、生涯低落阶段、生涯隐退阶段。② 柏林纳（D. C. Berliner, 1988）则将教师职业发展分为五个阶段，即新手（novice）、新秀（advanced beginner）、胜任型（competent）、能手（proficient）、专家（expert）。斯滕伯格（R. J. Stemberg, 1997）则提出了"原型发展观"，将教师的职业发展简化为由新手到专家的过程，成为一名专家型的教师是其终极目标。③

世界各国对乡村教师发展给予的政策支持也是中国学者比较热衷的话题。孙德芳（2012）研究了美国、日本、韩国、英国、印度、澳大利亚等国政府及联合国教科文组织国际农村教育研究与培训中心、高等学校等国际组织与机构

---

① 国家教委发展与政策研究中心. 发达国家改革的动向和趋势：第2集［M］. 北京：人民教育出版社，1987：321.
② 连榕. 教师职业生涯发展［M］. 北京：中国轻工业出版社，2008：24.
③ 石长林. 中国教师政策研究——基于教育政策内容的视角［D］. 华中师范大学，2005.

在促进农村教师发展方面所采取的政策经验,[1] 显示了多元文化社会背景中的多元政策主体在促进农村教师发展过程中采取的多元政策支持。国外政府为农村教师发展提供的社会保障不仅有教师社会地位的保障,更有经济待遇和专业奖励性的保障,其中经济待遇保障包括了农村任教津贴和农村任教奖励津贴等;农村教师发展的专项计划不仅有农村教师培训计划、新任教师的支持计划,还有优秀教师任教农村计划等;国外高校与中小学校的专业合作模式、农村教师的定向培养模式、农村教师的"自我成长"策略以及农村教师的定期交流机制等经验做法,对当前制定我国农村教师发展的保障政策具有重要的借鉴意义。刘静(2014)考察了美国国际发展署支持的埃塞俄比亚基于校本和联片的教师发展支持体系、罗马尼亚基于导师制的农村教师校本发展、中英西南基础教育项目构建的县—乡—校教师发展支持体系,强调教育管理部门的教学领导力是农村教师支持体系的重要基础,教师支持者的能力建设是确保支持体系质量的关键。[2] 持续的教师专业发展是一个系统过程,合理的规划设计、可靠的资金、人力和物力保障是农村教师发展支持体系可持续发展的重要支撑。

（三）关于支持乡村教师发展的培训政策研究

世纪之交,随着乡村教师队伍在数量上的基本满足,乡村教师的质量问题开始得以关注。1999年国务院批转《面向21世纪教育振兴行动计划》,提出实施"跨世纪园丁工程",以不同方式对现有中小学教师进行全员培训和继续教育。随着《中小学教师继续教育规定》的出台,我国全面启动了"中小学教师继续教育工程",关于乡村教师培训的政策研究也开始成为教育理论研究的重要组成部分。"在农村教师培训这个议题下,我们需要讨论的问题是,当前农村教师培训存在哪些难题?如何重建农村教师培训系统?更深层次的问题是,在重建农村教师培训系统中,由谁来培训?在哪里培训?培训什么?如何培训?"[3] 这些问题的提出反映了研究者对乡村教师培训政策的期待和深层次的关注。本研究根据近10多年来公开出版或发表的教师培训文献,将农村教师培训政策的研究概括为以下五个方面。

---

[1] 孙德芳. 保障农村教师发展的国际经验 [J]. 中国教育学刊, 2012 (12).
[2] 刘静. 农村教师专业发展支持体系——发展中国家的实践 [J]. 比较教育研究, 2014 (1).
[3] 朱旭东. 论我国农村教师培训系统的重建 [J]. 教师教育研究, 2011 (6).

1. 关于培训目标和价值的研究

"为谁而培训"已经成为研究者考量农村教师培训政策价值的基本问题。吴惠强（2015）以浙江省J市为例研究了县级教师进修学校的培训能力，分析了教师培训价值取向异化的一些深层次原因。教师培训政策价值的异化有个人教育观念和思想认识上的误区，也深受社会对教师培训长期存在的私益性与公益性之争影响。社会上流行的最具危害的说法是，好教师是天生的而非培养的，教师发展完全是私人行为，教师培训可以提高教师自身的经济和非经济的回报，我国推行的中小学教师竞争上岗、择优聘用等公开招聘、职称评聘制度使得中小学教师培训成为教师利益获得的重要手段，参与教师培训的各方存在着各自的利益博弈。有些地方性教师培训项目是收费的，有的是"被参与"的自费培训，农村教师、代课教师以及民办学校教师的参训权利被严重弱化。

支持公益性说法的认为教师培训应当具有公益性，是公益性教育理念的延伸与发展。李锋亮、康小明（2008）将教师培训定义为"一种具有巨大积极外部效应的准公共产品"。[①] 教师受雇于国家，教师培训可以提高教师自身素质，为教师本人带来巨大收益，如成就感、名望与收入等，也能给他（她）所在学校、学生、所在地区乃至整个社会带来巨大的溢出效益。由国家资助的教师培训在很大程度上被视为一种福利。朱旭东（2010）以"国培计划"为例论证了农村教师培训的公益性价值，强调以"国培计划"为代表的政府项目首先体现的就是其公共价值性。[②] 公共性是与私人性相对应的概念，公共性决定了"国培计划"不是教师个人的福利，也非培训机构的营利性项目。"国培计划"的公共性决定了农村教师培训项目必须满足社会公共需要的特性。政府通过"国培计划"对社会财富和培训资源进行再分配，重点支持中西部农村教师培训，促进义务教育均衡发展，推进社会公平正义。曲中林（2012）论证了公益性的教师培训，主张合理配置社会公共教育资源，实行全免费的教师义务培训制度，让教师培训成为一种公共福利，惠及全体教师。[③]

2. 关于培训主体的研究

鉴于教师进修学校在我国培训体系中的特殊地位和作用，对教师进修学校

---

① 李锋亮，康小明. 教师教育培训财政体制中的政府职责 [J]. 教师教育研究，2008（1）.
② 朱旭东. 论"国培计划"的价值 [J]. 教师教育研究，2010（6）.
③ 曲中林. 公益性教师培训的现实与未来 [J]. 教育理论与实践，2012（13）.

等培训机构地位与作用的研究也是研究者们普遍关注的话题。赞成教师进修学校存在的,强调"以县为主"的教育体制就是要高度重视县级教师培训机构建设,为农村中小学教师享有进修或培训的权利提供必要的条件保障。我国传统的省、市、区(县)三级教师培训机构是学校教育最佳的"伺服系统",省级教育学院、市级教育学院和区县教师进修学校在中小学教学研究、校长成长、教师培训等方面发挥着最为积极的作用(秦磊,2012)。[①] 省级教育学院大多承担农村中学教师学历培训任务和省级农村骨干教师培训,农村教师的全员培训大多是由市级教育学院和县级教师进修学校承担的。县级教师进修学校是县域中小学教师培训的主要机构,在中小学教师继续教育中具有不可替代的作用。参加国家、省、市骨干教师培训的教师只占中小学教师总数的10%,仍有90%的教师培训要由县级教师进修学校承担。县级教师进修学校具有高等院校鞭长莫及的地域优势,是推进教师教育一体化,实现教师职前培养和职后培训衔接的中转站(姜元利,2002)。[②]

比较多的研究支持教师进修学校的转型,认为县域教师进修学校需要加强自身建设,成为类似国外教师专业发展学校(PDS)性质的区县教师发展与研究中心(万文涛、黄友泉,2005)。[③] 农村教师三级教师培训机构是一种层级化的农村教师培训体系,不是面对所有的农村教师,实际上是不公平的教师培训体系。随着农村教师学历水平的提高,高学历新教师不断被补充到农村学校,市级教育学院和区县教师进修学校越来越无法满足农村教师的培训需求,加上市级教育学院和区县教师进修学校的教师多是在中小学校工作多年后调入的,在教师培训体系中也没有为这支队伍提供培训者培训的机构,导致他们在理论与实践中出现了培训功利化、知识老化、应试化、能力不足等倾向,农村教师培训无效性现象非常突出。农村中小学一费制的推行,乡镇教育组的撤销,使得原有乡镇教师培训网络不复存在,城市反哺农村的培训渠道没有建立,重建农村教师培训体系显得尤为迫切(朱旭东,2011)。[④]

---

① 秦磊. 学校教育的结构、功能与"伺服系统"——省、市、县三级教师进修院校的结构定位与功能[J]. 吉林省教育学院学报(上旬), 2012(7).
② 姜元利. 加强县级教师进修学校建设 完善教师教育体系[J]. 山东教育学院学报, 2002(5).
③ 万文涛, 黄友泉. 教师进修学校发展定位问题探索[J]. 江西教育科研, 2005(6).
④ 朱旭东. 论我国农村教师培训系统的重建[J]. 教师教育研究, 2011(6).

3. 关于培训内容与培训模式的研究

教师培训基于特定社会教育发展的需要和旨趣各异的主体需求，不可能像职前教育一样呈现较为统一的课程形态。因而，培训课程的多样化在教师职后培训中显得尤为突出。传统的学历培训或学位培训课程与职前教师培养的课程有着太多相似的特点，多以课程模块形式为受训教师提供系统的背景课程、知识课程和综合课程。非学历培训课程及校本培训与学历培训课程有着明显的不同，具有较强的随意性和非专业特征，多偏重技术课程或实践课程。

周玉元（2010）以访谈、问卷等形式对 300 名中小学教师进行的调研，发现了教师培训需求与现有教师培训之间存在的一些矛盾，99.7%被访教师都认同希望通过培训能够提高自己的素养，其中希望提升教育教学科研能力素养的教师占 42.8%，希望提升文化素养的占 26.2%；希望提升教育技术素养的占 19.8%；希望提升理论素养的占 11.2%。87%的教师认为教师培训的理论性知识过多，内容不切实际，有指导价值的内容较少。[①] 谢维和（2002）此前也通过与讲课教师和受训中小学教师的访谈，归纳了两种在培训者和受训者之间交叉存在的看法，一种观点认为中小学教师培训应该侧重具体的知识和技能，而不要太多的理论和思想；另一种观点则强调，中小学教师培训应更加重视思想和观念的变化，具体的知识和技能可在实际工作中获得。这是一种带有普遍性的认识差异。当前中小学教师培训应该着眼于对教师知识、技能和观念的补充，还是更强调教师在整体素质上的转型？这是关系到教师培训的目标取向、基本模式和评价标准的非常重要的问题。[②]

在两种观点之间，谢维和强调在掌握新知识和技能与更新教育基本理论和思想观念两者之间，不能简单地以某一方面否定另一方面，两者都应该受到重视。但对于教师培训在完善与转型这两种取向之间可以在价值序列上做出优先性的选择。以中小学为基地的校本培训多以本校存在的实际问题和教师教育教学面临的困惑，进行知识和技能的培训和实践研究。但对于参加国家级骨干教师培训的中小学教师来说，不少人有着教育教学知识和技能的优势甚至强于培训者，但在教育基本理论和思想观念更新，以及整体知识和技能的优化方面还需要适应信息社会的发展进行整体的转型和培训。

---

① 周玉元. 我们需要什么样的培训 [J]. 中小学教师培训，2010（12）.
② 谢维和. 教师培训：补充还是转型 [J]. 高等师范教育研究，2002（1）.

"全国教师教育网络联盟"计划是我国教师培训模式改革创新的一项重要政策举措,也日益受到研究者的普遍关注。"全国教师教育网络联盟",通过远程教育与学校教育相结合,面授、远程教育与自学结合,网上收视、答疑与授课相结合等多种方式,形成本区域教师培训资源网络服务中心或服务站点,建设"天网""地网""人网"系统集成、相互融通的教师培训网络体系,为农村中小学教师成长服务,使农村教师共享优质教师教育资源。[①]

4. 关于培训效果的研究

随着教师培训的广泛开展,培训模式的多样性与灵活性日渐凸显。在理论研究层面,有学者把培训分为短期培训、长期培训和专题研讨;也有学者把培训分为以实践为主的培训和以理论为主的培训等;还有学者根据培训地点的不同把培训分为以培训机构为主导的集中培训模式和以培训学校为根据地的校本培训模式,等等。研究者的不同视角,使得培训模式的分类也就呈现了不同的差异。[②]

对农村教师培训效果的关注一直是研究者热衷的话题,对农村教师培训效果的政策评价直接关系到政策执行的公信力。叶澜(2001)对教师成长过程的研究显示,中学教师的各种能力绝大部分形成于教师职后的时间,因而,教师职后培训可以在教师成长的过程中发挥重要影响,需要增加乡村教师职后培训的机会。[③]

表1-1 我国中学教师各种能力形成时间的分布　　　　单位:%

各种专业能力	大学前	大学期间	职后
教学科研能力	18.18	11.11	70.71
教育机制	19.19	11.11	69.70
教学组织和管理能力	19.59	11.34	69.08
对教学内容的处理能力	18.95	12.63	68.42
与学生交往能力	21.43	10.21	68.37
运用教学方法的手段的能力	21.65	12.37	65.98
语言表达能力	34.69	20.41	44.90

---

① 金李胜. 县级教师进修学校职能转变与拓展的思考 [J]. 中小学教师培训, 2007 (5).
② 杜静. 比较视阈下教师在职培训的特征分析 [J]. 河北大学成人教育学院学报, 2008, 10 (1).
③ 叶澜. 教师角色与教师发展新探 [M]. 上海:上海教育出版社, 2011:281.

鱼霞、毛亚庆（2004）分析了教师培训过程中普遍存在的低效性问题的根源，如培训需求缺乏针对性，培训观念的滞后性，培训组织凸显的强制性，等等，不同程度地导致了教师培训的低效性。① 这种低效性反映了由教育行政部门或教师培训机构主导的培训模式不能满足教师专业发展的需求，更不能满足中小学教育发展对教师的内在要求。

张天雪、李娜（2010）从政策绩效的评估角度对浙江省农村教师领雁工程培训的实效性进行了调查研究，以个案的视角自行设计了六个维度的问卷对培训成效的总体评价、学员主观态度与表现、学员收获、个体培训困难和现存问题、对培训基地的评价进行了调查分析，总结了我国农村教师培训的政策经验、存在的问题及发展的政策路径。然而，这种研究仅仅是带有个体行为带有学术研究性质的评价分析，并不代表官方的绩效评价政策。但这种来自学术的评价分析能够为官方制定与农村教师培训相关的质量评价政策提供依据。

随着通信和网络技术的发展，远程教师培训已经成为对农村教师进行远距离分散培训的一种主要形式，其培训覆盖面之广、参与人数之多、培训时间和空间上的灵活性引起了众多研究者的关注。陶蕾（2013）以三方评价的方式对西部地区"国培计划"远程培训项目的绩效进行了实证研究，对远程培训的支持服务能力、培训方案、专家及管理团队三方面进行了综合评价，分析了影响农村教师参加远程培训积极性的若干因素，并从网络技术平台建设、优质课程资源整合、远程培训项目管理等方面提出了质量评价的改进路径。②

研究者们呼吁要制定适合农村教师培训体系的质量评价政策，对不同教师培训机构进行分类指导和评估。农村教师培训旨在提高农村教师的整体质量，不能只面向少数几个优秀教师搞形象工程。完善的农村教师培训评价政策是农村教师培训系统重建的重要组成部分。③ 诸如成立培训质量监测与评估小组，建立完善的质量监控和评价体系，形成不同教师培训项目的评价机制，对教师培训机构、学员、培训者及培训管理者等不同角色进行分类评估，对培训过程和培训效果进行定量和定性分析，加强对培训过程的质量监控，重视对教师培训

---

① 鱼霞，毛亚庆. 论有效的教师培训［J］. 教师教育研究，2004（1）.
② 陶蕾. 西部地区教师"远程培训"项目绩效评价及改进路径分析［J］. 中小学教师培训，2013（2）.
③ 朱旭东. 论我国农村教师培训系统的重建［J］. 教师教育研究，2011（6）.

课程的研究,加强办学条件和专兼职师资队伍建设,为研究人员及培训者的自身发展提供相应的政策保障。①

(四) 以往研究的不足

1. 研究内容的同质化

乡村教师的发展与其生活的环境息息相关,具有不同于城市教师的特殊性。肖正德(2006)从文化视野阐述了农村教师专业发展的特定生态环境,认为农村文化具有封闭性、自然性、落后性和边缘性特点,并从物质、制度和精神三个层面制约着农村学校和教师文化建设,使得乡村教师的专业发展面临着文化困境。乡村教师专业发展走出这种困境的基本对策是重建物质文化、制度文化和精神文化。② 支持"校本教研"制度的研究者强调教师的专业发展更多依赖教师的自我反思和组织建构,突破了教师个人思维的局限,致力于改变过去那种单一以教师为中心的填鸭式教学模式,倡导以学生发展为中心的合作学习模式,追求以教学质量为核心的学校教育的质的提高。然而,多数"校本教研"研究者将农村教师与城市教师置于同样的理论假设前提下,即教师专业发展的主要场所是中小学,而不是大学,教师可以在中小学环境中通过教研制度与活动开展获得专业成长的知识。这种研究假设忽视了农村教师特殊的生存境遇,偏僻的地理位置、信息资源的匮乏、超常的工作量、行政的规约、生存的压力往往会导致农村教师专业发展的低水平重复。③

标准化的世界是工业社会发展到社会化大生产的产物,标准化的操作模式嫁接到教育中来,便成为教师培训政策制定和培训研究的一种范式。乡村教师培训需要政策杠杆的作用,但任何政策都具有两面性。研究者在呼唤培训政策的同时却忽略了城市化进程中城市教师培训与乡村教师培训的同质化现象。政策制定者和研究者设想全国各地的教师都处在同一发展过程,试图在全国范围内将一个异质的现象用普适的原理来解释它、理解它,用教师普遍的素质要求和专业化标准来关照农村教师的特殊需要,以示范性的培训机构要求促成县级教师培训机构达标,以统一的课程计划、同步进行的现代性思维模式来规范城市教师培训和乡村教师培训,让本就艰难的乡村教师培训来"削足适履",以满

---

① 闫华明. 教师培训区域支持政策的制定与实施 [J]. 北京教育学院学报, 2010 (1).
② 肖正德. 文化视野中的农村教师专业发展 [J]. 教育理论与实践, 2006 (21).
③ 唐松林. 中国农村教师发展研究 [M]. 杭州: 浙江大学出版社, 2005: 13-14.

足同步发展的需要。城市教师发展的要求与乡村教师发展的要求在质的规定上没有差别，形式上依赖天网技术更具现代性意义的远程培训将乡村教师的特殊性消融得无影无踪。

2. 研究形式与视角的单一化

教师发展是一个开放的概念，农村教师培训政策研究也应该覆盖教师成长的全过程。随着我国教师教育的重心由教师职前培养向教师职后培训的转移，教师培训机构的大学化、开放化、教师资格证书国考制度使得乡村教师的来源和培训资源更加丰富，农村教师的供给由过去的数量满足型逐步向高质量转变，大量非师范生开始补充到农村任教，培训需求的多样化和市场化已经成为农村教师培训政策运行的调节器。虽然教师职前培养与教师职后培训的一体化已经是一种趋势，但职后教师培训研究仍然摆脱不了历史的惯性，并导致其封闭性和低层次性。

在历史上，教师培训与研究的力量是相互分离的。由于我国长期实行教师职前培养与教师职后培训二元分离的体制，高等院校在很大程度上已养成重培养轻培训的传统，无暇顾及农村中小学教师培训，少有学者从学术的层面关注乡村教师的发展并期望政策上的支持，而直接担负乡村教师培训重任的县级教师进修学校（教师发展中心）又无力动用大学的资源来研究乡村教师培训，也难说服教育主管部门以获取政策支持。因而，对乡村教师培训的研究大多还停留在对乡村教师生活境遇的描述和同情上，偏重于方式方法的训练和事务管理，而非学术性的探究，较少思考乡村教师发展存在的深层次根源，并运用政策分析的方法对乡村教师发展进行全面系统的剖析，相关政策建议治标不治本。随着中小学教师学历层次的普遍提高和大学对乡村教师发展的影响和参与，对乡村教师培训的研究需要从经验总结型的乡村教师事务管理研究转向学术引领的乡村教师培训政策分析。

同质化研究以城市教师政策来同化乡村教师发展政策，不仅在研究内容方面有着政策目标的趋同性和政策执行标准的统一性，更蕴含研究视角的单一和较少批判性。大部分研究比较关注农村教师培训政策的文本解读和政策实施中出现的问题，从教育伦理、哲学层面、政治立场、经济逻辑、人类学及跨文化比较等方面多角度对农村教师培训政策进行研究的还不多。由于政策的政治敏感性，加上档案解密制度的规约，媒体对国家政策的解读多是从正面来进行宣传和解释，研究者接收的信息是远不对称、也不全面的，因而对乡村教师政策的研究也缺乏深度的了解和全方位的评判，更少以学术的眼光来进行系统的理性认证。

政策研究视角的单一和较少批判性与我国教育政策人才培养的缺乏有很大的关联。在高校扩招之前，我国接受高等教育的人才还不多，研究教育政策的专门人才更少，在有限的教育类人才中，专门从事教育政策研究的微乎其微，以政策分析方法来研究乡村教师培训的就更为罕见了。

对农村教师培训政策的研究需要改变过去同质化研究的范式，采用政策分析、系统论、具体问题具体分析、无政府主义的多元方法论等研究方法多角度全面剖析农村教师发展的共性与个性、同一性与复杂性，从中探求适合乡村教师发展的研究路径，求同存异，分析得失，重构乡村教师培训的政策理论。

3. 政策研究的滞后性

关于乡村教师培训政策的研究与政策出台的关联性不大。从期刊网关于国家级培训的论文来考察政策研究与政策出台之间的关联性可以看出，研究者对国家出台相关培训政策有关注，但国家级培训政策的出台几乎没有可借鉴的相关研究作为理论依据。在农村教师培训政策出台之后，相关政策研究才陆续跟上，但对后续政策的出台影响不大。

三、概念界定

（一）教师与乡村教师

教师是一个复杂的概念，政策话语中的教师有着严格的任职资格条件，不是任何站在讲台上讲课的人都可以叫作教师的。根据《国务院办公厅转发中央编办、教育部、财政部关于制定中小学教职工编制标准的意见的通知》（国办发〔2001〕74号）对中小学各类人员有着严格的界定："中小学教职工包括教师、职员、教学辅助人员和工勤人员"。教师是"学校中直接从事教育、教学工作的专业人员"，职员是学校从事管理工作的人员，教学辅助人员是学校中主要从事教学实验、图书、电化教育及卫生保健等教学辅助的工作人员，工勤人员是学校从事后勤服务的人员。文件要求中小学在核定人员编制时，要严格按照教师资格确定专任教师，辞退代课教师和不合格教师，压缩非教学人员，清退临时工勤人员。

显然，这里的"代课教师"和"不合格教师"不在专任教师范围内。在计划经济的年代，教师特指拥有教师资格吃财政饭的编内人员，而"代课教师"

和"不合格教师"虽然也统称为教师，但却是没有教师资格或虽有教师资格但不吃财政饭的编外人员。随着社会办学力量的兴起，也有相当一部分"专任教师"跳槽到民办学校不再属于吃财政饭的体制内教师，而仍然是拥有教师资格的专业人员。

在那个教师奇缺、教师资格尚未认定的年代，城乡学校无不充斥着"代课教师"和"不合格教师"，教师培训就是在这样的背景下把学校里各种"合格"与"不合格"的教师组织起来进行专业的训练。因而，本研究所涉及的对象就是曾经参与过有组织训练的乡村教师，自然有"合格"的，有"不合格"的。

乡村教师首先是一个地域的概念。政策话语中的乡村教师自然是与农村、乡村学校紧密相连的。根据国务院和江苏省关于中小学教职工编制标准，城市教师是指在省辖市市区学校工作的教师；县镇教师是在县（市、区）政府所在地城区范围内学校工作的教师；乡村教师则是指在乡镇、村学校工作的教师。[①]

2015年国务院办公厅印发的《乡村教师支持计划（2015—2020年）》将乡村教师定义为"全国乡中心区、村庄学校教师"。《江苏省乡村教师支持计划实施办法（2015–2020年）》所指乡村教师包括"县级人民政府驻地以外的乡镇、涉农街道和村庄学校（含幼儿园、中小学、中等职业学校、特殊教育学校）的教师"。

朱旭东在论及农村教师培训系统时仍然将农村教师定义为在乡镇学校中工作的教师，[②] 也许驻守在乡镇、村任教、以农民子弟为教育对象的教师更是纯粹意义上的乡村教师。2011年由崔永元发起的崔氏公益基金会承办的乡村教师培训班将推荐对象限定为乡村学校（乡及以下）及乡村教学点分校教师，要求来培训的每个老师都是乡村教师，然而在83名志愿者推选的乡村教师中发现有3人不是乡村教师身份，由相关部门推选的17人中有6人不是乡村教师，其中2位是教育局副局长、主任，另有4位是小学校长，这些冒充乡村教师进京培训的官员被退返当地，并被当地组织部门和教育局撤职处理。

然而，地缘的因素并不是一个概念生成的主要原因，来自政治、文化等多方面的因素使得乡村教师有了更加丰富的内涵，乡村教师也不再是一成不变的

---

① 江苏省人民政府办公厅文件．省政府办公厅转发省编办等部门关于核定中小学教职工编制实施意见的通知（苏政办发〔2002〕113号）．2002年10月28日．
② 朱旭东．论我国农村教师培训系统的重建［J］．教师教育研究，2011（6）．

静态概念。在推进城市教师支援乡村学校的进程中，城乡之间的教师频频流动，我们很难分清每天乘着公交或自驾车到乡村学校工作的究竟是城市教师还是乡村教师，这种流动性记录着一个时代变迁的历史，也为本研究提供了丰富的土壤。本研究注意到这些已经城市化但仍工作、生活在乡村的乡村教师，从他们身上能够看到改革开放政策给处于城市化进程中的乡村教师带来的发展机遇和挑战。

为聚焦具有惠民性质的九年制义务教育发展，突出政策重点，本研究主要关注九年制义务教育阶段的县级以下乡镇、村小学教师和初中教师培训政策，立足于普通人个性成长的自由和教师专业自主发展的需要对改革开放以来我国乡村教师培训政策展开讨论，较少论及幼儿园、中等职业学校、特殊教育学校教师的培训，也不论及中小学校长培训政策。农村中小学校长和教育管理干部尽管有的做过乡村教师或者仍然在农村任教，但因其身份特殊而不同于一线乡村教师，而且有着更多干训的机会，一般不作为教师培训项目参训人员，自然也不作为本研究的研究对象。

（二）对教师培训与教师教育、教师进修、教师继续教育、教师专业化、教师发展等概念的界定

教师培训与"教师教育""教师进修""教师继续教育""教师专业化""教师发展"等概念紧密相连。由于"教育"与"培训"有着密切联系，教师培训有时也称为"在职教师教育"（in-service teacher education），是与"职前培养"（per-service preparation）相对的。

教师教育和教师培训之间的区别。从大教育的角度来看，我们可以把培训笼统地纳入到教育的范畴，培训是一种有目的、有计划培养人的教育活动，当"教师教育"取代传统"师范教育"[1]而成为21世纪涵盖教师职前培养与职后培训新的话语的时候，我们也已经用教师教育来统称或取代了教师培训这个概念。但当我们把教师作为一种专业，特别是一种职业来看的时候，从教师职业发展的角度，又必须把教师教育和教师培训区别开来。在职教师培训（in-service training）或"人员发展"（staff development）等术语也有被"专业发展"（professional development）所取代的倾向。因此，教师培训着眼于教师的职业发

---

[1] 朱小蔓，笪佐领. 新世纪教师教育的专业化走向[M]. 南京：南京师范大学出版社，2003：289.

展，关注与教师职业相关的知识、态度、技能，关注教师的工作绩效与组织变革和绩效之间的差距。

新中国成立初期，我国政策文件多把教师培训称为"教师进修"，也有叫"在职学习"的，如1951年教育部印发的《关于中小学教师进修问题的通报》《加强中小学教师在职学习的指示》等文件。受条件限制，当时的教师进修，就是教师的不脱产培训，更多是集中学习和教师个人自学。

1977年教育部下发了《关于加强教师培训工作的意见》，这是我国最早采用"教师培训"名称的文件。随着终身教育思潮的兴起，我国教育界又把教师培训称为"教师继续教育"，目的是促进教师职前培养与职后培训的一体化，建立符合教师专业发展要求的终身教育体系。

1990年国家教委召开全国中小学教师继续教育工作座谈会，开始把教师培训的重点由学历补偿教育转到合格学历教师的继续教育轨道上来。1999年我国发布了《面向21世纪的教育行动计划》，启动"中小学教师继续教育工程"，要求对中小学校长和教师进行全员培训，我国教师培训开始进入了普及性的继续教育阶段。

1995年江苏省教委开始实施中小学教师继续教育证书制度，规定了继续教育的层次和形式，主要包括新教师试用期培训、骨干教师培训、学科带头人培训、提高学历（或第二学历）培训、岗位职务培训、教学基本功训练、各类专题培训、国内外教育考察等。将教师培训的外延从有组织的课堂教学扩展到了无所不包的旨在提高教师素质的一切学习活动。

教师继续教育贯穿了终身教育的理念，是教师培训的延续和发展。进入21世纪，教师培训这个概念又频繁地见之于政策文件中，意味着由政府主导的通过专门教育机构实施的在职教师继续教育时代的到来。

教师进修、教师继续教育和教师培训等概念在不同历史时期融入了不同的思想内涵，名称在使用时亦有所不同。为便于研究，并突出当前在职教师继续教育的特点，本研究统一使用目前官方通用的教师培训（teacher training）这个概念来进行讨论。

本研究在厘清农村教师培训与乡村教师发展关系的基础上，努力使农村教师培训成为"有源之水，有本之木"，提高培训质量，促进乡村教师发展。在这里，教师发展是目的，培训只是达成教师发展的重要手段或策略。离开了教师发展的培训是盲目的培训，没有培训支撑的教师发展也就像花儿离开了供养她的土壤,虽然艳丽却华而不实,不能长久。

教师专业化关注教师如何才能成长为一名专业人员,并强调"教师发展的中心是教师的专业成长"。教师发展则是最终目的。教师发展首先是教师个人作为一个生命个体的存在和身心全面自由发展的问题。如果脱离了生命个体的发展,而大谈教师的职业理想,无异于建空中楼阁。

乡村教师作为专业人员也有一个从不成熟走向成熟的发展过程,"作为专业人员,教师必须具备其他人员所不具备的专业知识和技能,这需要经过专门的训练,同时还需要不断接受在职进修和培训,唯此才为教师专业发展奠定坚实基础。"[①] 现代网络与信息技术的发展已经颠覆了传统的课堂教学模式和班级授课制,教师对于课堂知识的垄断已经成为过去,教师需要不断地更新知识、讲求策略,改变自己的学生观、学习观,学会"教学相长"。然而,国际研究的结果表明,绝大多数教师在工作之余接受正规教育或正式发展的机会还是非常少的,更多的是接受短期的在职教育和培训。[②] 因而,加强农村教师培训是达成乡村教师发展的重要途径。

(三) 教师培训政策与教育政策

国内学者将政策定义为"政策是国家机关、政党及其他政治团体在特定历史时期为实现或服务于一定社会政治、经济、文化目标所采取的政治行为或规定的行为准则,它是一系列谋略、法令、措施、办法、方法、条例的总称"[③]。这种表述体现了政策所具有的三大基本特征:(1) 政治性。政策不可避免带有意识形态的烙印,并体现着居于统治地位的国家政党或利益集团的意志和需要。社会生活政治化是政策最本质的体现。(2) 历史性。政策是在特定历史时期的产物,具有一定的历史针对性,实现或服务于特定历史时期社会政治、经济、文化等方面的需要。随着时间、条件的变化,政策也会随之调整变化。每一阶段的政策都深深打上了时代的烙印。(3) 强制性。政策是特定权力机关通过行政公文或法律条文等颁布的外在行为规范或行动方案,对于特定社会成员的个人行为或集体行动具有普遍约束性,所谓"上有政策、下有对策"即基于政策

---

① 吴文胜. 教师发展与政治文化研究:基于教师政策演变的分析 [M]. 杭州:浙江大学出版社,2013:35.
② [英] 阿尔玛·哈里斯 (Alma Harris),丹尼尔·缪伊斯 (Daniel Muijs). 教师领导力与学校发展 [M]. 许联,吴合文,译. 北京:北京师范大学出版社,2007:67.
③ 陈振明. 政策科学 [M]. 北京:中国人民大学出版社,1998:59.

的这种强制性而被迫采取的具有一定弹性和韧性的变通做法。

教师培训政策与国家的教育政策，尤其是教师政策，有着广泛的密切联系，归属于教育政策，更是公共政策的下位概念。教师政策是国家为调动教师积极性，促进教育质量提高而对教师的要求和待遇等方面所做出的准则性的规定。教师政策涵盖与教师相关的职前教师的培养，以及教师资格认证、教师招聘、教师薪酬、教师流动、教师培训、职称评聘、考核晋升、退休待遇等诸多法律法规、文件、规定等，也是政党、政府等部门为实现教师领域的既定目标，通过政策系统来发现教师中存在的政策问题，进而列入政策议程，研究政策方案，选择政策方案，采取政策行动，形成政策结果的表达过程，对特定历史时期教师的发展具有普遍约束性，规定并影响着教师的政治地位、经济地位、教师专业发展和价值取向。

政策科学视野下的教师培训政策是国家治理的一种手段，与国家政治有着必然的天然联系。柏拉图的《理想国》贯穿的是国家治理的内在精神与执政原则，柏拉图考虑的主要问题是如何保证卫国者能够实现立法者的意图，对于这一目的，他提出的各种建议中"第一桩事要考虑的，就是教育"。在"正义"的城邦里每个人都做他自己的工作，然而"在决定一个人的工作是什么的时候，政府的意图就成为最主要的了"[1]。在我国，教师培训政策的制定与实施自然也贯穿着国家的意图，由政府掌控着，并成为国家的、政治的工具。"不论一个国家的社会道德的或政治的、经济的情况如何，政治社会化曾经是今后仍然是一切教育制度的一个主要功能。"[2] 教师培训政策受国家政治和意识形态等多重价值因素的影响，是国家实施的一种重要政治行为，从根本上也反映着统治阶级的教育愿望和要求。[3]

教师培训政策是国家为实现一定历史时期的教育目标和任务，规范教师培训、促进教师发展的一系列行动准则、意见、方针、法规等的总称。教师培训政策具有与特定历史时期的教育目标和任务相适应的特征，对特定时期的教师发展有着重要影响。我国支持乡村教师发展的培训政策，从内容上来看，有独

---

[1] [英]罗素. 西方哲学史：上卷[M]. 何兆武，李约瑟，译. 北京：商务印书馆，1963：148-156.
[2] [美]卡扎米亚斯，马亚拉斯. 教育的传统与变革[M]. 福建师范大学教育系，等译. 北京：文化教育出版社，1981：191.
[3] 孙绵涛. 教育政策论[M]. 武汉：华中师范大学出版社，2002：15.

立成文的，如《国家教育委员会印发〈关于加强在职中小学教师培训工作的意见〉的通知》（〔86〕教师字002号）、《中小学教师继续教育规定》（中华人民共和国教育部令第7号1999年9月13日）等。也有很多教师培训政策不是单独成文的，而是包含在为引导教师队伍发展，促进教师道德修养、业务能力提升而规定的各种教育法规和教育政策体系中，如《中华人民共和国教师法》第四章关于"培养和培训"的规定等。

农村教师培训政策可以作为教师政策研究的一个重要方面和途径。教师培训政策不同于在教室里进行的具体培训活动，但会体现在具体培训工作中。教师培训政策有着天然的国家规定性，是政党政治在特定历史时期，为实现特定教育目的而促进教师发展所规定的行动准则。本研究将侧重从政府层面剖析乡村教师培训的政策主体，关注政府在乡村教师培训政策的目标制定、政策执行、政策结果及其演变过程中的作用和影响。

四、研究方法

研究方法的选择取决于研究对象和政策问题的性质。本文的研究对象是不同历史时期的农村教师培训政策。

（一）文献法

文献法是对不同历史时期的政策文件、会议资料、数据分析报告、内部影像等历史文献进行收集、整理、提取、加工的研究方法。收集占有大量的历史文献是开展本研究的重要前提。为此，我利用寒暑假等业余时间到省教育厅师资处、省档案馆、市档案馆、县档案馆调阅了改革开放以来有关教师培训，尤其是农村教师培训方面的大量政府文件等卷宗，复印收集了好多第一手的档案资料和电子文档，有的还是当年手写的稿纸形式的会议记录、人民来信和处理意见，阅读了各种培训总结、绩效自评报告、数据分析报表、会议交流材料，音像资料等。回来后，我分类进行了整理，筛选和提取。

通过对图书馆馆藏的相关图书、期刊、报纸等文献资料的阅读和收集，我对农村教师培训的历史和政策文本有了进一步的了解，在此基础上，开始了本研究的框架结构的思考和内容的把握。文献研究为本研究提供了内容丰富的政策文本和历史资料，开阔了研究视野，避免了闭门造车和主观猜测。所用数据和文本尽量忠实于历史事实，力求反映当时的真实情境，不曲解政策文本，尊重历史、忠实原文是本研究坚守的基本原则。

（二）问卷调查与访谈

文献与史料中的历史并不是过去全部的现实，记忆中的现实也是历史当中重要的一个侧面。在对政策文本分析的基础上，为进一步了解政策问题发生的前因后果、明晰特定时期农村教师培训政策制定的过程、执行中的问题和政策绩效，本研究抽样选取了不同的人群和机构通过发放问卷或撰写反思日记等形式开展调查研究。

问卷主要以书面形式发放给培训学员，一般有培训开始前的需求调查和结束前的满意度调查，中间也辅之以培训心得、日记等形式反馈培训政策实施情况。调查不记名，不与培训考核结果挂钩，以全面了解学员和机构管理者对农村教师培训政策的真实想法，以及对政策文本真实运行情况。问卷调查为本研究提供了大量鲜活的材料，学员和培训管理者反馈的诸多意见或建议成为本研究深入思考的重要依托，使得本研究更接近政策实施的实际情况，用事实观察来检验政策文本的信度和效度。

本研究还随机选择了一些参训学员和培训管理者进行了深度访谈，并以个案的形式记录政策实施的基本情况，对重点事件、重点人物和重要文本进行了深度剖析，反映那些历史事件背后所蕴含的"沉默的大多数"的生活状况与感受。[①] 在倾听学员意见的过程中，我们对影响政策问题的潜在因素、学员的学习动机、情感、态度和价值观等有了更加全面的理解。深度访谈和个案的选择为本研究提供了更多翔实的资料，使研究更加实在，更容易找到政策问题的答案和未来发展的路径。

（三）教育政策分析

政策科学的主要奠基人之一 H. D. 拉斯韦尔（H. D. Lasswell）坚持政策科学以技术理性为特征的实证分析。后工业社会的政策分析者为利益集团服务也强调政策分析以科学性和技术性为前提。Y. 德罗尔（Y. Dror）、J. 哈贝马斯（J. Habermas）等人对这种倾向进行了修正。特别是 S. 泰勒（Sandra Taylor）等人提出了批评性教育政策分析（Critical Policy Analysis in Education）的概念，认为教育政策分析不可避免地要引入价值因素。

政策是公共意志的一种表达，体现着社会的价值选择和分配取向，又是一个具有一定目的性和强制性的政策行动过程。农村教师培训政策属于教育政

---

① 丁钢. 中国教育：研究与评论：第13辑［M］. 北京：教育科学出版社，2009：127.

分析的范畴，因而，借助教育政策分析的方法来帮助我们进一步厘清农村教师培训政策在不同历史时期的价值追求（有明确的行动计划或政治企图），并按照政策采纳（政策合法化）、政策行动（基于时代的选择性的作为或不作为、对全社会的价值做权威性或约束性的分配）、政策评价（政策评估、政策反馈）等诸多环节对农村教师培训政策进行剖析，分析成就与不足，并进行政策反馈或建议。

政策分析的方法在现时代的运用，可以借助数字化网络信息处理等现代技术手段对政策问题、政策行动和政策结果进行筛选、提炼和分析，讨论政策行动中的各方利益参与者，如何在相互竞争中保持自身的竞争优势，形成对自己有用的政策话语体系，并最终影响政策制订和政策执行。在对农村教师培训政策的研究中，我也试图结合网络信息技术培训，分析政府、教师培训机构和乡村教师在培训实施过程中多元角逐的政策行为，为农村教师培训赢得竞争性政策话语，促进多元开放的个性化教师培训政策转型，努力使教师培训朝着以教师为本的个性化方向发展，全面提高乡村教师培训质量。

然而，教师培训政策又不完全是政策科学和政党政治的结果，教育政策以独特的教育学视野来审视一切教育活动及其组织建构。农村教师培训政策需要遵循教师发展的基本规律，实现科学与人文范式的转换，回归教育对"人"本身的关注。"新中国成立以来的教师政策具有高效的优势，具有型塑集体认同与集体意识的强大功能，而未来则应着力以学术与教育本身的规律作为政策制定的出发点，这将有利于学术文化与和谐政治文化的统一。"[①]

五、研究思路与创新、框架与不足

（一）研究思路与创新

本研究遵循历史的逻辑，以时间为序，系统总结了改革开放以来我国农村教师培训政策历经的三个相互依存、层层递进的发展阶段。政策文本的呈现以史实为基本依据，尊重历史发展的基本规律。农村教师培训的政策分期根据九年制义务教育在不同历史时期对教师队伍建设的要求大致划分为三个历史阶段：一为改革开放初期与普及教育要求相适应的合格教师培训的政策重建阶段

[①] 吴文胜. 教师发展与政治文化研究：基于教师政策演变的分析 [M]. 杭州：浙江大学出版社，2013：4.

（1978—1984 年）；二为与九年制义务教育要求相适应的学历达标与提高培训的制度性政策强化阶段（1985—1999）；三为 21 世纪以来与全面推进素质教育、促进义务教育均衡发展要求相适应的以全员培训为目标的工程化推进阶段（2000 至今）。对未来乡村教师培训政策的展望亦是前三个历史时期的政策延续与发展。

本研究遵循政策分析的内在逻辑，运用政策分析的方法呈现了三个时期的农村教师培训政策，按照政策分析的三个核心要素即政策目标的制定、为达成目标而采取的政策行动、政策结果分析（政策成效和政策不足）等方面进行展开，辅以该时期的政策文本分析、历史数据等佐证材料加以论证，进而引出最后一章，也算是基于前三章的论述而提出的一种政策反馈（或政策建议），是对前三章存在的政策问题的修复。从政策目标来看，存在着依次递进的目标关系，前三章实现了政策目标从合格教师培训到学历提高培训，从学历培训到非学历提升，从部分骨干教师培训到全员培训的历史转换，最后一章则期待实现以社会为本向以教师为本的个性化培训政策转型。

本研究考察了三个代表性的政策主体在不同历史时期的政策行为差异。本研究以点带面，以江苏为例，考察了中央政府与地方政府之间的政策延续与政策差异，培训机构对政府政策的依赖，不同培训机构在乡村教师培训中的竞争与合作关系，乡村教师对参与培训与"被培训"的欣喜与无奈，乃至社会大众对教师素质的期待与抱怨，全方位立体式地展示了以利益驱动为核心的乡村教师培训场域。

本研究不囿于政策文本所呈现的政策表达，在肯定其成效的同时也揭示了政策本身的缺陷，这种缺陷可能是与生俱来的，是从政策"娘胎"里带来的。以社会为本、国家主导的政策运行赋予教师承担主流意识形态所期望的"社会角色代表"，忽视了教师作为个体"人"的存在，因而不可避免会带来农村教师个性发展的损害。本研究借助教育政策的解释，运用教育学的视野，通过推进以教师为本的个性化乡村教师培训政策转型来修复国家导向的农村教师培训制度，让教师培训在服务社会、进行劳动力再生产的同时尊重教育发展的基本规律，回归教育的本原，突显教师培训对于乡村教师个性发展的意义，改变乡村教师"被培训"的惯习。

本研究遵循了农村教师培训政策本身发展的历史逻辑。我国农村教师培训政策是基于基础教育发展的需要而提出的，这是政策发展的一条基本规律。贯穿全文的一条主线是每个时期的农村教师培训政策都是由当时社会发展的需要，也就是当时的教育发展的需要所决定的，这种需要就是九年制义务教育在不同历史时期对农村教师队伍建设提出的不同要求，因而，农村教师培训政策带有明显的时代特征和要求。这一点与历史唯物主义的世界观和方法论是完全一致的。

本研究坚持实然与应然的历史的统一，有什么样的农村教师培训政策，其背后一定有某种教育的历史的需求。这也是改革开放以来我国农村教师培训政策运行的基本规律。农村教师培训政策从最初的教材教法过关培训到学历补偿教育，从合格学历培训到学历提成培训，从学历教育走向非学历继续教育，从部分骨干教师培训到全员培训，从注重整体素质提升到崇尚个性化服务的政策修复，构成了本研究一个完整的论述链条，每一章又是一个单独的论据链，也是对前一章政策问题的历史性修复，循环往复，层层递进，从而形成了整个论文的研究框架。

（二）本书框架

本书聚焦于乡村教师成长研究。全文从梳理和分析国家的政策目标和行动计划出发，紧紧以江苏为例，并将一条主线、一个观念、三个观测点贯穿于全文中，以全方位立体式地展示改革开放以来我国农村教师培训政策的目标定位、政策行动、政策成效以及政策问题。

贯穿其中的一条主线是每个时期农村教师培训政策总是与九年制义务教育的普及程度和要求相适应的，并由义务教育的要求来决定的，即有什么样的农村教师培训政策，其背后一定是义务教育普及对师资队伍建设相应的需求或要求。这是改革开放以来农村教师培训政策出台的基本规律。

贯穿其中的一个观念是国家主导的以社会为本的农村教师培训政策在塑造伟大成就的同时在一定程度上会忽视甚至压抑农村教师发展的主体性，有悖教育发展以人为本的理念。这是唯物辩证法在教师培训领域的基本运用。

贯穿其中的三个政策观测点是政府、培训机构、乡村教师这三个代表性的政策主体在不同时期的政策行为及其差异。

本研究共分为五个部分：

第一章为绪论。主要介绍研究缘起、文献综述、相关概念界定、研究视角、研究方法、研究思路及创新等。为本研究提供立论基础和方法论的指导。

第二章为学历补偿教育与合格教师培训的政策重建（1978—1984年）。合格教师的政策目标源于农村普及小学教育对师资队伍的基本要求。农村教师培训机构的政策重建、师范院校订单式的定向培养、学历补偿教育、地办校助培训模式开启了机构推动的一系列政策行动。学历补偿教育与合格教师培训满足了农村普及教育对合格教师数量的需求，而高度集中的计划经济管理模式不可避免地导致了政策执行过程中培训机构的官僚化和违背教育规律的低水平制造。

第三章是学历达标与提高培训的政策强化（1985—1999）。这是普及九年制义务教育对师资队伍从数量到质量的制度化要求。教师资格认证制度与职务聘任制度的衔接、教师继续教育制度和对教师培训机构的评估制度等一系列制度化的政策行动强力推进了九年制义务教育的普及。然而，政策执行过程中对培训效率的过度追求，导致了行动中的形式主义和功利主义的泛滥。

第四章是乡村教师全员培训的政策推进（2000至今）。全员培训政策是与我国全面推进素质教育的要求相适应的。以新课程师资培训、教师网联计划、"国培计划"为代表的一系列工程计划推进了乡村教师全员培训的高端化、专业化和信息化，而与工程化思维相适应的自上而下的计划管控则显示了"人"在培训中的缺失。

第五章基于前三个阶段政策目标、政策行为、政策成效和问题的分析，提出了以社会为本向以教师为本转换的政策目标，尊重乡村教师发展的特殊性，以市场化来塑造乡村教师培训场域多样性的共存、平等的主体关系和正当的利益关系，以专业化引领乡村教师发展，构筑互助合作、自主发展的伙伴关系，改变乡村教师"被"培训的惯习，推动个性化乡村教师培训的政策转型。

（三）研究不足

本研究受档案解密规定时间的限制，不能展示更多更全面的农村教师培训政策，所收集的历史文献和数据还不足以全面反映农村教师培训政策制定和实施的全过程，容易以偏概全而掩盖更深层次的政策动因和绩效分析。

笔者在研究过程中"工学矛盾"突出，有利也有弊。有利之处在于躬于实践而不至于纸上谈兵，能够将最新资料和最鲜活的想法付诸笔端；有弊之处在于缺乏足够的时间去深入民间开展田野调查和思考农村教师培训政策的优劣，时有纷扰，不能静思，进而影响研究的质量。

本研究受英文水平局限，未能广泛查阅并引用国外先进的教师培训政策，只能阅读别人可能不很专业的翻译著作和资料，进而影响对外文原文的理解，甚至会曲解作者本来的意图。

第二章

学历补偿教育与合格教师培训的政策重建
（1978—1984）

改革开放初期，我国农村中小学教师奇缺，存在着大量不合格的教师。直到 20 世纪 80 年代中期，我国农村中小学教育仍然十分薄弱，全国绝大部分农村地区尚未普及五年制小学教育，新的文盲、半文盲继续大量产生。为改变农村教育的落后状况，我国开始全面恢复或重建农村教师培训体系，开展了以教材教法过关和学历补偿教育为重点的中小学教师合格培训，为普及农村初等义务教育扫清障碍。

一、普及教育对合格教师培训的政策要求

（一）农村普及小学教育的政策期待

1978 年江苏省对农村普及小学五年教育情况的总体调查显示，我国学龄儿童的入学率普遍很低、学生流动率大、巩固率差，南北地区入学和学额巩固情况严重不平衡（如表 2-1 所示）。

表 2-1　12 周岁儿童学籍情况调查表

地区	入学情况			学籍情况				
	总计	入学数	入学率%	从未上过学人数	占总计%	小学毕业生人数	占总计%	仍在小学人数	占总计%
苏北 38 个公社	24703	18612	75.3	1450	5.9	11002	44.5	11120	45
苏南、南通地区、市郊 13 个公社	8684	7752	89.3	111	1.3	5622	64.7	2668	30.7
徐淮盐扬 25 个公社	16019	10861	67.8	1339	8.3	5380	33.6	8452	52.8

从十二周岁儿童入学情况看，苏南地区小学毕业人数中十二周岁儿童占十二周岁总人数的64.7%，而苏北地区只占33.6%，从来没有读过书的苏南地区占1.3%，而苏北地区占总数的8.3%。这个年龄的儿童在入学时，苏南的平均入学率是89.3%，而苏北只有67.8%。

农村地区受重男轻女观念影响比较重，38个公社统计的12周岁儿童从来没有上过学的人数中77.3%为女性，中途停学的女生占停学总人数的68.6%。从12周岁儿童入学和流动情况来看，苏南地区小学毕业人数占12周岁总人数的64.7%，而苏北地区毕业率只占33.6%。

江苏省东海县M山果园地处两省三县交界处，在苏北还是经济条件比较好的丘陵山区。全园共有大小7座山头，2700多亩可耕地，另有9000亩果园和9000亩林场。1978年全园共有人口11300多人，25个自然村，6个集体农业大队，49个生产队，群众居住分散。经济收入主要靠种植粮食，栽果树，挖黄沙。当年全园共有6所小学，1所中学。小学教职工90人，临时代课4人，民办教师36人，工分教师18人。据果园原来的领导回忆，全园在校学生2159人（包括附设初中312人），在校小学生总数1847人。全园适龄儿童1361人，已入学1152人，入学率87%。1978年该园各年级流动儿童总人数达693人，流动率为32%，其中留级生高达486人次，留级率为22.3%，具体各年级入学流动情况如图2-1和图2-2所示。①

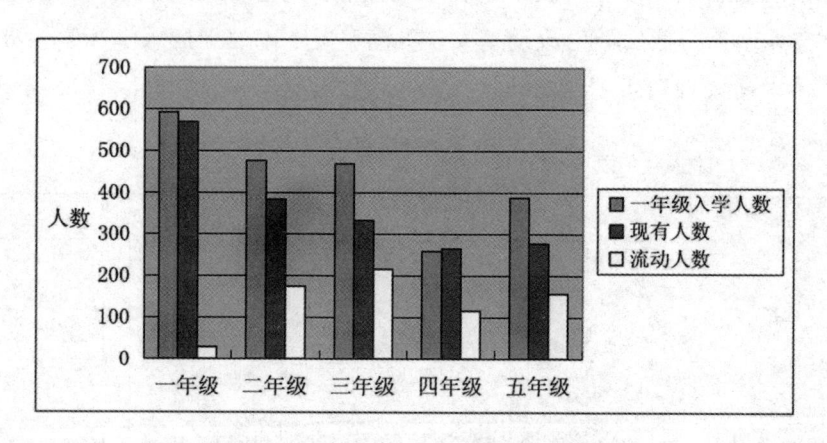

图2-1 1978年M山果园儿童流动情况

① 江苏省档案馆. 徐州地区教育局《关于东海县M山果园普及小学五年教育情况的调查汇报》，全宗号4013，1978，长期，卷号657.

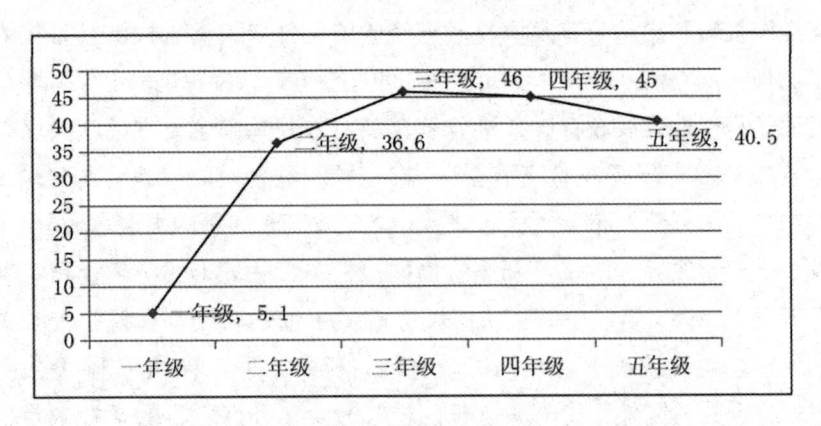

<<< 第二章 学历补偿教育与合格教师培训的政策重建（1978—1984）

图 2-2　1978 年 M 山果园儿童入学流动率%

苏南、南通地区、市郊 13 个公社 12 周岁儿童在读小学 5 年的过程中，中途停学的人数占一年级入学时的 3.3%，而苏北徐、淮、盐、扬 4 个地区 25 个公社的这个比例高达 7.8%，年级越高停学的也越多。在流动总数中，因家庭经济困难停学的占 46.8%，因弟妹多家务牵连而停学的占 41.3%，因学习跟不上的占 5.2%，因病休学的占 2.8%，因重男轻女、招工等原因不上的占 3.9%[①]。

表 2-2　12 周岁儿童流动情况调查表

地区	中途停学	占总计%	女生	占流动%	读了一年	占流动%	读了二年	占流动%	读了三年	占流动%	读了四年	占流动%
苏北 38 个公社	1131	6.1	776	68.6	166	14.7	264	23.3	315	27.9	386	34.1
苏南、南通地区、市郊 13 个公社	283	3.3	170	60.1	37	13.1	64	22.6	71	25.1	111	39.2
徐淮盐扬 25 个公社	848	7.8	606	71.5	129	15.2	200	23.6	214	25.2	275	32.4

---

① 江苏省档案馆. 关于印发《关于农村普及小学五年教育的情况报告》的通知，全宗号 4013，1978，长期，卷号 657.

在对农村教育进行广泛调查的基础上，中共中央以中发〔1979〕82号文件形式向全国批转了第一个普及农村教育经验的文件《湖南省桃江县发展农村教育的情况报告》，提出了"两条腿走路"的办学方针，发挥国家办学和集体办学两个方面的积极性发展教育。紧接着教育部与中共湖南省委在桃江县联合召开了全国"农村教育现场经验交流会"，推广桃江县普及农村教育的经验。1980年中共中央、国务院发布了《关于普及小学教育若干问题的决定》，提出国家重点普及小学五年教育。1982年新宪法以国家根本大法的形式明确宣布"普及初等义务教育"。1983年《中共中央、国务院关于加强和改革农村学校教育若干问题的通知》再次明确了普及初等教育的目标，力争1990年前除少数深山老林、人口特少的地区外，我国基本普及初等教育。办好农村的学校教育，始终要坚持"两条腿走路"的方针，多种渠道筹措办学经费。中央和地方逐年增加农村教育经费，企业厂矿及农村的合作组织都要集资办学，鼓励农民在自愿基础上进行集资办学和私人办学。

为贯彻"两条腿走路"的方针，全国各地掀起了一场声势浩大的农村社队办学运动。以江苏省邗江县为例，1983年邗江县地方财政用于教育事业的拨款从1982年的12万元一下增加到了24万元。"除应由国家解决的以外，主要靠社队解决农村小学'一无两有'[①]问题。除每个劳力按一元五角集资办学外，还要根据省政府规定在社、队企业上交的利润中提留4%到5%，统一用于改善办学条件和解决民办教师工资。"[②] 在国家政策的强力推动下，"农村社队办学"将普及农村小学教育的责任下放给了基层社队，以至于村村办学，甚至连读高中也不用出公社。以下是1983年扬州农村学校依靠"两条腿走路"实现"一无二有"的办学情况：

> 一九八三年我市"一无二有"工作是有成绩的。修复危房16.7万平方米，添置了课桌四万张，课凳5.4万张。共筹资金1663万元。其中：县地方财政352.3万元（占21.2%），勤工俭学112.2万元（占6.7%），社队

[①] 即"校校无危房，班班有教室，人人有课桌凳"。由于历史欠债较多，我国农村办学条件较差，危房和房屋较多，课桌凳十分缺乏，严重影响到青少年身心健康和教学质量提高，甚至威胁着师生生命的安全。江苏省教育厅于1983年与各县政府签订了实现"一无两有"合同，县文教局也与各乡政府（公社）签订相应协议书。

[②] 邗江区档案馆，中共邗江县委文件．关于改革和加强农村教育的意见．邗委发（1983）73号．

第二章 学历补偿教育与合格教师培训的政策重建（1978—1984）

集资528万元（占31.8%）。江都、高邮、邗江三县已基本实现"一无二有"，仪征、宝应在今年暑假前后可以实现"一无二有"。其他县也有部分乡（社）实现了"一无二有"。①

（二）农村普及小学教育面临的"问题教师"

农村普及义务教育最缺的就是师资，这是比较普遍、比较突出的问题。"这些教师的文化水平低，又未经过师范的专业训练，讲课经常出现错误、教学不得法，教学质量低，给学生带来负担过重等不良后果。学生家长及社会各界对此反应强烈，呼吁为振兴中华，培养全面发展的新一代，国家要采取有力措施，提高在职教师特别是业务能力差的在职教师的文化业务水平。"②

1. 普遍存在的"问题教师"

从新中国成立到1966年，我国初步建立的一支规模相当的中小学教师队伍处于新中国成立以来质量最低的时期。1978年全国新增的272.5万名中学教师中，高师毕业的只有21万人（占新增教师总数的7.7%），其余251.5人（占92.3%）为抽调吸收的小学教师和高中、中师毕业生，大量的是中等毕业的初高中生。

大量基础知识差而又没有经过师范院校培养的新教师补充进来，又不搞在职进修，政治业务水平都跟不上。有的教师一堂课上二十分钟就无话可讲了。有的自己不懂，也不向别人请教，把学生教得稀里糊涂。X塘小学四年级有个学生将"实现四个现代化"的"实现"写成"时县"，老师也不纠正。有一民师在看图识字教学中把"扫帚"教成"条把"。有的工作态度非常马虎，D埝小学的负责人孙继G经常忙私事，有时丢下课不上去拉石头，打兔子，吃吃喝喝，影响很坏。这次我们去调查，几次叫他安排个教师座谈会，都因为平时纪律涣散而开不起来。他原来在S河小学，有时他把门一锁就走了，学生只有爬窗户进教室。有的家长知道这些情况，不放心就不叫孩子上学了。③

---

① 扬州市档案馆. 继续深入贯彻十二大精神，努力开创我市教育工作的新局面——扬州市教育局1984年工作意见.
② 国务院批转教育部关于加强教育学院建设若干问题的暂行规定的通知. 国发〔1982〕130号，1982年10月21日.
③ 江苏省档案馆. 徐州地区教育局《关于东海县M山果园普及小学五年教育情况的调查汇报》，全宗号4013，1978年，长期，卷号657.

1979年无锡市教育局的42所学校301名政治教师中，专职教师167人，占总数55.5%，大专院校毕业的有89人，占总数29.6%，属于政教系科毕业的仅28人，占9.3%[①]。同处苏南的吴江县农村政治教师队伍也显示了同样的特点，兼职多（领导干部兼课和其他老师工作量不足的兼课），专职少，改行多（俄语、美术、音乐等科教师以及部队同志改行），科班少，新的多（知青和工农兵学员），老的少。这三多三少在下表中可以得到充分的反映，只是专职和科班出身的比例更小。县城以下农村学校专职政治教师很少。吴江县有政治教师362名，其中专职的只有41人，占总人数11.3%，政教专业毕业的只有8人，占比2.2%。[②]

表2-3 1979年吴江县政治教师从教情况统计表

类别	政治教师总数	其中							
^	^	专职教师	兼职教师	政治系科毕业	改行	教政治课时间			
^	^	^	^	^	^	5年以下	5年以上	10年以上	15年以上
人数	362	41	321	8	354	332	7	13	10
百分比	100%	11.3%	88.7%	2.2%	97.8%	91.7%	1.9%	3.6%	2.8%

如果说政治地位和经济待遇是影响农村教师队伍稳定的重要外在因素，那么学科之间的不平等待遇则是影响教师职业稳定的致命内伤。政治课教师多是遭受不平等待遇的一族。不少学校把政治课变成了搭配课，哪个老师的工作量不足就加两节政治课。教师们反映，政治课变成了"鸡肋"。少数学习政治专业和改行较久的政治老师后悔自己选错了专业，干错了行，认为教政治课费力不讨好，又容易犯错误，思想上充满了"灰"与"怨"。俗话说"英雄无用武之地"，人不能尽其才，那是莫大的悲哀。而大量存在的兼职教师队伍数又极不稳定，老师们各有自己的主科，校内校外的教师进修和教研活动没有时间参加，甚至没有时间备课和上好政治课。江苏省

[①] 江苏省档案馆.认真抓好中学政治理论课教学,全宗号4013,1979年,短期,卷号794.

[②] 江苏省档案馆.做好培养政治理论课教师的工作,全宗号4013,1979年,短期,卷号794.

<<< 第二章 学历补偿教育与合格教师培训的政策重建（1978—1984）

教育局教研室1979年在向教育部报送的材料中反映了当时农村政治教师队伍糟糕的一面：

> 政治课的师资队伍要比一般学科差，教学质量也就可想而知了。不少教师连书上的基本概念和基本原理都讲不清楚，理论联系实际就更困难了，有的甚至讲错了。有一个教师教"意识是物质高度发展到人脑所产生的机能"这一节时，讲了一课时，下课后学生还不知道"物质是高度发展"是什么意思。不少教师讲课不会联系实际。他们对自然科学不大懂，举不出例子；资本主义国家的现代状况不了解，还是用"煤矿工人的儿子问爸爸家中为什么没有煤烧"的例子说明；有的人是信口开河，随便乱讲。有的青年教师讲XX老师是三青团的，学生轰起来，他又讲："你们不知道，三青团是共青团的前身"，学生又轰起来，他又讲："不管怎么说，三青团是革命的。"①

2. 社队办学带来的低水平和无序繁殖

穷国办大教育史无前例。社队办学"遍地开花"的结果必然是一些不太合格的教师充斥农村教育。小学教育的办学权下放给社队后，教师的管理权自然也交给了社队。"两条腿走路"允许社队、企业自行招聘教师，"为了充实和加强教师队伍，对过去改行做机关工作的教师，各地应采取措施使他们归队。城市待业青年适合做教学工作的，经过训练合格也可到农村小学任教，有的还可以到农村初中任教"；公办教师的自然减员，可以由教育部门在当年如数从民办教师或代课教师中选择补充。民办教师的选拔任用，须经学校、大队提名，公社选择推荐；辞退或调换民办教师，也要征得学校同意，由公社提出，名义上均由县级教育行政部门审查批准，实质上选谁用谁基本上是学校、社队说了算。这样自然也就出现了"民办教师比重过大、待遇过低、队伍极不稳定的状况"。由于有的生产队实行定额管理，生产队按人口定到户，不少民办教师上完课以后，早中晚还得抽空去完成生产任务，这样备课、批改作业的时间自然就更少了。在洪泽县文教局上报的材料中我们能够感受到农村办学体制转变过程中给本已艰难的农村教育普及带来的无序和混乱：

> 因教师受学生无政府主义思潮的影响较大，在校不敢抓，怕学生造反，

---

① 江苏省档案馆．江苏省中学政治课教学情况汇报，全宗号4013，1979年，短期，卷号794．

就放手不问，学生形成自流，想学就学一点，不想学就回家。又由于六八年小学下放大队来办，下放后公办教师都回本大队，本公社只剩下4名公办教师，所缺教师全是现找的初、高中毕业生，没有经过训练和培养，教学业务差，造成教学质量不高。到目前，全社212名教师中，差的和比较差的占多数，还有6名民办教师不能适应教学，因而学生留级面较大。范庄小学由于大队有派性，推荐教师不能严格条件，而是任人为（唯）亲，教师又不能认真学习提高自己，教学质量差，四年级留级生面占班级生数82%以上。①

1978年江苏省教师培训的任务异常艰巨。为了解决师资不足的困难，农村中小学不得不采取大量吸收民办教师和层层拔高的办法。1978年江苏省有中学教师16.3万人，比1965年增长了2.7倍，净增11.81万人，中学民办教师占总数的47%，中学教师中文化程度未达大专水平的有11.85万人，占70%左右。中学教师的实际教学水平，根据部分地区的调查估计，教学骨干占10%，基本胜任教学工作的占40%，教学困难但能培训提高的占40%，还有10%的人不适合当教师，需要调整。同期小学教师27.069万人，比1965年增长了66%，同比净增10.76万人，小学民办教师占总数的61.8%。小学教师中文化程度未达中师（高中）水平的有10.8万人，占40%，但多数高中毕业生实际只有初中程度，且大量小学骨干教师被拔到初中，因此，小学教师中实际文化水平达到高中毕业程度的只占40%左右，其中骨干教师尚不到10%。② 在这一时期，全省高师毕业生仅有1.3万人，中师毕业生仅有3万人，其中尚有一部分没有分配到学校工作。另外，有近万名骨干教师被调离教育战线，还有1.6万多名公办教师的自然减员得不到及时补充。农村教师的这种低水平状况几乎充斥着每一所中小学：③

M乡教学质量低，是全县的差乡之一。八四学年度，全乡毕业升学考试的语数均分和双科及格率，都大大低于全县的平均数。一至四年级的留级率高达10.9%。这"三低一高"严重影响了义务教育的推进，全乡干群，反响很大。Z校长对全乡10所小学进行了全面调查研究，组织教师对

---

① 江苏省档案馆．洪泽县关于普及小学五年教育的调查报告，全宗号4013，1978年，长期，卷号657．
② 江苏省教育厅档案．江苏省1979—1981年中小学教师培训规划．
③ 邗江县教育教学改革研讨会交流材料．走自力更生培训师资的路．1986-11-25．

<<< 第二章　学历补偿教育与合格教师培训的政策重建（1978—1984）

84 名专任教师听课摸底。发现，我乡教学质量之所以差，除有的学校管理不善外，少数教师事业心、责任感不强，部分教师年龄大，体质差原因外，教师的文化、业务素质差，是问题的症结所在。全乡 80 多人的这支队伍中，文化达标的仅 23 人，占 27.3%，初中以上水平的 37 人，占 44%。相当一部分人是"文革"期间的初高中毕业生，教学骨干寥寥无几，难以胜任教学工作的有 25 人，占 29.8%。此外，还有 10 多个不熟悉教学业务的临时代课教师。

3. 民办教师的生存危机

"两条腿走路"的方针将普及教育的责任更多地交给了地方，大到农村小学的校舍修建，小到课桌凳购置，均由社队主要负责，国家酌情给予补助。中小学教师主要由国家派遣，归地方教育行政部门管理，也可以由社队、企业自行招聘。招聘的教师必须通过考核，取得相应的合格证书才能到农村中小学任教。民办教师的经济待遇除国家补助部分外，全部由乡村集资解决。社队根据男女同工同酬原则也按全劳力给他们记工分，不得向民办教师派农活，也不得给他们分包产田。

然而，尽管有着诸多同工同酬的待遇，作为支撑农村中小学教育主力的民办教师，却仍然遭遇着严重的生存危机。社队办学责任有多大，权力就有多大，对于民办教师占全县教师总数 60% 以上的 H 县来说，社队对民办教师、对教育的影响可谓渗入每一个毛孔。尽管县文教局是地方教育的主管部门，但对社队办学的一些不合理做法却也拿它没辙。1980 年 H 县文教局向县委递交了《关于要求改变我县某些公社对民办教师吃三定平均粮等不合理规定的请示报告》（邗革文教〔1980〕第 17 号），反映了民办教师生活待遇迫切需要解决的两个突出问题：

第一；关于吃粮问题。根据省委七三年一〇二号文件规定，民办教师吃生产队的平均粮，县委常委为了贯彻这一文件精神，曾多次研究落实。但有的，如 HJ 等少数公社至今对这一规定置若罔闻。七九年年终分配时，仍给该公社民办教师吃三定平均粮，每人每年口粮要比吃平均粮少二百斤以上，许多人不得不靠买贸易粮来弥补吃粮的不足，从而增加了经济负担。

第二；关于上河工和交积累问题。为了稳定教学秩序和减轻民办教师的生活负担。县委和上级主管部门曾作过民办教师不上河工与不交积累的规定，但LD、HQ等公社有的大队仍摊派民办教师河工任务。由于教学任务重，不能上河工，还要出钱才能免工，多的要出二三十元，超过本人一个月的生活待遇（工资），当事人叫苦不迭，再加上YS等公社的部分生产队自立土政策，要民办教师交积累，每月达五至七元，是一笔大的负担。

民办教师的工资低，加上社队摊派的这些不合理负担，让他们如雪上加霜。如何让他们安心教育，调动其投身教育的积极性，则成为农村普及教育亟待解决的现实问题。

（三）合格教师培训政策目标的确立

"合格教师"通常是用来给新教师设定的一个职业目标，新教师从学生时代转到教师工作岗位一般需要两到三年的磨练，才能站稳讲台。袁先潋（2015）给"合格教师"的定义是：一是能带好一个班级；二是教学上能够有一个好的班级教学质量；三是每学期能上好一节公开课；四是每学期能够写出一篇好的反思文章。[①] 然而，没有教师资质却走上了三尺讲台，甚至小学毕业教小学，初中毕业教初中，这种情况在"文革"之后竟成为一种普遍存在的现象令人不可思议。

适应农村普及小学教育的迫切要求，有关农村教师队伍建设的各种规定和教师培训政策以最快的速度被提上了政府的议事日程。1977年8月邓小平同志邀请30多位著名科学家和教育工作者进京座谈。邓小平在会上提出了《关于科学和教育工作的12点意见》，指出教育工作"要研究如何提高教师的水平"，"要加强师资培训工作"。如果说领导人的决策在政策问题的议决中发挥了关键性的作用，那么政府机关有组织进行的政策动员则是农村教师培训政策得以实施的重要步骤。

1977年10月，教育部召开全国师资培训工作座谈会，要求利用广播电视等多种形式，举办各种训练班、进修班对现有教师进行培训，争取三到五年内，使绝大多数较低水平的教师达到合格程度；要尽快地建立和健全省、地、县、公社和学校师资培训机构；高等和中等师范学校都要承担培训在职中小学教师的任务；各级教育行政部门和学校要做好师资培训规划。同年12月，教育部综合座谈会讨论情况，以政府文件形式下发了《关于加强中小学在职教师培训工

[①] 袁先潋."四有"好教师[M].武汉：长江出版社，2015：192.

<<< 第二章　学历补偿教育与合格教师培训的政策重建（1978—1984）

作的意见》，从而使农村教师培训有了合法性的政策依据，农村教师培训已经成为政府的重要政策要求与任务。在师资队伍建设上打一个翻身仗，改变相当一部分在职教师不能胜任工作的严重局面。

1978年国务院同意教育部《关于加强中小学教师队伍管理工作的意见》，提出要认真落实党的知识分子政策，充分调动广大教师社会主义积极性，加强在职教师培训。这个文件从教师队伍建设的整体要求出发，进一步明确了教师培训对于中小学教师队伍建设的重要性和必要性。1978年《中华人民共和国宪法》以根本大法形式为农村教师培训提供了法理依据："公民有受教育的权利。国家逐步增加各种类型的学校和其他文化教育设施，普及教育，以保证公民享受这种权利。"农村教师作为社会公民的一员参加培训本身是享受宪法所规定的受教育权利的体现。

为贯彻落实全国师资培训工作会议精神，江苏省于1977年下半年和1978年上半年召开了两次全省中小学教师培训工作会议，印发了全省《关于加强中小学教师进修工作的意见》，并转发了教育部《关于加强中小学在职教师培训工作的意见》。1979年江苏省教育局提出要有计划地抓好师资队伍建设。在总结小学教师进修工作经验教训基础上，省教育局于当年12月印发了《江苏省中小学教师在职进修暂行条例（试行草案）》（以下简称《条例》），确定了师资培训的工作任务、目标、方针和原则。《条例》根据江苏省师资水平的差异规定了三类进修计划，分别提出了不同进修目标和途径，规定了考核办法和管理制度。

《条例》强调要正确处理好政治与业务的关系，处理好当前教学急需与系统提高的关系，在职教师进修须着眼长远，立足当前，使进修效果体现在教学质量提高上。为此，《条例》要求全省中小学教师从自己的实际水平出发，积极参加不同要求的在职进修，不断提高文化和业务知识，使任教学科逐步达到应有水平。三类人员分别参加不同类型的进修：

实际水平未达到中师毕业的小学教师参加市、县（区）教师进修学校组织的中师函授、业余面授或脱产培训，系统进修中师语文、数学两门课程，达到中师毕业水平，胜任学科教学工作。凡已达到中师毕业水平的小学教师，可以通过自学、教学实践及市、县（区）组织的脱产轮训班等途径，进一步提高文化知识和教学水平，熟练掌握部编教材，能够运用多种教学方法向学生传授知识，努力成为任教学科骨干。已经成为小学教学骨干的教师，要积极进行教学改革，不断改进教学方法，提高教学质量，争取成为小学教育的专家。那些文化水平低、教学困难比较大的小学教师，根据"教什么、学什么、缺什么、补什么"的原则，由市、县（区）教师进修学校和所在学校对他们进行文化补课，进修教材教法，使他们基本适应所任课程教学，利用业余时间系统参加市、县（区）教师进修学校的中师进修。

为进一步摸清全省中小学师资队伍现况，江苏省教育局于1979年对全省中小学教师进行了一次全面的文化业务普查，并先行在南京市玄武区和江宁县进行了试点。根据对全省中小学教师文化业务的普查结果，经反复讨论，省教育局又制订了《江苏省1979—1981年中小学教师培训规划（草案）》，提出了三条举措：一要狠抓当前，使大多数小学教师能基本适应教学工作；二要继续组织好中师程度的各种系统进修，特别是中师函授；三要大力培养中小学骨干教师。1980年6月，教育部召开全国师范教育工作会议，强调要加强中小学在职教师进修工作，重视教师进修院校的作用并明确其地位。会后，江苏省转发教育部文件，多次召开会议进行学习，推动了小学教师进修工作的全面展开。

1980年中共中央、国务院颁布《关于普及小学教育若干问题的决定》，提出了一系列教师培训的配套政策，强调"建设一支稳定、合格的教师队伍"，各级教育部门要大力做好教师队伍的整顿、培训和提高工作。除组织教师分期分批参加脱产学习外，还应办好多种形式的在职教师进修。对确实不适合从事教学工作的，应由当地人事、劳动部门或社队给予妥善安置。《决定》要求教育部从速制定《中小学教师工作条例》，就教师工作的性质、条件、任用、职责、进修、考核、晋升及奖惩等问题做出明确规定，切实提高教师的责任感和荣誉感。

1983年中共中央、国务院出台《关于加强和改革农村学校教育若干问题的通知》，再次强调"建设一支稳定、合格的教师队伍，是办好农村学校的重要关键"。各级党政领导要以极大的热情关心农村教师，认真落实知识分子政策，提高农村教师的政治地位、社会地位和工资待遇，改善农村教师的工作和生活条件，在全社会倡导尊重教师的良好风尚。各级党政领导要采取坚决措施整顿教师队伍，力求使合格教师进得来、留得住，不合格的教师另行安排。要改革高等学校招生和毕业生分配制度，打开人才通向农村的路子。有关高等学校要为农村培养和输送专门人才，为农村各类学校培训师资，部分教师经过培训，可以改任或兼任专业课教师。财政部拨专款为边境和少数民族地区建一两所师资培训中心，多种渠道解决教师培训的经费问题。

根据中央关于建设稳定、合格的教师队伍的精神，国家教委于1983年出台了《关于中、小学教师队伍调整整顿和加强管理的意见》（下称《意见》），强调整顿中小学教师队伍是一项牵涉面广、政策性强、事关普通教育事业发展和安定团结局面的大事，也是克服吃"大锅饭"现象，关系农村中小学教师切身利益的艰巨而复杂的工作。《意见》对合格的中小学教师质量标准进行了原则规定：①

（1）政治思想与工作态度：拥护中国共产党的领导，热爱社会主义祖国，努力学习马克思列宁主义、毛泽东思想，忠诚社会主义教育事业，认真贯彻党的教育方针，刻苦钻研教育、教学业务，关心爱护学生，既教书又育人，积极做好本职工作，思想言行堪为学生的表率。

（2）学历要求：高中教师应具备高等师范学校（或其他高等学校）本科毕业的学历或同等学历；初中教师应具备高等师范学校（或其他高等学校）专科毕业的学历或同等学历；小学教师应具备中等师范学校毕业的学历或同等学历。

（3）教育教学能力：懂得教育规律并掌握教育教学基本原则和方法，基本胜任教育教学工作。

（4）语言要求：能够努力使用普通话进行教学。

（5）身体要求：身体健康，能够坚持教育教学工作。

根据普及教育对教师队伍的要求，江苏省教育厅于1983年印发了《关于加强中小学教师进修教材教法工作的意见》，强调抓紧组织教学有困难、不能胜任教学工作的教师参加教材教法进修，是当务之急。各地要加快步伐，采取措施，使他们掌握任教学科教材，学会基本的教学方法，在对中小学教师队伍进行"调整、巩固、充实、提高"的基础上，争取到1985年使全省80%以上中小学教师能够胜任或基本胜任教学工作。

《意见》规定了教材教法的进修对象、基本要求、内容、形式和考核办法等。按照规定，凡1966年以后参加工作，在教学上存在困难的小学教师，原则上都要参加任教课程教材和教学方法的进修。主要学习内容有：一是任教学科

---

① 国家教育委员会关于中、小学教师队伍调整整顿和加强管理的意见．（83）教师字14号，1983－8－22．

的教学大纲；二是任教课程全套教材的编排原则、体系和内容，掌握必备的基础知识和基本技能；三是教育学、心理学基础理论和任教学科教学法基本知识；四是补充一些必要的文化知识，适当扩展知识面。从1982年暑假开始，连续用3年时间完成进修任务，以业余形式为主，县教师进修学校在寒、暑假安排必要的讲授和辅导，平时也安排学员一定量的自学。学习期限不超过1年，学完一批考核一批。考核分为文化知识考试和教学业务考核两个方面，分别由教师进修学校和教师所在学校负责。为了保证质量，省教育厅还拟订了专门的进修计划和教学要点。

二、机构推进：乡村教师合格培训的政策行动

（一）乡村教师培训机构的恢复与重建

教育学院和教师进修院校是我国中小学教师在职进修的主阵地，也是整个师范教育的重要组成部分。由于存在相当数量的不合格中小学教师，加上四个现代化建设的需要和不断提高中小学教学质量的要求，在职中小学教师的水平还要不断地提高。1977年全国师资培训工作会议提出，要建立省、地、县、公社和学校五级教师进修网，首要的工作就是要率先建立省地县三级教师培训机构。

教育学院是培训在职中学教师和教育行政干部具有师范性质的高等学校，是我国师范教育体系的重要组成部分。根据国务院《转批教育部关于〈加强教育学院建设若干问题的暂行规定〉》（国发〔1982〕130号文件）精神，省成立教育学院，负责省属重点中学和其他中学高中教师的培训工作；地、市建立教师进修学院，负责本地、市中学教师培训工作；县建立教师进修学校，负责本县中小学教师的培训工作。各省市县陆续恢复或新建了教育学院或教师进修院校。1982年我国已初步建立起完整的中学教师培训体系，其中省级教育学院32所，市级教育学院247所。1983年教育部对符合国发〔1982〕130号《暂行规定》审批程序的162所教育学院（包括教师进修学院）进行了重新备案，江苏有12所教育学院获准备案。

江苏原有江苏教育学院和地、市级教师进修学院共15所，均为1978年后由省人民政府批准复办，边建设边办学。1978年江苏省批准复办江苏教育学院；1981年江苏省人民政府批复同意复建南京、无锡等八所教师进修学院（苏政复〔1981〕33号文），并报国务院备案。8所教师进修学院为南京市、苏州市、无锡市、常州市、徐州市、扬州地区、徐州地区和苏州地区教师进修学院；1982年江苏省人民政府批复（苏政复〔1982〕21号文）同意增设南通市、连云港市、南通地区、盐城地区、淮阴地区、镇江地区6所教师进修学院。

从1983年起实行市管县新体制，行政区划有所变动，11个省辖市各保留一所。为使市一级教师进修学院的名称与其承担的任务相一致，就统一定名为教育学院，因而，江苏共有省、市教育学院12所。1983年江苏省人民政府批转省教育厅《关于加强我省教育学院建设的意见》，公布了12所教育学院名单。

在恢复设立省级教育学院的同时，我国又着手重建地市教师进修学院和区县教师进修学校。1980年教育部《关于进一步加强中小学在职教师培训工作的意见》强调"教师进修学校是我国现代教师教育体系的重要组成部分，承担县级中小学在职教师终身教育的责任"，教师进修学校与中等师范学校具有同等地位，享有同等待遇，其主要任务是面向小学和幼儿园，特别是面向农村中小学开展小学教师和教育行政干部学历补偿教育，也可承担少部分初中教师和教育行政干部培训任务。

1982年教育部在西安召开全国小学教师进修工作会议，1983年印发了《关于加强小学在职教师进修工作的意见》，明确规定县级教师进修学校的设立由地、市审批，报省政府备案，受县人民政府领导，由县教育局主管。1983年教师进修学校开始承担中小学教师教材教法培训任务，逐步成为中小学教师服务的实训中心、资料中心和研究中心。

1980年江苏省出台了《教师进修院校暂行工作条例》，对教师进修院校的地位和任务、教学管理、师资队伍建设和领导体制等方面进行了原则规定和建议。各级教师进修院校具体的培训规划根据《江苏省中小学教师在职进修暂行条例（试行草案）》要求，按照当地教育行政部门的统一规划，在深入调研的基础上制定。

教师进修院校专职教师的任职资格一般应具有高等院校本科及以上毕业水平，并具有丰富的教学经验。专职教师脱产轮训中学教师按12:1配备，脱产轮训小学教师按15:1配备，城市业余系统面授按30:1配备，高师函授每种专业按100:1配备（不足100人的，也应配备一人），中师函授按150:1配备。

表2-4　1981年江苏各地市教师进修学院教师编制数①

地区	教师编制数	地区	教师编制数
南京辖区	138	连云港市	22
无锡市	58	徐州地区	61
徐州市	53	盐城地区	61
苏州市	33	扬州地区	75
常州市	38	苏州地区	56
南通市	22		

根据教师在职进修工作的特点，同时为了解决师资不足的困难，进修院校可聘请一定数量的兼职教师。然而，兼职教师的聘请是有条件的，并需要保持相对的稳定性。除了必要的关心和支持外，还需要给他们业务上再学习的机会，经济上则要体现按劳取酬的原则，给以一定的报酬。1980年江苏省教育厅和江苏省财政厅联合颁发了《教师进修经费开支标准的暂行规定》，对专职教师、兼职教师和借用教师的使用和待遇进行了明确规定：②

　　各级教师进修院校根据工作需要和节省人力的原则，配备一定数量的教职工，其工资、福利待遇等，在进修院校开支。有的院校因教学需要，必须向其他学校聘请兼课教师，聘请兼课教师的兼课金按一九七八年十一月二十八日省教育局、财政局、劳动局转发教育部、财政部、国家劳动总局《试行"关于高等学校兼课教师酬金和教师编译教材稿酬的暂行规定"的通知》的通知规定执行。有的进修院校向中、小学借用的教师，不得按兼课教师待遇发兼课酬金，应按省财政局一九七七年十月二十二日关于转发财政部"颁发'关于国家机关、企业、事业单位工作人员差旅费开支的规定（试行）'的通知"的通知，和一九七九年十月三十日"关于提高主要副食品销价后，相应提高出差、开会伙食补助等标准的通知"规定执行，即"工作人员临时被借调到外地工作，每人每天

---

① 江苏省教育厅档案. 江苏省教师进修院校暂行工作条例. 1980-05.
② 江苏省教育厅档案. 教师进修经费开支标准的暂行规定. 苏教计（80）169号. 1980-06-14.

<<< 第二章 学历补偿教育与合格教师培训的政策重建（1978—1984）

补助三角。超过三个月的，超过天数不再发给补助费，改为地区工资差额"的规定执行。

为加强对教师进修特点和培训规律的研究，各级教师进修院校可以根据学校专业设置情况和教学需要设立若干教学研究室（组）。在教务处的领导下，具体负责安排有关专业的教学活动，完成教学计划，研究教材教法，积累教学参考资料，总结教学经验，做好有关实验室的建设和指导工作；制定学科活动计划，开展学科研究活动，举办学术讲座；编写复习资料，做好命题评分和安排本室（组）教师的进修等工作。

为加强对县教师进修工作的领导，江苏省邗江县文教局下发了《一九七八年教师进修工作意见》，积极组建县、社、校三级教师进修网。[①] 各公社高师函授分站和小学进修班合并，改为师资培训站，由县颁发公章，做到中小学教师的在职进修（包括函授、短训、讲座、自学）统一抓、统一安排、统一管理。培训站由文干任站长，完中副主任任副站长。教师进修的日常工作由副站长负责安排。学校是抓好教师培训的基层单位，利用教研组和老教师的作用，积极开展教师培训工作。学校师资培训工作由一名负责人或教改组长负责。各公社培训站和学校抓教师进修工作的负责人由各公社教革会会同完中和各学校共同商定报文教局批准。

为建立一支强大的相对稳定的兼职教师队伍，县文教局采取上下结合的办法，为中学教师进修配备语、数、理、化、外语五科兼职教师，为小学教师进修配备语、数两科兼职教师，由公社、学校共同商定，报县批准。在各科兼职教师确定后，由县召开兼职教师大会，统一发给聘书。县教师进修学校提供学习材料和教学参考资料，组织兼职教师参加教研活动，召开辅导工作经验交流会，使他们在担任兼职教师工作中也有相应提高。学校适当减轻他们的课务负担和其他社会活动，从各方面调动他们的积极性。

各乡（镇）中心中、小学是全乡（镇）在职教师培训的中心，校领导分管教师培训工作，负责全乡（镇）教师的进修和函授学习。各乡（镇）以中心学校为阵地定期组织集体备课，利用假期举办缺门学科教师短训班，制度化的培训做到进修对象、进修档案资料、学校辅导制度、学习辅导时间、辅导老师五

---

① 邗江县档案馆. 一九七八年教师进修工作意见. 邗革文教（1978）11 号. 1978－02－26.

落实，并建立检查督查制度，以提高教师文化达标率和教学业务水平。乡（镇）中心校通过多种办法和途径培训骨干教师，逐步做到中心学校有三分之一以上、一般学校有四分之一以上的教师成为教学骨干。根据工作需要平衡全乡（镇）各年级各学科师资的搭配，有计划地向其他学校输送、调配一定数量的教学与管理骨干。

（二）师范院校订单式的定向培养

1975年，全国高等师范院校只有58所，在校生9.7万人，中等师范学校887所，在校学生30.2万人，远远不能满足基础教育对师资的需求。1977年10月教育部在北京召开中小学师资培训座谈会，会议提出，高等和中等师范学校都要承担培训提高中小学教师的任务。1978年10月教育部发出《关于加强和发展师范教育的意见》，要求各地"统筹规划，建立师范教育网"，"在三五年内，有计划有步骤地新建若干师范院校"。1978年12月教育部又发出通知，恢复和增设169所普通高等学校，其中师范院校有77所，占恢复和增设普通高校总数的45.56%，这一年是中国师范教育发展史上高等师范学校成立最多的一年。

1980年全国师范教育工作会议后，师范教育成为整个教育事业发展的重要组成部分。中共中央、国务院在《关于普及小学教育若干问题的决定》中提出，"贯彻'两条腿走路'的方针，国家应加强师范教育，负责训练合格的教师"[①]。为解决普及教育面临的师资严重短缺问题，师范院校在以订单式的定向培养快速向基础教育输送合格学历教师的同时，也担负起了中小学教师在职学历进修的任务，将不合格教师培训成为学历（学力）合格的教师。

1983年中共中央、国务院在《关于加强和改革农村学校教育若干问题的通知》中提出"有关高等学校要为农村培养和输送专门人才，为农村各类学校培训师资"，"有关高等院校和中等专业学校，应分工承担面向农村的职业教育师资培训和教学辅导工作"。文件提出了一系列面向农村的高等学校招生和毕业生分配制度改革政策，如文化课降分、外语免试、计划外合同制招生等，以打开人才通向农村的路子。一是农村，包括林区、牧区、渔区、垦区的职业中学毕业生，报考专业对口的全日制高等学校，文化课要求可适当降低。二是报考专

---

① 中共中央、国务院关于普及小学教育若干问题的决定. 中发〔1980〕84号, 1980-12-03.

科的，可免试外语。三是在不影响国家计划的前提下，实行计划外的合同制招生。经省、自治区、直辖市和中央有关部委的主管部门批准，由集体企事业单位、专业户同有关院校签订合同，采取推荐与统考相结合的办法，招收由集体负担学费和自缴学费的学生，毕业后回原地区、原单位工作。"要加强师范教育，加强教师进修院校的建设。根据加强和改革农村学校教育的需要，制订师范教育的发展规划，在课程设置、教学内容、教学方法等方面逐步加以改革。高等师范院校应适当放宽专业口径，增强对农村教育工作的适应性。有条件的高师院校，还要增设一些农村教育所急需的专业。"

（三）在职学历补偿教育的形式与待遇

函授教育和夜大学是师范院校面向中小学教师举办的在职学历补偿教育的重要办学形式。1980年4月教育部召开高等学校举办函授、夜大学工作座谈会，强调"两种教育制度的思想是完全正确的，要发展我国的教育事业，必须两条腿走路"。普通高等学校举办函授教育、夜大学是业余教育的一种重要形式，也是高等教育的一个有机组成部分。1980年9月国务院批转教育部《关于大力发展高等学校函授教育和夜大学的意见》，提出高等学校举办函授教育和夜大学应当采取积极恢复、大力发展的方针。学完本科和专科的函授教育和夜大学规定课程，成绩及格的，发给国家承认的高等学校毕业证书。1983年教育部公布了353所举办函授教育和夜大学的高校名单，其中教育部直属高校43所，部委所属高校141所，地方高校169所。同时国务院办公厅转发了教育部《关于职工大学、职工业余大学、高等学校举办的函授和夜大学毕业生若干问题的请示》，规定在职人员中通过函授和夜大学毕业者，在工作使用、职称评定和进行套改等问题上，与全日制高等学校同类毕业生享受同等待遇。

函授学员的政策待遇是影响函授教育质量的重要因素。由于函授毕业在政策上已明确相当于专科毕业，这在促进函授教育方面发挥了很大作用。但函授教育未能将使用和待遇问题解决好。有的学员学得很好，但转正不能实现，有的学员学非所用，或因事业调整被随便调动或改教其他科目，甚至被调整出去不当教师了。函授生学习期间的书籍费、来往面授的差旅费以及函授毕业的经济待遇等均没有明确规定。函授学员80%以上是农村学校民办教师，工作负担重，工资收入低，学习时间和学习待遇均无保证，严重制约着函授教育的发展。

广播电视大学是中小学教师在职进修的重要形式。1978年教育部、广播事业局在北京联合召开了全国电视大学工作会议，讨论了电视大学筹办工作的指导思想，制订了《中央广播电视大学试行方案》，对开办电视大学需要解决的编制、经费、物质条件等问题做了安排。会议提出，中央广播电视大学是面向全国的、以电视和广播为主的高等学校，并准备增加函授教学的手段。1980年江苏省参加中央广播电视大学系统学习进修的（包括自由收看者）的中学教师有3400多人。至1986年，全国有372个市（地），70%的县办起了电视大学的分校和站，共有3万多教学班，在校正式生67万人，开设有148门课程，22个专业门类，至本年共有4届毕业生，人数达61.3万人。

高等教育自学考试也是中小学教师在职进修的另一重要形式。1981年国务院批转教育部《关于高等教育自学考试试行办法的报告》，决定建立高等教育自学考试制度。1982年教育部在北京召开高等教育自学考试试点工作座谈会，决定上海、天津从本年下半年起开始举办高等教育自学考试。明确提出，高等教育自学考试属于国家考试，其任务是通过考试，鼓励人们学习，检验学习成果，从中发现和选拔人才。4月28日，教育部印发《高等教育自学考试制度试点工作座谈会纪要》。

1983年教育部下发《关于教育学院和教师进修学院毕业生若干问题的通知》（教育部〔83〕教计字032号），对教育学院和教师进修学院毕业生的学历、使用和待遇等问题进行了原则规定，这些毕业生须达到全日制高等师范学校同类毕业水平，才可享受同等待遇。

享受同等待遇的前提毕业生必须是符合国务院国发〔1982〕130号文件批准的教育部《关于加强教育学院建设若干问题的暂行规定》中规定审批程序的教育学院和教师进修学院的学员。未按国发〔1982〕130号文件规定进行审批，自行建立的教育学院和教师进修学院的毕业生，必须参加省级高等教育考试委员会统一组织的考试，考试合格，获得该委员会颁发的毕业证书，才视同具有高等师范专科或本科学历。

江苏省执行这项规定，也分为两种对象，一是由教育部批准备案的江苏教育学院和11个市教育学院的学员，学完教育部颁发"中学教师进修高等师范教学计划"开设的课程，经过考试，成绩合格，思想品德、身体健康情况合格，获得毕业证书者，承认其具有高等师范专科或本科毕业的学历。

二是 1981 年 4 月、1982 年 3 月由省人民政府批准的 14 个地市教师进修学院毕业生，按教育部〔83〕教计字 032 号文件要求进行补课，经过考试，成绩合格并报教育厅批准换发有关教育学院毕业证书的，其学历与上述对象同等对待。毕业生原来是民办教师的，国家不负责统一分配。如工作需要，可择优录用，录用后的工资待遇、见习期等问题，由各省、市、自治区参照教育部文件研究确定。

（四）"地办校助"的培训模式

从 1977 年开始，我国在职教师培训持续了相当长一段时间以学历补偿教育为主要目标的教师培训期。教育部先后多次以文件、法规形式规定了中小学幼儿园教师应该达到的学历标准。"地办校助"形式的学历补偿教育也如火如荼开展。

为加快农村中小学师资培养，各地教育局与高师院校纷纷签订高师函授教育协议，创造了"地办校助"模式开展农村教师培训工作。函授教育由地、县教师进修院校主办，由地方各级教育行政部门领导，教师进修院校设立函授科，负责招生、学籍管理、组织专职辅导教师集中备课，安排计划，发放函授教材、函授通讯、组织结业考试、发结业证书，检查督促函授教育进展情况和有关问题。在函授辅导机构的设置上，县教师进修学校是高师院校的依赖力量[①]。各县教师进修学校视函授学员人数配备专职辅导教师，组织面授。县以下辅导机构，根据各专业学员的人数而定。中文、数学人数较多，大多以区建班，班下设自学小组，有的县划片设班，班下设自学小组；物理、化学人数较少，基本上是以县集中，由专职辅导教师进行辅导。公社一级聘请部分兼职教师，检查督促函授生的自学和作业等。各科专职辅导教师负责各专业的函授备课会，制订教学计划，上辅导课和帮助兼职辅导教师备课、解答疑难问题，组织成绩考核，巡回了解情况，抽查作业，管理学籍。有的县还编写参考资料和函授简报等工作。

---

① 南京师范学院档案. 南京师范学院函授工作情况汇报. 宁师教〔80〕第 10 号.

表 2-5　南京师范学院函授专业"地办校助"培训模式①

面向地区	苏州地区（1978年下半年举办）、盐城地区（1980年初举办）
办学方式	地办校助
培养目标	具有大专毕业水平的初中教师
招生对象	具有高中毕业文化水平的在职公、民办中学教师
专业设置	中文、数学、物理、化学等四个专业
学制年限	三年半—四年
教学计划	中文专业：现代汉语、现代文选、古代汉语、古代文选、文艺理论、逻辑 数学专业：初等代数、初等几何、初等函数、解析几何、数学分析、高等代数、概率和逻辑代数选讲 物理专业：高等数学、力学（一）、电磁学（一）、热学、光学、原子物理、电工学、电子学、力学（二）、电磁学（二） 化学专业：无机化学、有机化学、化学原理

办学规模

专业\地区	中文	数学	物理	化学	合计
苏州地区	2237	862	352	277	3728
盐城地区	2379	1339	351	363	4432
合计	4616	2201	703	640	8160

师资来源	专职辅导教师：由县教师进修学校配足，每专业按100：1配，不足100人的配1人 师院辅导教师：由各系按学科配，每门课配1人，任务落实到教研室
人员编制	地区教师进修学校设立函授科，每个专业配1~2人 师院教务处由1人具体负责函授工作
领导体制	函授教育由地方各级教育行政部门领导，地区教师进修学院和县教师进修学校负责行政工作 师院函授教育由院统一领导，各系由一名系主任分管，院教务处具体负责
备注	（1）办学规模中的数字，系1980年5月的统计，本表略有减少 （2）各科教学法也立在教学计划中，但不专门化时间讲授

---

① 江苏省教育厅档案．南京师范学院等四所师院高师函授情况．

1977年起,徐州师范学院在铜山县教师进修学校增设高师函授班。行政、业务管理先由徐州师范学院,1982年后转交给徐州教育学院负责,教学计划由铜山县教师进修学校组织实施。高师函授,学制三年,学生学习期满,由徐州教育学院发毕业证书,达到初级中学教师合格学历。在教学上采取业余自学为主,定期集中辅导为辅的方法,教学任务由铜山县教师进修学校专职教师或兼职教师承担。

表2-6 徐州师范学院在铜山县教师进修学校举办高师函授

时间	培训对象	科别	班数	人数	毕业人数
77级	在职中学教师	中文科 数学科		115 48	115 48
79级	在职中学教师	中文科 数学科 物理 化学	1 1 1 1	25 25 19 22	91
82级	在职中学教师	中文 数学	1 1	54 52	54 52
85级	在职中学教师	中文 数学 英语	1 1 1	53 47 23	123
87级	在职中学教师	中文 数学	1 1	35 41	76
88级	在职中学教师	数学	1	49	49
合计			12	758	758

扬州师院1966年以前也曾办过高师函授教育,1972年又恢复函授教育,开始在扬州地区个别县,后又推广到全地区,1976年又推广到南通地区和南通市。先后办了四期,学制一到两年,共结业学员1万多人。1981年按照省教育局计划开始招收第五期中学在职公办、民办及代课教师,设语文、数学、化学、物理四个专业,学制三年,要求达到师专毕业水平。原招收学员13830人,因招

工、升学及其他原因，有所减少，在籍学员还有 9150 人，分布在扬州、南通两地和南通市 18 个县市。

1980 年前后南京市教师进修学院除了举办英语、体育、美术、生物等各种短训班以外，还承担了各种形式的系统进修任务，主要办班类别有脱产进修班、业余进修班和函授进修班，各种班别人数如下图所示以中文人数为最多，数学、物理、化学进修人数依次递减，每个学科尤以函授进修班人数为最多。

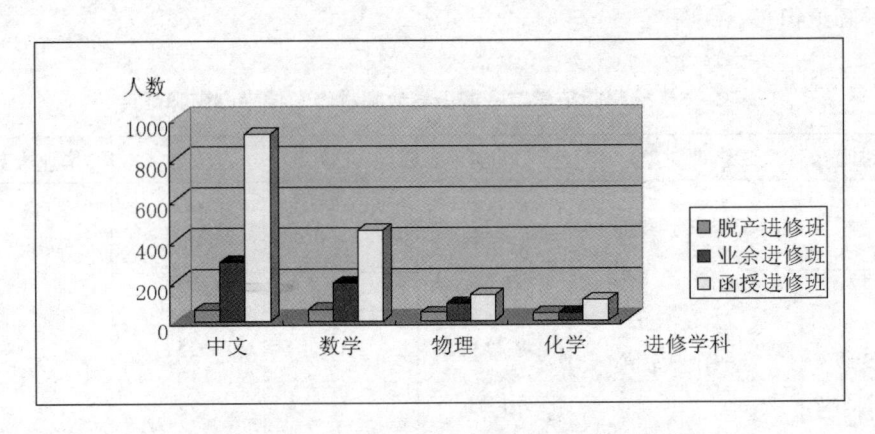

图 2-3　1980 年南京市教师进修学院系统进修情况

经费问题是支撑教师参加在职进修的重要因素。由于培训经费划拨渠道不一样，公办教师与民办教师、中学教师与小学教师、离职培训与在职函授、进修院校与所在单位、单位与个人、公费与自费有着错综复杂的培训成本分担体系。1980 年江苏省教育厅和江苏省财政厅联合下发了《教师进修经费开支标准的暂行规定》，对在职教师的经费开支进行了原则规定：①

1. 在职教师调到教师进修院校离职进修，其往返一次的旅费，按所在地差旅费规定开支。小学教师所支经费由教师进修学校开支，中学教师回原学校报销。

省辖市市区内走读培训的教师按所在地市内交通费有关规定执行。

2. 在职教师离职到教师进修院校培训，需要集中食宿时间在一年以内的，公办教师及城市工资制民办教师每人每天补助伙食费二角，农村民办

---

① 江苏省教育厅档案．关于颁发"中学教学行政费标准和分配使用比例的暂行规定"及"教师进修经费开支标准的暂行规定"的通知．苏教计〔80〕169 号．1980－06－14．

教师每人每天补助伙食费三角。上述伙食补助费由教师进修院校开支。各级教师进修院校培训教师，不论时间长短，不得以会议形式开支会议伙食补助费。

3. 在职教师离职到教师进修院校学习，必须自带行李被褥等生活用品，学校不开支学习人员生活用品费。

4. 在职教师在教师进修院校学习期间的医疗费用，公办教师凭据回原单位向公费医疗部门报销；民办教师所需医疗费，在每人每月一元五角范围内，由教师进修院校统一掌握使用。

5. 教师短期离职进修所需书籍，凡进修院校统一规定使用的课本，公办教师可以凭进修院校的发票回原单位报销所需课本费的二分之一，民办教师报销三分之二，其余由本人自理；簿本及其他文具用品，以及自行选购的书籍由本人自理。个别有困难的，可向原单位申请在职工福利费中酌情补助。进修院校印发的讲义费用，由进修院校开支。

在职教师，经批准参加师范院校以及教师进修学校函授学习，其书籍、簿本费按本通知第五点规定执行。

函授生参加县集中面授辅导，所需的往返车船费，原则上由本人自理，如有困难，公办教师在职工福利费中、民办教师在学校教学行政费中酌情补助。

教师进修院校所需经费，由各地教育主管部门按有关规定核拨，在"教师进修培训经费"项目中列支。

三、政策成效

（一）造就合格教师，解决义务教育师资短缺问题

建立一支数量足够、质量合格、学科配套、相对稳定的中小学教师队伍是实现农村普及教育、全面提高办学质量的关键所在。面对农村中小学师资培训的艰巨任务，各级政府、教师进修院校和学校自力更生，建章立制，广开渠道，举办了多种层次、多种形式的农村教师培训，在最短的时间内，解决了普及教育普遍存在的师资短缺问题。

1982年教育部下发了关于加强中小学教师进修教材教法工作的通知，并于1983年在山东烟台召开了全国中小学教师教材教法工作经验交流会。根据教育部会议精神，江苏省教育厅调查了占例较大的教学有困难且不能胜任教学工作

的中小学教师的文化业务状况。1982年全省有小学教师28万余人,中师、高中毕业以上学历的有1.64万人,占小学教师总数的58%,其中,相当多的教师实际只有初中文化水平,没有受过正规的师范专业训练。根据调查结果,江苏省教育厅于1983年印发了《关于加强中小学教师进修教材教法工作的意见》,同年召开了全省中小学教师进修工作会议,传达了全国中小学教师进修教材教法工作经验交流会精神,讨论了如何开展中小学教师进修教材教法,使教学有困难的教师尽快胜任教学工作的问题。从1982年到1985年,全省教学有困难的中小学教师参加教材教法集中进修的工作全面展开,形成了教材教法进修高潮。到1985年底,全省有111429名小学教师参加了教材教法进修,占小学专任教师总数的43.5%,进修教材教法结业人数达92553人,占进修学员总数的83.1%,其中镇江市结业人数高达96.7%。

表2-7 铜山县教师进修学校招收的在职教师中师班

时间	培养对象	班数	人数	毕业人数
1978	培训英语教师	3	150	150
1983	在职民办教师	1	40	40（在铜师）
1984	在职民办教师	2	82	82
1986	在职具有初中文化程度的公办教师	2	77	76
1988	在职民办教师	1	49	48
合计		9	398	396

地处苏北的铜山县小学教师的学历达标率仅17%,而要提高铜山县基础教育质量,又不得不依靠这样一支自己的教师队伍。铜山县教师进修学校1978—1988年先后办了六届中等师范班,培训在职民办教师。学员通过两到三年的学习,学完中等师范主要课程,达到中师文化程度,毕业后由国家统一分配。以学历补偿教育为主的高师函授和中等师范班为铜山初中、小学教师的学历达标做出了突出贡献,培训了一大批合格的初中、小学教师。

据不完全统计,在铜山教师进修学校培训的各类学员中,任教育办主任、中小学校长、中小学业务员等领导职务的有137人,1432人被评为教学能手,1165人被评为乡级以上先进工作者,大部分成了中小学教育教学骨干。时任茅村乡教育办主任厉××在参加座谈时满怀深情地说:"我乡共

<<< 第二章　学历补偿教育与合格教师培训的政策重建（1978—1984）

有教师 386 人，80% 以上是经过铜进培训的。其中有 14 人担任小学校长，大部分成为教学骨干。我代表茅村乡教育办，向铜进表示衷心的感谢，并祝愿他们为培养更多的人才做出更大的贡献。"如果有人要问，铜山教师进修学校对教师的培训给教师带来了什么？一位教育办主任的话会给你答案："铜进培训出来的教师人人有两手"。

丁××，这个乡村女教师，将中函时学到的科学文化知识与教学实践相结合，通过不断的追求与探索，创立了"汉语拼音直呼教学法"，为汉语拼音教学改革做出了突出贡献，多次被评为县、市级先进工作者。一九八九年被评为全国优秀教师，一九九一年被授予"江苏省劳动模范"的光荣称号。①

农村教育能否普及，关键在于有没有一支具有一定文化业务水平和实践经验的辅导教师。大面积开展中小学教师进修教材教法，只靠进修学校的少数教师是完不成辅导任务的。因此，各地都非常重视因地制宜地物色和挑选辅导教师。暑假受聘担任小学教材教法进修辅导的老师来源于教师进修学校、教研室，大部分来自各地的重点中学、老完中和实验小学。有的是县文教局的负责同志亲自到班讲授教材教法。聘用兼职教师的做法无疑充实了农村教师培训机构的力量。

在合格考核过程中，泰县参加教材教法培训的老师满怀为党的教育事业作贡献的热情，冒着盛夏酷暑，克服种种困难，到进修班参加学习，他们不无自豪地说："国家花钱请人教，食宿安排很周到，多学知识育人才，学海泛舟路千条。"宝应县小官庄一中学教师不是这次集中进修的对象，他为了提高教学业务水平，自己花路费，不要生活补贴，到县城跟班学习。

乡（镇）中心小学是农村小学教师成长的堡垒，受县（市、区）教育行政部门和乡（镇）人民政府的委托对全乡（镇）小学负有全面管理的职能，是全乡（镇）的师资培训中心。为建立一支数量足够、质量合格、学科配套并相对稳定的教师队伍，江苏省要求中心小学教师在数量上要达到苏教人（84）354 号文件规定的关于小学教师编制标准；具有教育学、心理学、小学各科教学法等方面的知识和较强的业务能力；90% 以上的教师取得专业合格证书或合格学历；各年级各学科都要有骨干教师，并使骨干教师的人数逐步

---

① 刘公绰，赵西文. 铜山教师进修四十年. 徐铜新出准印字〔95〕013 号，32，69-72.

聚焦乡村教师成长　>>>

达到教师总数的三分之一以上，骨干教师能承担全乡（镇）小学教师业务进修的辅导工作。

每个身处一线的农村学校校长们既要带头上好每一节课，还要为本校那些不符合国家规定学历的教师发愁，为他们的进修提高想办法，出点子，分期分批安排他们参加各种形式的进修。J 校长就曾经是这样一个地处苏中偏僻乡村的 M 中心小学校长，他讲述了当时为了创建合格完小推进义务教育而采取的自力更生的成长行动：①

教学质量高低的关键是教师。中央教育体制改革的《决定》要求建立一支足够数量、合格而稳定的师资队伍，然而，这样一支队伍从何而来？进行大筛选，留取好的，辞退差的？显然不行；伸手县局要？一年也分不到几个师范生；让教师函授进修？这固然可行，但是，一期进修不了几个人，解决不了我乡的实际问题。为了尽快适应教育教学改革形势需要，我们遵守中央《决定》精神，决定走自力更生培训师资的路。

全国各地出版的教育杂志是我们无声的老师。我们规定全乡老师至少人手一份业务刊物，学习间接经验。直接向教学行家学习，取他人之长，补己之短，也是提高教师业务水平的重要途径。平时，不管是县内兄弟乡开课，还是市里搞活动，我们都不失时机，组织教师前往学习。其次，师带徒，徒拜师，搞好传帮带。我乡 40 岁以下的公民办小学教师有 48 人，占专任教师总数的 57.1%。本着"能者为师"的精神，我们共结队 63 人次。70% 的专任教师参与了拜师带徒活动，签订了"师徒合同"，规定了学科、年限，让师傅们尽快带徒弟们过好教材教法关。每双周的星期三下午是我乡教师的"业务进修日"。乡级三个大教研组，每学期都要在进修日里举行八次全乡性的教研活动，不管风雨寒暑，雷打不动。

（二）成就教师进修院校，建立了一套完整的农村教师培训体系

实行分级办学以后，对学校领导干部、教师队伍、教育计划和教育经费等也实行分级管理。省、地（市）两级教育行政部门负责中小学师资，尤其是初中师资和职业技术师资的培养和培训工作。县或县以上教育部门负责教师资格考核和教师任用。乡负责本乡范围内的教师调动、教师使用和教师培训等工作。乡（镇）办学校的公办教职工，由县乡两级共同管理，公办以县为主，民办以

---

① 邗江县教育教学改革研讨会交流材料. 走自力更生培训师资的路. 1986 – 11 – 25.

乡（镇）为主。在本乡（镇）范围内教师任教单位可以调整或调动，但不得调出教育部门，做其他工作。

经过多年的努力，我国已经建立一套完整的独立设置的教师培训体系。1985年全国有218所教育学院培训在职中学教师，有1782所教师进修学校培训在职小学教师。各省、市教育学院，各教师进修学校自复办以来，边办学边建校，艰苦创业，从无到有、从小到大，办学条件有了明显改善，已初步成为当地农村教师培训的重要基地。

  铜山县教师进修学校在办学方面的成功经验，越来越受到省内外教育部门的重视。省教委冒主任，师训处的张处长，徐州市的丁市长，市教育局的丁局长、大中专科的鲍科长以及运河师范函授部的佟主任等曾多次来铜进指导工作。铜山县的郭县长、姚县长、张县长、陈县长以及原县委书记曹书记，也都多次亲临铜进，给教职工送来了温暖。来铜进参观学习的外地代表团有57个约2300人次。他们对铜进的学校管理模式，校园文化、宿舍文化、办公室文化等方面十分欣赏，表示要借鉴铜进成功的经验办出符合本地、本校特色的特色学校来。

教师进修院校承载着农村中小学和农职业中学教师职后教育的重任，是培训农村在职中小学教师和农职业中学教师的主力军，在普及教育的过程中日益受到各级政府的高度重视和大力支持，成为管理并指导农村教师发展的专业机构，统筹协调地方农村教师培训工作，进而保证质量，提高效益。

江苏各县（市）教师进修学校由于过去没有明确规定报批手续，省教育厅决定按教育部规定的审批程序补办报批手续。经向省政府报告并批准后，教育厅对各市、县教师进修学校的领导力量、教学人员、仪器设备、校舍规格等办学条件进行了一次复查，符合条件的予以报批备案。

根据教育部对县级教师进修学校的意见，经过近一年的准备，江苏省于1984年下发了《给予补办县教师进修学校审批手续的通知》，全省11市人民政府在各县对县教师进修学校办学条件复查基础上，审查批准了63所县教师进修学校，认为绝大多数学校基本具备了办学条件。"经过备案的县教师进修学校享受中等师范学校的同等地位和待遇。在已经批准备案的县教师进修学校参加各种形式系统进修的小学教师，凡学习期满，经过考核，成绩及格，达到全国小学教师进修中师课程教学计划要求的，由学校发给毕业证书，并承认具有中等师范学校毕业的学历。"①

> **扬州市教育局（报告）**
>
> 扬教字（86）第 206 号
>
> ★
>
> 关于小学教师进修班学员学历问题的批复
>
> 泰县教师进修学校：
>
> 　　你校《关于承认小学教师进修班学员学历的请示报告》收悉。经研究，同意你校小学教师进修班五十名学员，按教育部规定的小学教师进修中等师范的教学计划，修业期满后，由我局组织毕业考试，对成绩合格者发给毕业证书，并承认其中师学历。特此批复。
>
> 　　　　　　　　　　　　　　　　　　　　扬州市教育局
> 　　　　　　　　　　　　　　　　　　　一九八五年元月六日
>
> 抄送：泰县文教局

　　农村教师培训机构依靠自身的办学条件和职能优势，开展了脱产培训、函授自考、业余电大等多种形式的学历补偿教育和短期培训，在成就教师的同时，不断增加现代化教学手段，增强培训效果，使自身也获得了长足发展。扬州市教师进修学校于 1985 年被国家教委确定为 1985—1989 年中国政府和联合国儿童基金会加强小学师资培训合作项目学校。

　　国家重视充实、提高教师进修院校、高等学校和中等专业学校等各种农村教师培训机构的师资队伍。各省、自治区、直辖市重视把教师进修院校和其他教师培训机构教师的进修纳入师资培训计划。新师资的补充纳入高校毕业生和研究生的分配计划，往往戴帽下达，择优选派。高校也为教师进修院校和其他师资培训机构举办专门的教师进修班。农村教师培训经费、图书资料、教学实验设备和基本建设投资等，均纳入地方教育事业费预算编制和基本建设投资计划。

---

① 江苏省教育厅档案. 关于县教师进修学校备案问题的通知. 苏教师（84）49 号. 1984 - 03 - 05.

<<< 第二章 学历补偿教育与合格教师培训的政策重建（1978—1984）

（三）依托师范院校，开创了农村教师合作培训模式

在条块分割的计划经济年代，师范院校一直是作为教师职前培养的"工作母机"，并与教师职后培训体系形成二元封闭的运行体系。尽管如此，两者却有着割不断的天然联系，在普及教育的共同需要面前，二者自然结合到了一起，并且在农村教师培训领域一显身手。作为农村教师培训基地，教师进修院校除了计划分配由教师进修院校主办的各种培训班以外，以"地办校助"的形式与高师院校合作举办了多层次的各科教师进修任务。

1980 年江苏省有 4 所师范学院和部分中等师范学校成立了函授部或函授组，近三分之一的中学教师参加了各种形式的系统进修，其中最主要的是高师函授、定期面授及电视大学，还有少量的脱产进修班。师专程度的高师函授是由江苏 4 所师范学院举办的，主要面向较分散的农村广大初中教师，共有中文、数学、物理、化学 4 个专业近 4 万名教师，占全省中学教师的 1/4 左右，尤以中文、数学 2 个专业函授人数为多。4 门学科的教材由 4 所师院分工编写（其中部分为选用教材）。4 所师院同时负责制定学科教学计划、编印函授通讯和有关教学参考资料，组织各县专职教师的备课辅导活动等。至于函授教学辅导、成绩考核和学员学籍管理等具体工作均由地市县教师进修院校负责。

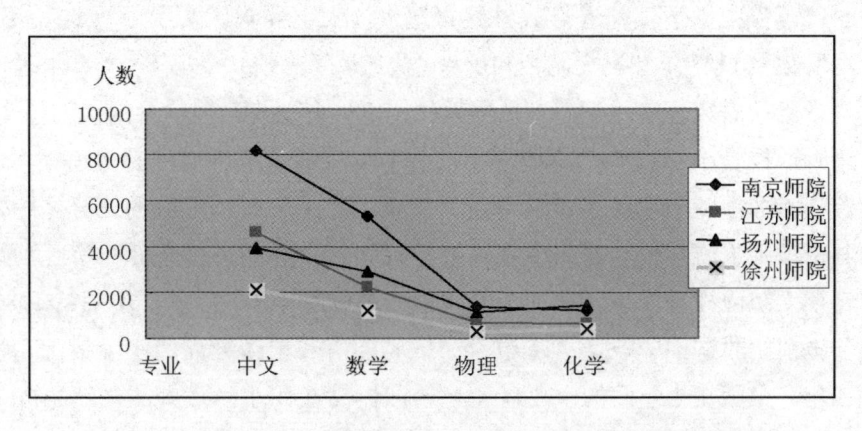

图 2-4 改革开放初期南京师范学院等四所师院高师函授情况

根据 1977 年 10 月江苏省教育局在南通召开的教师进修工作会议的部署，南京师院在教务处内设了业余教育科，配备了专职干部 3 人，负责组织有关各地和各地教师进修学校进行函授工作，首批开设了中文、数学、物理、化学四个专业，招生范围为淮阴、镇江两地区和南京、常州两市，共 33 个市、县

（区）；学制三年，使不足专科毕业水平的在职中学教师达到专科毕业水平。各系负责编写《函授通讯》和帮助各地辅导教师备课。分专业《通讯》一年六期，分专业备课一年四次，每次一周左右。1978年3月江苏省教育局又在吴江县召集四所师院，统一制订各专业教学计划和分工编写教材。南京师院于1978年开始以统考形式招收函授学员。1979年1月开始授课，至1981年1月两年共招收学员11346人，其中中文5721人，数学3771人，物理910人，化学944人。

扬州师院函授教育一直坚持"地办校助"的原则。在地方教育部门领导下，各县市都有高师函授站，配备有专职教师，负责具体招生，学员管理，定期面授，辅导和考试等工作；师院教务处设有函授组，负责制订招生计划，教材印刷，发行和办理结业工作。各系函授组负责实施教学计划，组织备课活动和办好《函授通讯》。

农村小学教师系统进修的主要形式是中师函授。为统一进修目标和具体要求，保证小学教师的函授质量，江苏省教育局于1979年下半年制定颁发了《江苏省小学教师进修计划和大纲（试行草案）》，规定进修年限为4年，共开设语文、数学、教育学3门课程，总学时为864学时（含面授和自学）。省教育局还组织了江苏省中小学教师进修教材编写组，按大纲要求编写了《文选及习作》《小学语文教材教法》《语文基本知识》《代数》《三角》《几何》《算术理论与小学数学教学研究》等小学教师进修教材，1980年暑期后供应各地使用。

中师函授是小学教师尤其是广大农村小学教师系统进修的有效途径。1980年江苏省参加中师函授的小学教师达9万人，占小学教师总数的三分之一，这是由县市教师进修学校和部分中等师范学校联合举办的。有条件的市区县镇举办了定期系统面授进修班，参加学习的小学教师有1万多人[1]。中师从1981年起每年提前招收初中毕业生二三千人，培养外语和艺体方面的小学教师，学制三到四年。中师在十年内的主要任务是轮训提高在职小学教师或继续招收民办教师，降低民办教师的比重。[2]

为确保中师函授质量，教育部于1982年印发了《小学教师进修中等师范教学计划（试行草案）》，要求建立健全中师函授考试制度和学籍管理办法，通过

---

[1]　江苏省教育厅档案．我省中小学教师进修情况．1980-06．
[2]　江苏省教育厅档案．一九八一至一九九零年中小学师资规划．1980-06．

第二章　学历补偿教育与合格教师培训的政策重建（1978—1984）

各种形式的系统文化和业务进修，使学员自觉坚持四项基本原则，忠诚党的教育事业，在教育理论、文化知识和教学能力等方面都得到提高，主要学科达到中等师范毕业程度，胜任小学教学工作。各门教材的教学大纲由相关省、市分工编写，江苏省参与了语文教学大纲的编写工作。由于全国暂不统一编写教材，江苏与上海、浙江、四川商定协作编写小学教师进修教材。全省中师函授即使用了三省一市协作编写的教材。江苏编写了其中的《语文基础知识》和《小学语文教材教法》两本书。

1982年江苏省教育厅召开了中师函授专题讨论会，对1979年12月省颁进修计划和大纲进行了修订，会后印发了《关于进一步搞好中师函授教育的意见》，强调各地中师函授必须坚持标准，中师函授学员必须具备初中毕业或初中同等文化水平。招收学员须举行严格的入学考试，在学学员凡不符合招生条件或参加系统进修确有困难的，要从实际出发，参加不同要求的在职进修。每个地区要有一所中等师范学校统一安排教学进度和要求，提供函授材料，对各县教师进修学校的教学业务进行指导，负责各门课程考试的统一命题和评分标准，总结交流经验等。各县（市）教师进修学校负责中师函授的具体教学工作。

1982年江苏省教育厅借助中等师范学校较强的师资力量开办了小学语文、数学和自然学科教学研究班。委托江苏省南通师范学校开办了为期4个月的小学语文教学研究班，以自学和研究为主，辅以必要的讲课或辅导。1983年教育厅在总结南通师范学校试办小学语文教学研究班经验的基础上，决定在两三年内扩大中师培训小学教师的规模，由南通师范、无锡师范开办小学语文教学研究班，由常州师范、高邮师范开办小学数学教学研究班，晓庄师范开办小学自然教学研究班。各校视具体情况可以连续办几期，或间隔一学期办一期。教学研究班共培训骨干教师600余人。

1984年教育厅又决定由南通师范和常州师范分别开办为期4个月的小学语文教学法和小学数学教学法教师培训班，为各县教师进修学校培训小学骨干教师培训师资。此后，这种短训班培养教学骨干的工作改由各县（市）教师进修学校来负责。

1985年江苏省教育厅在全省师范教育会议上提出，小学骨干教师培训除采取以上办法外，可以市为单位，试办两年制脱产专科班，由市教育学院和中等师范学校联合办班，招收中师毕业文化程度、有较丰富教学经验和培养前途的小学教师，为城镇和农村中心小学培养一批能教大循环的水平较高的小学教师。

四、政策问题

普及农村教育是国家的一项大政方针,大规模的农村教师培训不可避免打上了国家的烙印和计划经济年代特有的时代特征。政府、教师培训机构、学校和个人作为农村教师培训的政策主体,在农村教师培训政策重建过程中构成了不同的利益主体关系,有着不同的利益诉求和利益表达形式,进而影响着农村教师合格培训的政策执行和政策结果。

(一)农村教师培训体系的官僚化

适应普及教育的需要,我国在短短几年即建立了一整套与教师职前培养体系相对应的独立的农村教师培训体系。这种体系是通过自上而下组织赋权建构的,因而带有科层制社会所特有的单一封闭的层级体系和权力运行特征。科层制被韦伯认为是最有效率的组织,是现代组织的理想形态①。罗伯特·默顿(R. Morton)的评价是"科层制度的主要功绩是它的技术效率,这种效率是通过重视精确、快速、专家控制、连续性、处理权限和对输入的最适宜的回报来体现的。科层组织的结构完全排除了各种人格化的关系和非理性的需要(敌意、焦虑和情感的卷入等)"②。

国家为完成农村教师培训任务而建立的层级体系,以及地方教育行政部门为普及教育而层层下达的培训指标呈现了科层制社会所特有的特征,如具有明确的培训分工和专业化协作;培训中的非个人取向,确保集体目标的快速达成;培训中形成的自上而下的权力等级体系,每一级职务低的人要受到高一级职务的严密控制;组织中有严密的培训考核评价制度,确保培训工作规范运作,等等。

农村教师培训机构具有科层制社会明显的社会分工和专业化取向。在条块分割的计划经济年代,这种社会分工和行业壁垒比较明显。在什么位置,说什么话,干什么事,均由不得自己,这就是所谓的"屁股决定脑袋"。教育学院属于"成人高校",专注于成人教育领域,只能招收参加成人高考的函授或自学考试的社会在职人员,专门承担成人类培训,不能独立招收普通类全日制本专科生,但也有教育学院竭力突破已有的规定,以各种形式(如借壳其他师范院校

---

① 张新平. 教育管理学的方法体系[M]. 北京:科学出版社,2012:194.
② 马克·汉森. 教育管理与组织行为[M]. 冯大鸣,译. 上海:上海教育出版社,2005:23.

<<< 第二章 学历补偿教育与合格教师培训的政策重建（1978—1984）

或联合办学等）尝试招收一定数量的全日制本专科生，但这些数量是受到严格控制的。教育学院作为专职教师培训机构有着自成一体的封闭体系和层级分工。关于省市教育学院（教师进修学院）与县（区）教师进修学校的职责划分在1980年《江苏省教师进修院校暂行工作条例》中有着明确的体现："根据我省情况，省建立教育学院，地、市建立教师进修学院，县（包括市属区）、市建立教师进修学校。其基本工作范围是：江苏教育学院负责培训各级重点中学、部分完中的骨干教师，各级教师进修院校和中等师范学校的领导干部以及地市教育部门中层以上干部和县教育部门的领导干部；地市教师进修学院负责培训本地区中学教师并负责轮训本地区完中和省地（市）重点小学的领导干部以及县（区）教育部门的干部，各市、县、区教师进修学校负责培训本地区初中和小学教师，具体负责高、中师函授教学，并负责轮训本地区初中和小学的领导干部。"① 这种层级分工进一步加剧了教师培训政策的城市化偏向、重点校偏向和领导干部偏向，在计划经济条块分割的年代，这种倾向无疑进一步加大了城市与乡村各层级教师培训、重点校与薄弱学校、领导干部培训与农村教师培训的差距，农村初中和小学教师只能在县级教师进修学校接受培训，相关的财政经费等资源也依此只投向辖区范围的教师，乡村教师无以享受省市更为广阔而又丰富的培训资源，这种壁垒森严的培训体系至今仍有着极其广泛而又深刻的影响。

在领导体制上，省市教育学院（教师进修学院）与县（区）教师进修学校亦存在着明显的身份上的级别限制。《江苏省教师进修院校暂行工作条例》规定，"各级教师进修院校行政上受同级教育行政部门领导，党的工作受同级地方党委领导，教师进修院校要定期向教育部门汇报工作"。在等级森严的官僚体系的链条中，"屁股决定脑袋"就是一切从本位出发，唯上级马首是瞻，下级要服从上级，上级可以命令下级，属地管辖、同级领导进一步禁锢了这种领导与被领导、命令与服从的关系，延伸到教师培训领域必然是一种培训与被培训的关系延续。不得越级已成铁的科层定律，定期汇报也成为下级对上级必须履行的一种规定动作和常规义务。以下会议记录②整理的是江苏省教育厅党组办公会议对教育学院工作所做的一些硬性规定，从中我们可以看出教育学院办学过程中

---

① 江苏省教育厅档案. 江苏省教师进修院校暂行工作条例. 1980-05.
② 江苏省教育厅档案. 会议纪要. 1980-12-27.

71

必须遵循的一些科层定律：

  1980年12月江苏省教育厅党组讨论了江苏教育学院的工作问题。出席会议的有教育厅党组全体成员，教育学院党委全体委员，列席会议的有教育厅有关处长。会议明确教育学院实行院、部两级领导体制。院以下分设干部轮训部，进修一部（文科）和进修二部（理科）。各学科教研室，除个别由院直辖之外，分别隶属各部领导。教育学院的人员配备，分阶段逐步配齐，在现有教职工200人的基础上，第二阶段可调配至300人左右，所缺编制须由省编委审批。但近期调进要严加控制，在宿舍允许的条件前提下适当调进一些急要人员，以免因房子问题解决不了而闹矛盾。关于艺术学院搬迁，省长办公会已作出决定，要按方案办事，争取早日实现。电视大学、电教馆与教育学院仍按原省委决定，统一党委领导，原怎么办，现仍怎么办。

官僚主义者强调组织自身的绝对权威和本位主义，在组织外部是上级一言九鼎，在单位内部则是"一把手"说了算，而漠视底层民众的需要和个人利益，漠视人才成长的基本规律和创造性，这是一种运行着强烈权力特征和个人喜好的官僚体系，容易形成上层组织的强迫性和领导者的唯意志性。科层制犹如一把双刃剑，在追求政策执行高效率的同时，往往也导致政策行动中的官僚主义、形式主义和各种腐败的产生。如，政策层面的"合格教师"有着严格的政策界定，这种界定在那个权力横行的年代往往决定着一个教师在学校的去或留等方面的生存大计。1982年J省对民办教师进行整顿，参加民师资格考核合格的老师都可以获得中小学民师任（试）用证。然而，当年通过考试却被"辞退"的老师哭诉了自己曾经遭遇的不幸：[1]

  公社教办室的领导说我没有通过考试，怕我不高兴就没有告诉我。我也不知道我的成绩，因为当时全县民办教师的资格考试是全封闭式管理，成绩是不公布的，也不让查。直到2008年，我才看到当年原始档案——LS县纪检部门给我的一份《一九八二年LS县整顿民办教师录用呈批表》复印件，我发现当时我不但考上了，而且还是高分——语文成绩55.3分，在被录用的5名中学语文民办教师中排名第一。档案显示当时我已被录用到关西联中，而在备考栏里，却手写了"辞退"。顶替我的老师原本是被安排到

---

[1] 刘苗. 对话J省"黑户乡村教师"：26年后才知被辞退 [N]. 华商报, 2016-02-27.

<<< 第二章 学历补偿教育与合格教师培训的政策重建（1978—1984）

一所小学，却被更改为"转中学任用"。如果公社领导当时给我说实话，我当时就会想办法，也绝不会拖那么久，搞成现在这个样子。

发现我被顶替后，我就开始找乡里县里，但都没有结果。为给自己讨个公道，2001年我开始上访，由于当时我还在学校教书，所以只有节假日才有时间去县里、市里、省里反映情况。2003年底离开学校后，我就成了"专业上访户"，光北京我就去过不下20次，信访、教育部门我都找过，也给纪检、组织部门写过信。信访和教育部门发函让县教育局来解决我的问题，然而到现在都没有解决，说是没有政策。

与韦伯一样，佩罗（C. Perrow）把科层组织看作是主人手中的工具，而且官僚结构的最上层从来就不是官僚化（bureaucratization）的。[1] 科层组织"在各种情形下都依照规章行事，造成了初始目标的置换，并发展成僵化而不易调节的目标。形式主义，甚至是仪式主义的结果是，不可动摇地坚持谨小慎微地奉行形式化的程序。这可能会被夸张到这样一个程度：首要关心的是遵奉规章，却妨碍组织目标的达成"[2]。

（二）管理模式的过于集中

在推进农村教育普及的年代，农村教师培训往往被作为一种政治任务，以超常规的速度和要求限时完成。这里的超常规与限时其实就是违背教育规律的拔苗助长行为和在时间上的盲目冒进，这是教育政策在计划经济时代体现出来的独特的政治性和文化特性。各级政府机构、教师培训组织层层签订责任状，指定教师合格考核目标完成时间表，一切指标体系都以量化的形式出现在考核体系中，以超常规的指标体系下达，将培训任务层层摊派，实行高度集中的计划经济管理模式。

由于大量不合格教师的存在，我国从1981年到1984年平均每年要培训25万多中小学教师。按照这种速度，需要20年才能把现有不合格学历教师达到合格学历要求。[3] 为尽快普及农村教育，各级政府要求要提高对基础教育师资培训工作的重要性和紧迫性的认识，将其列入议事日程，并确定一位主要

---

[1] William Foster, *Paradigms and Promises: New Approaches to Educational Administration*, Prometheus Books, 1986: 122.
[2] 马克·汉森. 教育管理与组织行为 [M]. 冯大鸣, 译. 5版. 上海：上海教育出版社, 2005: 42.
[3] 顾明远. 发展师范教育, 培训在职教师 [J]. 瞭望周刊, 1985 (22).

领导负责这项工作。为在 1985 年前完成初中和小学教师进修教材教法任务。根据教育部文件精神，江苏省也提出了 1985 年前全省在职中小学教师培训的超常规指标：

  高中教师的文化水平达到大学本科毕业的比例上升到 65% 左右；初中教师的文化水平达到大学专科毕业的比例上升到 60% 左右；小学教师实际文化水平达到中师（高中）毕业的比例上升到 60% 左右。中小学骨干教师的比例增加一倍，分别达到 30% 和 20% 左右。在这个基础上，再经过五年的努力，到一九九〇年，使 80% 以上的中小学教师文化程度达到国家规定的要求，使绝大多数中小学教师成为胜任教学工作的合格教师，并使中小学各门学科都有水平较高的教学骨干，其中一批成为教育、教学专家。

江苏各地除组织中小学教师参加函授电大等各种形式的系统进修外，还根据缺什么补什么的原则，组织了多种形式的短训班，如教学骨干班、各种备课班、文化补习班及有关专题的讲座等。据 7 个省属市级教师进修学校不完全统计，1977 年以来举办的中学教师等各种训练班共 513 期，参加学习的有 2.7 万人次。

表 2-8　各级教师进修院校 1980—1981 年轮训任务分配

形式 任务 校名	中学骨干教师 长期培训班	中学骨干教师 短期培训班	小学骨干 教师培训班
合计	10000	6000	20000
江苏教育学院	500	1000	
南京市教师进修学院	300	500	
无锡市教师进修学院	300	500	
苏州市教师进修学院	250	300	
常州市教师进修学院	250	300	
徐州市教师进修学院	250	250	
南通市教师进修学校	200	200	200

第二章 学历补偿教育与合格教师培训的政策重建（1978—1984）

续表

形式 任务 校名	中学骨干教师 长期培训班	中学骨干教师 短期培训班	小学骨干 教师培训班
连云港市教师进修学院	200	150	200
各地区教师进修学院	各250 计1750	各400 计2800	
各县（市属区）教师进修学校	各200 计6000		各200—300 计19600

注：1. 培训时间：中学骨干教师长期培训班为一至二年，短期进修班为半年左右；小学骨干教师培训班为一年左右。

2. 有条件的县（包括市属区）可承担初中骨干教师的培训任务。全省以30个县（区）计算，每县（区）培训200人，约6000人。

为尽快完成进修教材教法培训任务，扬州市教育局要求各级农村教师培训机构"要狠抓八四、八五这关键性的二年"，以"适应普教事业的发展和为即将开始的公办教师整顿做好准备"，并提出了分类指导的推进举措：

坚持分类指导的原则，采用脱产、函授、业余面授、新老挂钩等多种形式，积极办多层次的进修班、函授班和培训班。对教学有困难的教师，尽快确定进修对象，落实到人，要求在今年寒暑假期间进修教材教法的人数占全部进修对象的60%以上。除发挥进修院校骨干作用外，要积极组织有关骨干教师参加，分科编写资料，分章节开设讲座或进行面授，组成辅导网。小学教师进修教材教法的文化知识考试由县（市）进修学校命题，组织考试，阅卷评分。教学业务能力的考核，农村由乡中心小学负责；凡考试与考核成绩及格者，由县（市）教师进修学校发给结业证书。专科函授实行隔年招生，今年4—5月份招收语文、数学、体育、政教四科1500人，各县（市）要广泛深入地动员教师报考，积极开班，也要善始善终地抓好本期8000多中师函授生的学习。

1984年6月扬州市教育局专门召开了两天县（市、区）教育局局长会议，把组织教师进修教材教法当作当务之急进行部署。1983年全市高中专任教师3101人中，1406人文化程度达大学本科毕业，占45.3%；初中专任教师19116人中，4600人达大学专科及以上水平，占24.1%；小学教师36050人中，有

7726人达中师毕业，占21.4%。全市教学有困难的小学教师约有一万二千余人。这样的师资队伍经过2年时间要达到60%及以上比例，市教育局也自感"对照全省中小学教师培训规划的要求，我市师资培训工作面广量大，任务艰巨而繁重"①。没有特别的培训政策，完成合格考核任务只能算是纸上谈兵。因而，市教育局对八四年、八五年两年规定了五个方面的培训指标：

（1）对占总数30%的教学有困难的教师要完成教材教法进修任务。(2)继续抓好以函授为主要形式的系统进修。争取在一九八五年前使高中教师达到大学本科毕业水平的比例由目前的45.3%上升到65%左右；初中教师达到大学专科水平的比例由目前的24.1%上升到45%～50%（争取一九八六年上升到50%以上，一九八七年上升到60%左右）；小学教师达到中师毕业水平的比例由目前的21.4%上升到60%左右。(3)有计划地大力培训骨干教师。要求经过两年的努力，中小学骨干教师的比例分别从目前的15%和13%都上升到20%左右，条件好的县（市）应争取达到30%左右；使各校在同学科、同年级都有教学业务水平较高的骨干教师。(4)为中小学培训缺门教师，为中等职业教育培训专业课师资，逐步满足薄弱学科急需师资的要求。(5)加强教育行政干部的培训工作，一九八五年以前，要把中小学主要教育行政干部基本轮训一遍，并使一部分干部分别达到大学专科或中师教育专业毕业的水平。

会后各县（市、区）普遍建立了教材教法进修工作领导小组，许多县局长亲自过问，由分管的副局长当作第一位的工作来抓，由进修学校校长、教研室主任、教育股长、县中与实验小学校长等成员组成。高邮县副县长亲自检查教材教法进修工作的落实情况，并在进修班开班时到班作动员报告。市教育局关于暑假初中、小学教师进修教材教法的情况通报显示了当时空前未有的进修教材教法的热潮：

暑假一开始，各地就战高温，抓进修。据不完全统计，参加进修的初中教师有四千六百七十多人，其中：语文教师二千一百七十多人，数学教师一千八百九十多人，理化教师四百五十人，外语教师一百五十多人。参加进修的小学教师有一万二千三百多人，其中：高年级语文、数学教师约

---

① 扬州市档案馆.继续深入贯彻十二大精神，努力开创我市教育工作的新局面——扬州市教育局1984年工作意见.

> <<< 第二章　学历补偿教育与合格教师培训的政策重建（1978—1984）

二千三百多人，因是脱产学习，已提前结业，其余一万余人，小部分是去年参加进修的，今年暑期结业，大部分今年参加进修，待明年春季或暑期结业后，我市就可按计划初步完成小学、初中（主要学科）教师进修教材教法的任务。

在这里，我们看到的是以数字形式呈现的壮观的农村教师培训场景，组织者为我们展现了一幅幅超乎想象力的农村教师培训画面。普及农村教育解决教师的专业合格问题并非想象的那么困难。组织者有足够的信心在短短两年时间就把中小学教师的合格学历比例从最低21.4%上升到60%左右。从前面的指标，我们就可以看出教育局预设的一种培训成就，这些指标本身也极具政绩的工具价值。"被"培训者孜孜以求的那些合格证书只是组织者实现政府普及教育的一种符号，至于合格证书本身和培训过程对于教师素质提升的意义显然是微不足道的。

（三）学历补偿教育中的低水平制造

农村教师合格培训政策结果往往被视为解决问题的一种标志。然而，这种结果往往因为种种被操纵的变项而改变既定的政策目标。组织机构或参训者实际行为或态度的改变、培训经费状况、服务及培训资源等问题会改变政策目标的达成。合格教师是以学历、证书的达成为标志，还是以教师个人知识结构的完善和能力素养提升为尺度是考量农村教师培训合格公信力的重要观测点。对不合格教师的学历补偿教育是达到了普及教育对教师数量的需求，还是满足了普及教育对教师质量的要求，在教师培训政策重建过程中，前者显然是第一位的。无论是组织机构还是教师个人更多看中的是具有符号意义和实际效用的合格证书和学历，这种物化的符号是农村教师是否合格的重要标志。

从中师函授的生源来看，由于中师函授复办时，很多地区招生时没有举行入学考试，学员原有文化程度参差不齐，相当多的学员实际文化水平未达到初中毕业，加上各地举办中师函授在教学内容、要求和进度等方面也很不一致，因而执行1979年省颁小学教师进修计划和大纲存在较大差距，函授教学困难较大，进而影响函授的教育质量。1981年江苏省教育厅在南京召开全省中小学在职教师进修工作会议，总结交流了各种形式进修存在的问题。

作为学历补偿教育的主要路径，函授教育需要有专门搞函授的教学力量和必要的物质条件。由于尚未建立起函授的专业教师队伍，师范院校普遍采取了

"地办校助"的办学方式①。南京师院等高师院校尽管设有业余教育科等内设机构，但毕竟侧重管理层面，而且人手有限，各系并无专职函授教师，仅按课程开设需要，轮换安排有关教研室的教师兼任，一般每一学科一至二人。所有的教学任务都落在各系的教师身上，各系的教师都有本身的教学任务，对函授工作思想上总认为这是业余的兼职，课教完了就算了，不再去考虑如何进一步搞好函授教学工作了。好的系能把任务落实到人，到时有人上课，职责明确，差的系是每到集中备课之前，才去物色教师上课。集中备课常常因任课教师定不下来，而影响集中备课时间不能定。有时虽定下来，临时又改动，影响到下面全都要改，各县对高师的意见很大。由于对函授教育特点缺乏研究，所编教材、通讯也不能体现函授特点。函授教育还需要有一定的物质基础，提供集中备课的食、宿和教学用房及有一套为函授服务的人员。

1978年铜山县恢复中师函授，曾一度出现高潮：校校有人参加学习，乡乡设立辅导点，全县学员最多时达2000多人。② 这种一哄而起大规模低水平的农村教师进入函授课堂使得以函授形式参与的中小学教师培训的师范院校捉襟见肘，面临着诸多体制问题和运行障碍。在南京师范学院呈送的《关于函授工作情况的报告》中我们也不难发现低水平的函授教育面临的诸多困境：③

> 目前我们的函授工作，看到了一点成绩，严格说这不是"函"的作用。要在"函"字上还要下功夫，目前还有一定的困难，首先是学员的基础差，连许多中学课程中的基本概念都模糊不清，学员的自学精神也差，要以函授的方式，用书面的文字说明指导自学，是不容易收到自学效果的。学员对我们现在定期面授的内容，在复习上都存在困难，普遍反映进度快。再加之我们印刷工作赶不上，不能以函指导自学。如果要达到以"函"教学的目的，物质上要跟上，更主要的是学员要有高度的自觉性和顽强的学习毅力。从目前情况看，函授以函为主，在函字上下功夫，还只能是我们的奋斗目标。

在"地办校助"运行模式中，各市、县教师进修学校负责函授学员的学籍管理、经费开支、面授辅导、成绩考查等工作，并配备有众多中文、数学、物

---

① 南京师范学院档案. 关于函授工作情况的报告，宁师教〔81〕第2号.
② 刘公绰，赵西文. 铜山教师进修四十年，徐铜新出准印字〔95〕013号，第115.
③ 南京师范学院档案. 南京师范学院函授工作情况汇报，宁师教〔80〕第10号.

理、化学等专职辅导教师。然而，各县专职辅导教师明显配备不足，加上经费短缺，有的县个别专业就没有专职辅导教师。各地辅导教师原系中学教师，虽然有的是大学本科毕业，但长期以来教的都是中学，对大学课程并不熟悉，或虽上过大学但学的知识并不系统或钻研不够，也不知如何教。现有的专职辅导教师也不专职，由于在当地多是教师中的"尖子"，因而兼职工作也多，教学任务和临时任务重，大多都要上大专班、中师班的课，有的还兼电视大学的课，有的有许多行政事务，有的甚至被抽去搞高考补习班，根本没有时间组织教学，函授辅导成了精神负担。这些问题先天上带来了许多不稳定性。实际上，仅有三分之一的县保持了专职辅导教师，三分之一的县是教师进修学校教师兼任，三分之一的县是缺额。上面有合格培训的任务要求，于是下面就有了完成这种任务的办法，辅导教师有一个人包教一个专业的"功夫"，实际上，这些教师的业务水平和能力是根本不能适应大专教学要求的。县级教师进修学校不具备教师培训的能力，更多关注自身的生存，县镇一级的大学函授站更是管理松散，培训过程不规范，进而加重了学历证书的"水分"。

函授教育的教学与考试密切相关。受社会大气候影响，不少函授学员存在着混文凭的思想，加上多是利用业余时间学习，平时工作任务繁重，考试时只求及格就行了，因而在面授时，千方百计向授课老师打听考试内容，让辅导老师划重点、圈范围，这对函授教学有着很大的冲击，不利于教学计划的实施，教学大纲规定的学习内容也大打折扣。

第三章

从学历达标到提高培训的政策强化（1985—1999）

随着九年制义务教育的普及，我国农村教师队伍建设逐步进入了一个规范化、法制化的时代。农村教师的学历达标成为义务教育普及的基本要求，随着学历提高培训和非学历继续教育的广泛开展，我国农村教师队伍建设实现了由数量合格向质量提升的历史性转变。

一、义务教育对学历达标和提高培训的制度化要求

（一）普及九年制义务教育的政策期待

随着计划经济向市场经济的转轨，1985年我国全面启动教育体制改革，颁布了《中共中央关于教育体制改革的决定》（中发［1985］12号），实行"低重心"的义务教育发展战略，明确提出"把发展基础教育的责任交给地方，有步骤地实行九年制义务教育"。普及九年制义务教育成为我国加强基础教育的一项基本国策。《决定》对中央与地方在普及义务教育中权力与责任进行了明确定位，即基础教育管理权属地方，除国家大政方针和宏观规划由中央决定外，具体制度、计划、政策制定和实施，以及对学校管理检查的责任和权力都交给地方。各省、自治区、直辖市决定省、市（地）、县、乡分级管理的职责。

《中共中央关于教育体制改革的决定》作为行动纲领，从体制入手，革除原有体制的弊端，是我国教育改革发展的一个重要起点，也是教育体制改革进程中具有里程碑意义的分水岭。此前是与计划经济相适应以"计划性"与"集中性"为特征的旧教育体制，此后开始致力于改变单一的国有化办学体制，改革劳动人事制度，探索与市场经济体制相适应的从政府向社会简政放权、从中央向地方分权的新教育体制，允许和鼓励社会团体、企事业单位及公民个人按照国家法律法规和教育方针来办学，逐步建立国家和社会各方面共同办学的新体制。从"两条腿"走路的方针到"地方负责、分级管理"体制的形成，我国广泛吸纳社会资源普及农村义务教育，形成了县、乡两级管理，县、乡、村三级办学的农村教育模式，极大地激发了全民关心基础教育、支持农村义务教育的积极性和创造性，为农村普及九年制义务教育，促进农村教师队伍的合格、稳定与提高提供了制度保障。

1986年《中华人民共和国义务教育法》首次以法律的形式宣告"国家实行九年制义务教育"，再次确认了义务教育"在国务院领导下，实行地方负责，分级管理"的体制。1987年国家教育委员会、财政部在《关于农村基础教育管理体制改革若干问题的意见》中总结了几年来农村普及义务教育取得的显著成效，认为"实践证明，中央关于把发展基础教育的责任交给地方，实行地方负责、分级管理的原则是完全正确的"。[①] 这是推动基础教育稳步健康发展、更好地服务当地经济和社会发展需要的重要措施。

表3-1 分级办学、分级管理的经费筹措

级别	经费职责
中央政府	负责中央财政用于义务教育的专项经费
省政府	负责省级财政用于义务教育的专项经费、少数重点中学经费
市政府	负责城区中学办学经费和市级财政用于义务教育的专项经费
县政府	负责县高中办学经费和县级财政用于义务教育的专项经费
乡政府	负责乡初中与中心小学办学经费和乡财政义务教育专项经费
村委会	负责村办小学办学经费

科学划分地方各级政府的权限与职责，是推进九年制义务教育的重要前提。根据《中共中央关于教育体制改革的决定》和《义务教育法》的有关规定，基础教育实行地方负责，省、地（市）、县、乡四级各司其职。江苏省在《贯彻执行〈中共中央关于教育体制改革的决定〉的意见》中明确规定：农村的小学和初中（含初等职业学校）由乡（镇）办；完全中学、职业中学、实验小学、实验幼儿园和教师进修学校原则上由县办；市教育学院、中等师范学校由市办；市区的中小学如何实行分级管理，由各市经过调查研究和试点以后做出具体规

---

① 国家教育委员会、财政部关于农村基础教育管理体制改革若干问题的意见，〔87〕教政研字002号，1987-6-15。

定；省办好直属院校，支持各地办好师范学校和示范性学校，并为市、县、乡的办学和管理提供切实有效的服务。

1985年江苏省基本普及了初等教育，小学毕业生升入初中的入学率已接近70%，有9个市的市区和8个县已经基本普及初级中等教育。江苏省普及初级中等教育的标准将初中入学率确定为城市达到95%以上，镇和农村达到90%以上；巩固率城乡均达到95%以上；毕业率城市达到85%以上，镇和农村达到80%以上。

鉴于江苏省各县（市、区）经济文化教育发展不平衡和师资不足等因素，各县对于普及九年制义务教育的时间表也都有一个大体的考虑，经济基础较好的县（市、区）要在1988年基本达标；一般县（市、区）在1990年达到；较差的县在1992年达到。扬州地区普及九年制义务教育，各县（市、区）的步伐也不完全一致：①

> 1991年，除渔业乡外，邗江县全县宣布全面实施初等义务教育。25个乡镇中92年、93年共有14个乡镇初中办学条件和办学水平达到省制定的实施初级中等义务教育的标准，已实施九年义务教育的人口为29.31万，人口覆盖率为52.46%。泰兴打算1990年普及九年制义务教育，他们的根据是：目前全县农村初中普及率达70%，城镇已基本普及，随着计划生育学龄儿童逐年减少，到90年可自然普及到90%左右；靖江县准备在1988年普及九年制义务教育，他们的依据是：靖城目前初中普及已达95%，全县已达80%以上，因此再花三年时间普及九年制是可能的。宝应县对普及九年制教育有个初步设想，但未形成具体规划。总的来看，在这个问题上各县还缺乏调查研究，对普及九年制的标准也不很明确。如果按小学毕业生的升学率来计算，在1990年前普及九年制教育问题不大；如果按四率的全面要求来衡量，普及九年制困难较大。

合理划分县、乡两级权限与职责，实行县乡村"三级办学"、县乡"两级管理"，是加强农村基础教育的工作重点。1993年《中国教育改革和发展纲要》提出了办学体制改革的意见，要求改变政府包揽办学的格局，基础教育以地方政府办学为主，县级政府在义务教育实施方面负主要责任，乡级政府负责义务

---

① 泰兴、靖江和宝应等县贯彻中央教育体制改革《决定》和省委《意见》的情况调查简报，1985-10-8。

教育的具体落实工作。完全中学、职业中学、实验小学、实验幼儿园和教师进修学校原则上由县办。县级教育行政部门负责本行政区内师资力量的均衡配置，组织校长、教师培训与交流，以及对薄弱学校的建设。国家鼓励高校毕业生以志愿者身份到农村薄弱学校、缺乏教师的民族学校任教。县级教育行政部门要依法认定这些志愿者的教师资格，并将其任教时间计入工龄。要充分发挥县在管理农村教师队伍方面的重要作用，在扎实普及小学教育基础上，有计划、有步骤地普及九年制义务教育。

  我们所调查的三个县都已按省《意见》的要求把小学初中放到乡里去办了，经费也包干到乡。在领导管理上，泰兴县设乡教育办公室具体管理乡镇办的学校，由分管乡长任办公室主任，乡文教助理、中心中学、中心小学校长任副主任。另外还有成人教育专职干部、财政所长、教育会计等人参加办公室工作。七月一日起全县各乡镇教育办公室已启用公章，行使职能。宝应县成立了由乡镇党政负责人和有关方面负责人参加的乡教育委员会，下设教育办公室，乡镇分管负责人任主任，文教助理任副主任，具体处理教育管理事物。靖江县还未明确建立乡一级的教育管理机构，但目前各乡分管乡长和文教助理已将乡管学校的管理工作抓起来了。

乡是我国农村基层的政权组织形式。扩大乡一级管理农村学校的权限与职责，是这次体制改革的一个重要特点。低重心的农村义务教育体制使得乡政府成为农村义务教育的主要责任者。农村小学和初中（含初等职业学校）由乡（镇）办。在财政经费层层包干到乡的体制下，农村义务教育的管理权也层层下放。"以乡为主"的管理体制使乡政府在教育管理方面承担了比过去更多的责任。但全国范围乡一级管理教育的基础十分薄弱，还需要有个逐步适应和提高的过程。为充分发挥乡管教育的作用，乡一级纷纷成立了教育组、文教组、教育办公室、乡镇教育委员会等教育管理机构，有的由乡政府、学校负责人、财税及企业等人员兼职组成。乡管学校的教育机构主要在乡政府直接领导和县教育行政部门指导下，行使上级赋予的职权，做好职责范围内的各项工作。如：协助县教育行政部门进行教育规划和教育行政干部、教师队伍建设；筹措并管好、用好本乡教育经费，解决民办教师工资待遇、福利等问题；逐步改善办学条件，密切学校与社会的联系等。

村小是实施义务教育的主阵地，没有村小，实施义务教育的任务就不能完成。然而，村小师资缺乏，质量不高，不少学生家长将孩子转往集镇中心小学，到城市学校借读，使得社会上"择校"风越刮越烈。因而，提高义务教育质量的关键是需要一定数量、质量合格的师资。在创建农村合格完小现场会，时任文教局 Z 局长在会上就合格师资队伍建设对于创建合格村小、实施义务教育的背景和意义进行了阐述：

> 九三年我县就宣布实施六年初等义务教育，村小功不可没。然而，农村村小地处边远，交通不便，信息不灵。过去由于办学条件差，一些师范毕业生都不能长期安心在那里工作。我县村小占小学校数的 83.5%，要办好每一所学校，创建合格小学，才能从根本上解决学生的择校问题。现在省教委提出了各类学校的办学要求，我们要按农村小学的办学要求，把每一所小学办成合格学校，通过创合格小学进一步巩固提高义务教育成果，提高办学水平。

（二）从学历达标到提高培训的政策目标

1985 年《中共中央关于教育体制改革的决定》将建立足够数量、合格而稳定的师资队伍作为提高基础教育水平、推进义务教育实施的根本大计，"必须对现有的教师进修认真的培训和考核"，争取在 5 年或更长一段时间内使绝大多数中小学教师通过培训能胜任教学工作，强调"在此之后，只有具备合格学历或有考核合格证书的，才能担任教师"。

规定教师的最低学历标准是保证义务教育质量的重要起点。在农村推进义务教育普及的初期，教师学历达标的要求还是比较低的。1986 年《中华人民共和国义务教育法》将义务教育分为初等教育和初级中等教育两个阶段。普及初等教育是实施九年义务教育的第一阶段。在普及初等教育基础上再普及初级中等教育。为此，《义务教育法》将中小学师资培养培训的质量标准设定为小学教师应达到中等师范学校毕业以上水平，初中教师应达到高等师范专科学校毕业以上水平，规定"国家建立教师资格考核制度，对合格教师颁发资格证书"。合格学历开始成为实施九年制义务教育必须通过的一道门槛。对于学校、所在乡镇乃至各个县市来说，教师的学历达标则是九年制义务教育对高质量师资的最低要求。

根据全国中小学师资工作会议精神，国家教委于 1986 年印发了《关于加强在职中小学教师培训工作的意见》，提出必须迅速改变我国基础教育师资队伍"教师数量不足，队伍不稳定，尤其是教师的业务文化水平比较低"的状况，这已经成为我国推进九年制义务教育、提高基础教育水平的突出矛盾。因而，师资培训工作的重点，是通过培训，使绝大多数不具备合格学历或不胜任教学的教师，取得考核合格证书或合格学历，能够胜任教学工作；同时，为适应"三个面向"的要求，对已经具备合格学历的教师，要进行新知识学习，努力提高政治、文化和业务水平，培养一批各学科带头人和教育教学专家。

1991年国家教委出台《关于开展小学教师继续教育的意见》（教师〔1991〕8号），阐述了小学教师继续教育的必要性、紧迫性、指导思想、任务、层次、内容、形式、方法、具体要求、激励政策、经费安排等问题，要求对尚未达到合格学历的小学教师完成学历补偿教育，探索小学教师非学历继续教育。"我们要普及九年制义务教育，要基本扫除青壮年文盲，基础教育承担着培养社会主义事业的建设者和接班人的重要奠基任务。这就对小学教师队伍建设提出了更高的标准，即要求他们不仅是学历合格，而且政治思想、师德修养、教育理论、教学艺术、工作能力等方面都合格。用此标准衡量，目前仍有不少教师存在一定的差距，就是优秀的骨干教师也需要进一步培训和提高。因此，今后十年在有计划地提高小学教师学历层次的同时，要大力开展小学教师的继续教育。"①条件具备的地方，可按照国家教委有关规定，对部分中青年骨干教师逐步进行提高学历层次培训的试点。

1991年河北、江苏、广东、上海、辽宁、吉林、湖南、四川八省（市）关于小学教师提高学历层次培训研讨会在河北召开。这是小学教师学历提高培训政策议题提出之后组织行业专家对政策议题进行充分论证的过程。时任国家教委副主任邹时炎、师范司司长金长泽等政策决策者到会与身处一线的八省（市）教委（教育局）师范处负责人及承担小学教师大专层次培训任务的部分师范学院、教育学院和教师进修学校负责人对小学教师学历提高培训的必要性与可行性进行了充分论证。与会者一致认为，开展"职后大专培训"试点是继开展"职前大专培养"试点之后提高小学教师学历层次的又一种非常必要的形式，也是改善教师结构、全面提高教师素质的需要。"当前国家规定小学教师的合格学历为中师或高中毕业，这符合我国现阶段的实际需要和可能，但这只是一种普遍的和起点的要求。"但我国小学教师面临着骨干教师青黄不接的严重局面，因而在一些具备办学条件的地方，对那些有培养前途的小学骨干教师进行大专学

---

① 国家教育委员会. 国家教育委员会关于开展小学教师继续教育的意见（教师〔1991〕8号）. 1991-12-02.

历培训，有利于全面提高教师队伍的政治、文化、业务素质，从而使教育更好地适应义务教育和经济文化的发展。20世纪中叶，一些发达国家的小学教师学历早已达到高师水平，未来教育对教师也提出了更高要求，提高在职小学教师的学历层次也是教育面向世界和未来的需要。我国已有相当数量的小学教师正在或准备进修普通大专课程，而一般电大、函大、夜大和高等教育自学考试的内容与小学教育教学不完全对口，毕业后还容易造成小学教师向初中、甚至外系统"流变"，因此，有计划、有针对性地开展提高小学教师学历层次的专业培训，也是一种因势利导之举。

小学教师提高学历层次不仅必要，而且可行。1991年我国小学教师和初中教师学历达标率分别为72%和42%，有些省（市）已分别超过80%和70%，少数地区比例则更高，这就为小学教师提高学历培训，保证毕业后不被选拔到初中去任教提供了必要的条件。另一方面，我国小学教师的数量已基本满足，让一部分教师参加进修学习已有可能，一般也容易得到所在学校领导的支持，一些教师进修院校的师资、设备条件经过10多年的建设也比较好，有能力承担教学任务。前一阶段全国70多个院校开展小学教师学历层次提高培训试点，取得了初步的经验和很好的效果。一些教育基础好、经济发达地区显得较为紧迫。为此，"各级教育部门和教师进修院校必须增强历史责任感，努力抓好提高小学教师学历层次培训的试点工作"[①]。

小学教师的继续教育，是对已经取得教师资格的在职教师继续进行以提高政治觉悟、师德修养、教育教学理论和业务能力为主要目标的培训。继续教育主要有三种类型的培训，一是新教师见习期培训。通过思想政治教育、师德修养和小学教育教学实践等方面的系统培训，包括对非师范专业毕业生进行教育教学理论和学科教学法培训，让新分配到小学任教的毕业生尽快适应小学教育教学工作。二是教师职务培训，即根据教师现任职务职责、任职条件和高一级职务要求进行的有针对性的培训。三是骨干教师培训，即根据教育教学骨干要求以及骨干教师的更高标准对有培养前途的小学中青年教师进行的培训。其中，骨干教师和新教师培训是继续教育的重点，有条件的地方，可以对部分中青年骨干教师进行提高学历层次培训的试点。

1992年国家教委印发《关于加快中学教师学历培训步伐的意见》（教师字

---

① 江苏省教育委员会档案. 关于小学教师提高学历层次培训研讨会情况汇报. 1991–07–21.

〔1992〕5号），提出要通过函授、自学考试、卫星电视教育"三沟通"培训方式尽快提高中学教师学历达标率，最大限度动员不合格学历教师参加自学考试，分期分批进行培训。1993年《中国教育改革和发展纲要》明确提出"到本世纪末，通过师资补充和在职培训，绝大多数中小学教师达到国家规定的合格学历标准，小学和初中教师中具有专科和本科学历者的比重逐步提高"。

1993年《中华人民共和国教师法》对教师的权利与义务、资格与任用、培养与培训、考核与待遇等方面进行了一系列的法律规定，明确"国家实行教师资格制度"，取得教师资格应当具备相应学历，其中，取得幼儿园教师资格应达到幼儿师范学校毕业及以上学历；取得小学教师资格应达到中等师范学校毕业及以上学历；取得初中教师资格应达到高等师范专科学校或其他大学专科毕业及以上学历；取得高中教师资格和中等职业学校教师资格应达到高等师范院校本科或其他大学本科毕业及以上学历；不具备教师资格相应学历的公民申请教师资格，须通过国家教师资格考试。国家教师资格考试制度由国务院规定。参加进修或者其他方式的培训是教师应该享有的基本权利，"各级教师进修学校承担培训中小学教师的任务。""各级人民政府教育行政部门、学校主管部门和学校应当制定教师培训规划，对教师进行多种形式的思想政治、业务培训。"

1995年《中华人民共和国教育法》明确"国家实行职业教育制度和成人教育制度"，第一次以法的形式确立了终身教育的理念，将在职教师"一次性学历教育"转变成为"终身教育"，为以终身教育为目标的教师培训制度的建立和完善奠定了法律基石。为提高教师素质，加强教师队伍建设，国务院于1995年发布《教师资格条例》，强调执行教师法第十一条关于取得教师资格必须具备相应学历的规定。

1996年国家教委印发《关于师范教育改革和发展的若干意见》，提出"九五"期间，教师学历合格率较低的地区要仍然以合格学历培训作为重点，尤其要抓好初中教师学历补偿教育。到2000年，全国小学、初中教师学历合格率的目标要分别达到95%、80%以上，高中、职业中学教师学历合格率分别在70%、60%左右。要确保培训质量，防止追求学历合格率而降低合格标准。建立中小学教师和校长继续教育制度，将提高思想政治素质、师德修养、教育教学能力和教育管理水平作为培训目标，面向全体教师，有计划、分层次地抓好中小学教师培训工作。通过继续教育促进教师和校长队伍整体素质提高，培训一批骨干教师，并使其成长为教育教学专家。

为贯彻《决定》精神，根据《教师法》和《教育法》等法律文件，教育部于1999年发布了《中小学教师继续教育规定》（教育部第7号令），强调"参加继续教育是中小学教师的权利和义务。""各级人民政府教育行政部门管理中小学教师继续教育工作，应采取措施，依法保障中小学教师继续教育工作的实施。"《规定》对中小学教师继续教育的组织管理、类别、内容、条件保障、考核与奖惩等方面进行了具体规定。这是改革开放以来我国出台的第一部较完整的有关中小学教师继续教育的行政法规，对后期中小学教师的继续教育具有深远影响。

（三）江苏省出台教师学历达标和提高培训政策

随着小学教师学历补偿教育任务的逐步缩减，江苏各地自1987年前后就开始进行了小学教师中师学历后继续教育试点培训和研究。1987年江苏省在南京、无锡两所教育学院率先进行了试点，举办了小学教育专业专科进修班，后来逐年扩大试点范围。到1992年，江苏11个省辖市教育学院都举办了小学教师提高学历层次培训班。1993年已有4届1400多名毕业生。

> 通过那几年的实践和宣传，我省各级教育行政部门、师范院校、教师进修院校及广大小学领导，对提高小学教师学历层次的必要性、紧迫性逐步形成了共识，普遍认为这是拥有战略眼光的明智之举。[①]

1991年江苏省师范教育研究会教师进修学校理事成员会议总结交流了各地近几年开展小学教师培训情况，对继续教育提出了四点共识：一是继续教育的目标是着力提高教师的政治思想素质（含师德修养）和教育教学能力，为建立一支坚持社会主义方向、品德高尚、结构合理、素质优良，适应基础教育需要的师资队伍服务；二是实施继续教育从内容到形式都要强调从实际出发，讲究实效，当前要突出骨干教师的培训；三是要注意处理好学历补偿教育和继续教育、政治思想素质培训和提高教育教学能力以及工作和进修等方面的关系；四是为了适应继续教育的需要，教师进修学校必须大力加强自身建设。与会代表从各自实践中体会到继续教育是较补偿教育层次更高、难度更大、要求更加贴

---

① 孙征龙.小学教师提高学历层次培训的实践与思考[J].中小学教师培训，1993（7）.

紧小学教育教学工作的培训。①

为在全省大部分地区有计划、有步骤地实施九年制义务教育，深化教育改革，实现基础教育由"应试教育"向"素质教育"转移，大面积提高教学质量，江苏省在"八五"期间提出了"培训三万五，带动五十万，为了一千万"的战略举措，选拔培训一批高水平的中小学校长和教师队伍，办高水平的学校。"我们加强干训、师训的根本目的在于提高两支队伍的政治、业务素质，所以确保培训质量是培训工作的中心。"②

江苏省培养专科程度小学教师试验所在地区和学校必须具备相应的试验条件，如必须已经普及九年制义务教育，小学教师学历达标率必须达到85%以上，初中教师学历达标率达到75%以上，并已杜绝中师毕业生被拔高使用到高一级学校任教情况。学校所在市政府有能力且愿意承担其办学经费，不得转嫁学生。

1991年江苏省教委印发了《关于"八五"期间我省开展小学教师培训工作的意见》（苏教普师〔1991〕1号），提出了江苏省开展小学教师继续教育的指导性意见。为健全小学教师培训网络，1991年6月江苏省教委成立了江苏省小学教师培训中心，挂靠在南京晓庄师范学校，立足南京，面向全省，对全省小学教师培训工作进行研究和指导，承担教师进修学校师资的培训任务和有关小学教师培训业务。人员编制在晓庄师范总人员编制内调剂或通过返聘部分退休教师的办法来解决，教学用房、教学设备和另需教学人员主要依托晓庄师范学校。

1992年江苏省教委发布了关于小学教师教学基本功训练的要求及办法，要求到1995年底，1946年7月1日以后出生的小学教师在教学基本功方面达到规定标准，全省各地都以县为单位制订了基本功训练的规格要求及培训计划，并采取积极措施，大面积开展基本功训练。1995年江苏省教委下发《关于善始善终做好中师函授教育工作的意见》，要求各地2~3年内继续有计划地招收不具备合格学历的小学教师参加以函授为主要形式的学历培训，善始善终完成中师学历补偿教育这一历史性任务，明确1998年以后中师函授不再招收新生。

小学教师停留在大专层次这个水平上，时间不宜过长，因为大家都知

---

① 江苏省教育委员会. 江苏省师范教育研究会教师进修学校理事成员会议纪要. 1991 – 09 – 06.

② 周德藩. 在全省中小学校长和教师培训工作会议结束时的讲话. 江苏省教育厅档案，1991 – 06 – 14.

道，发达国家小学教师都是本科以上，美国、西欧、日本都是。从我们搞教育现代化工程来看，师资的水平、校长的水平已不适应，这是最令人不安的事情。所以要加快师资培养的步伐，不仅在数量上，在各个层次上都要提高。①

1996年江苏省教委印发了"九五"期间《关于开展中学教师培训工作的意见》《关于开展小学教师培训工作的意见》《关于加强幼儿园教师培训工作的意见》三个文件，强调"实施教育现代化工程，建设高质量的基础教育，关键是建设一支高质量的师资队伍。"《江苏省教育事业"九五"计划和2010年发展目标》提出到20世纪末，全省95%的小学教师要达到国家规定的合格学历，20%的小学教师具有大学专科以上学历，并对发达地区提出了更高要求。全省中小学教师培训工作在基本完成学历补偿教育扫尾任务的同时，开始试点多层次、多规格、多形式、重实效的中小学教师继续教育工作，目标是以实施"名教师工程"为龙头，以培养骨干教师为重点，采取多种形式，造就一支层次高、素质好、后劲足的中小学教师队伍。

1993年江苏省启动了教育现代化工程试点，1996年正式在全省推进。搞了教育现代化工程以后，中学的物质条件有了很大改变，每个学校都有上百台的电脑，谁去操作这个电脑，谁去教？老师不会，校长不会。我曾经讲，首先要让校长能够利用计算机汇报工作，然后要求老师能够上网去获取资料，能够在教学平台上去设计教学软件，改进教学。现在对教师学历层次都有了更高的要求，小学教师要大专了，在职的如不是大专，那么就要进行新的学历补偿教育。如果小学教师要本科了，又要进行新的学历补偿教育。不管是在职教师进一步提高，还是教师的学历补偿教育，教育学院的任务非常繁重。②

根据省教委推进继续教育的工作意见，江苏省邗江县从1997年开始实施"名教师、名校长、名学校"三名工程。其中"名师工程"分教坛新秀、教学骨干、学科带头人、教育专家四个培养层次。教坛新秀占30周岁以下教师的30%左右，教学骨干占全县教师的20%左右，学科带头人占全县教师的4%左

---

① 江苏省教育委员会档案．周德藩副主任在徐州教育学院校风建设检查评估会上的讲话（苏教师〔1999〕19号），1999-05-28.
② 周德藩．在全省中小学校长和教师培训工作会议结束时的讲话．江苏省教育厅档案，1991-06-14.

右，教育专家占全体教师的2%左右。被评为学科带头人的给予一定的物质奖励，被评为教育专家的每月工资上浮一档进行奖励。"名校长"的评选条件之一则是"任校长以来，学校教师学历层次逐步提高，并培养出一定数量的名师。到2000年，小学教师95%以上、初中教师85%以上、普高教师70%以上、职高教师60%以上、中专和成人学校教师90%以上达到国家规定的合格学历，同时使20%以上的小学教师和初中教师分别达到大专和本科学历"。成为"骨干校长""优秀校长"和"模范校长"则对学校教师学历层次提高的比例要求则更高，到2000年，小学教师大专人数比例、初中教师本科比例均要达30%以上，普高教师本科比例80%以上，职高教师本科比例达70%以上，重点学校要培养出一定数量级别较高的名教师。有一批"名教师"也是"名学校"的评选条件之一。[①]

《江苏省教育事业"九五"计划和2010年发展目标》提出到20世纪末，全省95%的小学教师要达到国家规定的合格学历，20%的小学教师具有大学专科以上学历；初中教师具有专科以上学历的比例要达到85%，其中具有大学本科以上学历的比例达到20%；高中教师具有大学本科以上学历的比例要达70%，其中具有研究生学历的比例要达5%；中小学特级教师占教师总数的1.5‰。在实现教育现代化的地区，对高初中教师学历将提出更高要求。同时，要在进一步试点基础上全面推开。

二、制度化推进：从学历达标到提高培训的政策强化

（一）教师资格认证制度与职务聘任制度的衔接

1. 学历凭证成为教师资格认证的起点

为有效提高中小学教师文化专业知识水平和教育教学能力，适应基础教育事业发展和实施九年制义务教育需要，国家教委于1986年颁布了《中小学教师考核合格证书试行办法》，针对不具备国家规定的合格学历中小学教师（含农职业中学文化课）实行考核合格证书制度。考核合格证书分为《教材教法考试合格证书》和《专业合格证书》两种，规定了学历不合格教师进行学历补偿教育的内容走向和具体实施路线——对学历不合格教师进行缺什么补什么的培训，

[①] 邗江县文教局. 邗江县贯"名教师、名校长、名学校"工程实施意见（试行）. 邗文教〔1997〕81号，1997-05-15.

首先过好教材教法关。工作满一年以上者，不具备国家规定合格学历的中小学教师可申请参加《教材教法考试合格证书》考试；工作满两年以上且取得《教材教法考试合格证书》者，可申请参加《专业合格证书》规定的文化专业知识考试。《教材教法考试合格证书》标志着教师初步学习并掌握了所任教学科的教材、教学大纲及教学基本方法。《专业合格证书》标志着教师具备从事某一学科教学所必需的文化专业知识和能力，基本胜任所教学科教学工作。1987年农村教师进修学校的主要任务开始由教材教法培训转为专业合格证书培训。作为学历补偿教育的有效凭证——"学历凭证"的替代品，《教材教法合格证书》和《教师专业合格证书》要求没有达到规定学历的教师必须参加这类以获得合格证书为目标的培训，强调"只有具有合格学历或者考核合格证书的才能担任教师"。

1987年国家教委推出《中学教师职务试行条例》和《小学教师职务试行条例》，对中小学教师实行职务聘任或任命制，规定凡是不具备国家规定学历的中小学教师须通过考核，取得教材教法考试合格证书或专业合格证书，并具备相应教师职务任职条件，才能被聘任或任命担任相应教师职务。取得教材教法考试合格证书的教师，只能聘任或任命三级教师职务；聘任或任命二级教师以上职务须取得专业合格证书。对于合格证书和教材教法培训的要求仅适用于1986年9月1日以前任教的在职中小学和农村职业中学教师，此后参加工作的中小学和农村职业中学教师，均必须具备国家规定的相应学历。

不具备规定学历人员申报中、初级专业技术职务，除可通过参加相应的全国专业技术资格考试（"以考代评"系列）或通过破格晋升外，要求参加者必须通过正规的成人教育取得相应的学历。除省、市职改部门统一组织的专业知识考试合格证和中小学教师的教学考试合格证暂可作为评聘中、初级职务的参评条件外，其他各种培训班的结业证和《专业证书》一律不再作为评聘专业技术职务的学历依据。

江苏省根据《省政府关于切实加强教师队伍建设的通知》提出了教师职务评聘对教师学历更高层次的要求，1966年以后出生的小学教师晋升小学高级教师，需具备专科学历；1966年以后出生的中学教师晋升中学高级教师，需具备本科学历；对不符合规定学历或资历条件者破格申请高一级教师职务，中小学教师仍按苏职改〔92〕56号文、中专校教师仍按苏职改〔92〕57号文件中规定的破格条件掌握。1956年以后出生的教师原则上不实行学历破格晋升。对已取

<<< 第三章 从学历达标到提高培训的政策强化（1985—1999）

得大专或本科自学考试六门合格成绩或已取得大专、本科学籍在读一年以上的，申报晋升中学高级教师的，可作为"学历破格"处理。①

在"两基"攻坚的最后阶段，各地教育局显然加大了对师资进修、学历达标工作的力度，如规定"从一九九七年一月一日起未具备规定学历的教师又不参加中函、专科、本科进修学习的不得申报中级职称；现虽已评聘为中级职称但不具备规定的合格学历，又不参加中函、高函、专科、本科进修学习者低聘为助级，工资待遇随之下浮"②。

2. 统考制度强化国家对认证制度的管理

国家教委颁布《中小学教师考核合格证书试行办法》是在国家为推进九年制义务教育，加强教师队伍建设在全国范围推进的统一的考核合格证书制度。《专业合格证书》分为高中、初中、小学和幼儿园四类，由国家教委统一规定格式，由省教委统一印制。与《专业合格证书》对应的文化专业知识考试，是取得《专业合格证书》的重要条件。文化专业知识考试由省教委统一领导和部署，各市、县教育行政部门具体负责考试的组织工作。高中和初中教师的考试命题工作由国家教委统一组织，小学和幼儿园教师的考试命题工作由省教委统一组织。考试科目由国家教委确定，中小学教师考试用的教学大纲由国家教委统一颁发，幼儿园教师考试用的教学大纲由华东七省市和四川省协编。要求教师分别系统学习并掌握与中等师范学校、师范专科学校、本科师范院校规定的与所教学科密切相关的文化基础知识。中学教师除考所教学科的有关课程外，均要考教育学和心理学基本原理。小学教师考三门课程：（一）教育学和心理学基本原理；（二）语文或数学（任选一门）；（三）其他学科（政治、自然、历史、地理、音乐、体育、美术）任选一门。各科考试内容和要求由国家教委另行公布。

为贯彻《中小学教师考核合格证书试行办法》，搞好全国中学教师《专业合格证书》文化专业知识考试，国家教委随后下发了《中学教师〈专业合格证书〉文化专业知识考试考务工作暂行规定》，由国家教委考试管理中心负责全国中学教师《专业合格证书》文化专业知识考试的管理工作，包括组织命

---

① 扬州市档案馆扬州市教育委员会文件. 关于1997年扬州市高校、中专校、中小学教师职务评聘工作意见（扬教办〔97〕34号）.
② H县档案馆. 关于进一步做好中小学教师学历进修工作的通知》，（H文教〔1996〕204号），1996-12-22.

题、制订评分标准、参考答案，进行考务管理监督和考试成绩抽样统计分析工作。各省成立事业性的中学教师《专业合格证书》文化专业知识考试机构（或委托现有的考试管理机构负责），组织考试、评卷，进行考试成绩统计分析。

根据已经颁发的教学大纲，国家教委组织编写了中学 14 个学科（含俄、日语）和小学各科《专业合格证书》教材，作为考试依据。各省自编或几省联合编写的中小学系统进修教材和各科辅导资料都不能作为辅导命题的依据。经省（自治区、直辖市）教委或教育厅（局）批准，教师进修院校可以编写少量质量高的中小学教师考试辅导材料。允许负责出版教材的出版社组织教材作者编写少量的参考资料，以满足教师理解和掌握教材的需要。反对以不正当手段出版或假借领导机关名义编印形形色色习题、模拟题、测试题欺骗教师或干扰教师的系统学习。

中小学教师《专业合格证书》文化专业知识考试每年进行一次，旨在建立一种适合在职教师自学的考试制度，让学历不合格教师根据自己的情况，通过自学，自愿参加考试，通过考试和考核调整整顿中小学教师队伍，为普及九年制义务教育服务。第一年由于准备工作来不及，加上尚未出版统一的教材，各地组织教师自学、辅导和培训存在一定的困难；组织这样大范围的在职教师考试也缺乏经验，只在部分省份进行了试点。在总结试点经验基础上，国家教委于 1987 年在杭州召开了全国中小学教师《专业合格证书》文化专业知识考试试点总结会议，决定从 1988 年开始有计划地进行中小学教师《专业合格证书》文化专业知识考试。

为防止教师负担过重和对日常教学工作的冲击，防止试点过程中部分地区出现的突击过关和厌考情绪，国家教委组织教师进修院校、师范院校和一切师资培训机构有针对性地开展课程辅导和培训工作，制定了《中学教师〈专业合格证书〉文化专业知识考试进度表》，依据循序渐进的原则和学科特点，有计划地安排中小学教师参加《专业合格证书》文化专业知识培训和考试。每个专业每年考试不超过 4 门，考试时间一般安排在暑假，每门课程连续考两到三年，三到四年内考完两三遍，使教师取得《专业合格证书》与教师职务聘任工作相衔接。

3. 地方政策同国家制度的衔接

为迎接国家和省级层面统一组织的合格证书考试工作，各地在过渡时期相继出台了一些成绩"互通"等免考政策，以鼓励教师参加自学考试、脱产培训和高一层次进修获得证书者。如1987年江苏省教委出台的《关于贯彻国家教委〈中小学教师考核合格证书试行办法〉的具体意见》，并就免于参加《教材教法考试合格证书》和《专业合格证书》考试的各种情形提出了处理意见，将各市县组织的中小学教师"教材教法考试"与国家和省级考核合格证书考试制度相衔接。

江苏省重视对申请参加专业合格考试的中小学、幼儿园教师的培训和辅导工作。高中教师的培训和辅导工作主要由江苏教育学院负责；初中教师的培训结合辅导工作主要由各市教育学院负责；小学和幼儿园教师的培训和辅导工作主要由各县（市、区）教师进修学校负责。培训和辅导工作面广量大，理科还包括必要的实验等，各市、县将教师进修院校、教研室、中小学的力量统一组织起来，采取了多种形式，分期分批对参加考核的中小学教师组织培训，重点针对那些经过长期教学实践和进修，具有一定文化知识基础和教学能力的教学骨干。

江苏省于1983年开始实施《关于加强中小学教师进修教材教法工作的意见》，并制定了小学和初中各门学科进修教材教法的教学计划和大纲。教材教法考试由各市县组织统一，考试命题由各市负责，对成绩合格者颁发结业证书。经过三年多的努力，全省初中和小学教师中应进修教材教法的对象绝大多数已通过教材教法考试，取得结业证书。因而，对于参加过各市县组织的统一考试获得结业证书者均予以承认，不再重新考试，也不另行换发《教材教法考试合格证书》。

扬州市教育局于1987年在《关于中小学教师参加教材教法考试有关问题的处理意见》中提出了五种情况的免考对象：一是在省厅试点举办的"心理学"和"小语教法"两个科目中师自学考试中获得"小语教法"单科结业证书的小学教师；二是1978年以来通过省、市统一招生考试，取得高师本科、专科、中师系统进修正式学籍，并取得一门以上与现在《专业合格证书》考试相同课程单科结业（或考试及格成绩）的中小学教师；小学教师参加高师专科系统进修，初中教师参加高师本科系统进修达到要求者；三是1978年以来参加过教师进修院校半年以上脱产进修获得结业证书者；四是小学教师过去在初中任教期间参加过教材教法进修获得结业证书者；五是1981年以后（含1981年）职业中学幼师班毕业，现在小学任教的教师视同1981年以后的高中毕业生。①

对于参加过教师进修院校半年以上脱产单科骨干培训获得结业证书者免于参加"教材教法考试"有着特别的规定：此类对象须履行审批手续。小学教师骨干班，由县（市）教师进修学校打报告，县（市）教育局签署意见，报市教育局批准。扬州市教师进修学校举办的小学教师骨干班、扬州教育学院举办的初中教师骨干班，直接打报告报市教育局审核批准。骨干培训班，必须是半年以上的单科脱产培训；招生时必须明确规定招收的是骨干教师，并且对"骨干教师"有规定的条件（诸如年龄、文化业务水平，等等）；结业证书上必须注明"骨干"字样。各县（市）教育行政部门要根据以上标准，严格审查当时的"招生文件""教学计划""结业证书"等，并且将这些材料作为附件一并上报。无论一年以上的脱产培训班，还是半年以上的脱产单科骨干班，对学员审查资格时都必须以"结业证书"为凭。

4. 教师资格认证制度与职务聘任制度的衔接

县级教育行政部门负责对每个教师进行全面考核。考核涉及政治思想表现和工作态度、教学业务能力和教学效果、文化程度三个方面。对于教师政治思想和工作态度的考察，侧重现实表现。对教师专业知识和教学业务能力的考核，则根据所教学科内容和范围拟定合理的评定办法，突出实际教学业务能力和教学效果。对教师文化程度的评定，则依据其应具备的学历条件确定考试范围和内容，拟定科学的评定标准。

1986年国家教育委员会在《关于加强在职中小学教师培训工作的意见》中建议："要把是否抓好师训工作做为考核校长工作成绩的一项重要内容。"② 对教师的考核要求要形成经常性的考核制度，考核结果记入档案，作为培训提高、职称评定、工作调整、教师晋升的重要依据。经考核不合格，不能胜任教学工作，但在教育教学方面尚有培养前途者，可以根据实际情况，有计划、有步骤地进行培训。经考核合格的发给证件；仍不合格的，就要调离教学岗位。对于考核合格的民办教师，国家每年安排一定的人事指标，转为公办教师；对于考核不合格的民办教师，一般予以解聘。

---

① 扬州市教育局. 关于中小学教师参加教材教法考试有关问题的处理意见，扬教字〔87〕第（53）号.

② 国家教育委员会. 关于加强在职中小学教师培训工作的意见，〔86〕教师字002号.

对民办教师的考核是一项政策性很强的工作，考核结果对于民办教师的生存与发展有着至关重要的影响。合格证书是考核的关键环节，具有一票否决的作用。当年没有领到合格证书的那位"黑户乡村教师"受到的影响至今仍是很深远的：[1]

> 没有这个合格证书对我的影响大得很，没有证就意味着我不是在编的老师，没有身份，是教育"黑户"，只能算是代课的，不能使用民师指标，无法转正。一开始我还不知道有这么大影响，后来才发现，和我一起参加考试的老师，凡是拿证的都陆续转正了，每个月大概能拿一两百、两三百的工资，而我因为没有证，只能拿计划外的教师工资，每月只有18元（1982年），1992年后工资才涨到52元一个月。我教书34年，一共才拿到9533元工资，有工资条为证。

教师考核政策是政府对教师不同利益群体利益关系进行调节的一种制度性安排。对工资、工种、升迁等各种利益关系的追求必将促进政策主体产生顺应或抵制政策需要的行为动机。在这种经常性的考核制度中，政策也必然优先考虑在考核中占优势的合格教师这一群体的利益，在第三种情况中针对考核不合格"但在教育教学方面尚有培养前途者"也提出了再次培训的要求。这些优先考核的政策势必加强农村教师合格培训的政策吸引力，从而激发农村教师参与培训的动力。

实行中小学教师考核合格证书制度，是贯彻落实《中共中央关于教育体制改革的决定》和实施《中小学教师职务试行条例》而采取的一项重大举措。它对有效提高中小学教师的文化专业知识水平和教育教学能力，建设一支合格稳定的中小学教师队伍，更好地服务普及九年制义务教育发展，促进义务教育质量提升，具有深远意义。

（二）继续教育证书制度：农村教师提高培训的制度规约

1987年，国家教委、国家科委等七部门联合发布《关于开展大学后继续教育的暂行规定》，提出要适应社会主义现代化建设和社会发展对人才素质的要求，建立和完善大学后继续教育制度，对象为已具备大学专科以上学历及中级以上专业技术职务在职专业技术人员和管理人员，重点是中、青年骨干。教育、人事等部门应密切配合，建立和完善继续教育考核制度，把进修、考核与使用

---

[1] 刘苗. 对话HN"黑户乡村教师"：26年后才知被辞退［N］. 华商报, 2016－02－27.

结合起来，将大学后继续教育情况和学习成绩记入本人业务档案，作为晋职和聘任的重要依据。

随着学历培训、补偿教育任务的逐步减少，江苏各地开始了探索中小学教师学历后继续教育的研究和试点工作。1987年江苏省开始逐步扩大了试点工作，在全省11个市都举办了小学教育专业大专层次培训班，4年共招收了学员2000余人，为各地培训一批文化基础扎实，有后劲，有一定研究能力的小学骨干教师和学科带头人开创了新路子。

铜山县小学教师继续教育从1991年开始起步。为促使全县继续教育工作正常有序开展，县教育局由一位副局长负责领导全县中小学教师的继续教育工作，教育人事股、县教研室、教师进修学校共同组织实施，县教师进修学校设立了继续教育办公室，配备了专职管理人员、教学人员；各乡镇教育办公室确定专人负责全乡镇继续教育工作。1994年起县教育局从小学学费中按每人每年提取2元作为全县教师的培训经费，保证办学经费。由于继续教育政策上同评职、评优、转正、定级结合较为密切，因而教师参加继续教育的积极性也越来越高，继续教育的优势也越来越突显出来。

中小学幼儿园教师大专自学考试是江苏省教委加强师资队伍建设的一项新举措。1993年江苏全省中小学掀起了一股大专自考热。由于县局领导重视，宣传得力，组织健全，措施得当，铜山县中小学幼儿园教师迅即对大专自考形成共识，报名异常踊跃。面对高学历的政策吸引，全县第一、二次报名人数即达3646人，第三次报名又有1100多人，报名参加自考的人数已超过4000千人，占全县中小学幼儿园教师总数的46%。由于管理科学，辅导认真，校内办学和乡镇设点布局合理，再加上班班设班主任，做过细的管理和思想工作，坚持以考风促教风学风和以教风学风促考风，强化质量意识，良好的教风学风业已形成，课程考试及格率普遍较高。自考不但取得良好的社会效益，三年多创收70余万元，有力地支持了校园环境建设。[1]

小学、幼师的自学考试报名、组织、辅导工作面广量大，头绪复杂，我们人手又紧，但为了尽快提高全县教师质量，我们克服种种困难，在党员同志们的带动下，组织了两次入门的报名、辅导、考试，参加人数达1006人，最后录取753人，录取率近80%，组织学科考试有两千多人次。

---

[1] 刘公绰，赵西文．铜山教师进修四十年．徐铜新出准印字〔95〕013号，26–29.

<<< 第三章 从学历达标到提高培训的政策强化（1985—1999）

　　为推动全县继续教育全面深入开展，铜山县于1994年制定了《铜山县小学教师继续教育实施办法》，明确规定了继续教育的任务、对象、内容、形式及培训目标。全县小学教师继续教育分为新教师岗位培训、初级班（初级职称教师）、中级班（中级职称教师）、高级班（高级职称教师）四个层次。制定了各层次培训班的教学计划，明确规定了各层次教师在技术职称任职期内必须完成的继续教育总学时。铜山县把继续教育和教师的转正、考核、职评、聘任、晋级结合起来，作为转正、职评、晋级的必要条件。从1995年起开始进行继续教育登记，实行省教委颁布的继续教育证书制度。

　　江苏省教委于1995年转发了省科技干部局、省职称改革领导小组办公室《关于在我省专业技术人员中实施继续教育证书制度的意见》（苏科干［92］10号），决定从1995年起实施中小学教师继续教育证书制度，规定了中小学教师接受的继续教育时间"高、初中级教师每人每年不少于72学时（12天），初级及以下教师每人每年不少于42学时（7天）。"完成继续教育的总学时数是教师年度和任期考核的重要内容，是评聘和晋升相应专业技术职务的依据之一。

　　继续教育的层次或形式主要包括新教师试用期培训、岗位职务培训、提高学历（或第二学历）培训、各类专题培训、骨干教师培训、学科带头人培训、教学基本功训练、国内外教育考察等。继续教育的学时数按培训机构（各级教师培训中心、教育学院、教师进修学校、各级教研室等）举办中小学教师各类进修班、培训班、辅导班、研讨班等实际的培训时间计算，一般每天为6学时。县级及以上教研、教改和教育考察活动，按实际活动时间，以每小时1学时计。

　　为保障培训工作的顺利开展，确保培训的效果、声誉和信度，江苏逐步形成了一套行之有效的培训对象推荐与选拔制度。以培训乡镇骨干为例，通常学员应具备如下入选条件：(1) 热爱小学教育事业，有高尚的师德和较强的事业心；(2) 有中师毕业以上学历；(3) 有五年以上小学教龄和一定的教学经验，达到或超过一级教师的任职条件，且教学效果好；(4) 有一定的教科研能力，在教科研方面取得一定的成果，有培养前途；(5) 身体健康，年龄在40岁以下，能坚持在职学习。

　　江苏各地多采取基层学校推荐和培训机构选择相结合的方法，由教育行政部门下发招生通知。(1) 先由乡镇中心小学按选送条件要求，结合个人条件、群众评议意见等情况进行综合平衡，提出拟推荐人员名单，上报县级教育行政部门；(2) 县级教育行政部门牵头组织教研、培训和实验小学等有关人员对上报的人员名单进行筛选，确定预选人员；（3）培训机构对预选人员进行考核（查阅业务档案、随堂听课、开座谈会等），以确定培训对象，最后由县级教育行政部门审批录取。

总结测评是检验培训效果的手段，也是调整教学的依据，可以促进学员的学习理论、钻研业务、增长才干。江苏各地师训机构一般采取上汇报课、开设讲座、撰写结业论文、书面考试、答辩等方式进行。①

继续教育情况登记采用由省统一印制的《继续教育证书》和相配套的《继续教育登记卡》，实行申请、登记及验证的办法。《继续教育证书》和《继续教育登记卡》是评聘教师专业技术职务的必备材料。1997年江苏省教委印发《江苏省中小学教师进修暂行办法》，对新任教师进修、教师职务进修、合格学历进修和高一层次学历或第二学历进修四种类型的中小学教师进修提出了进一步的学习要求。

为推动专业技术人员继续教育制度的实施，江苏省将教师任职期间培训进修情况，作为教师职务评聘、晋升的必要条件，不断强化继续教育培训和证书的登记、验证工作。"今后申报高一级教师职务者，要完成《江苏省中小学教师进修暂行办法》和《中等专业学校教师进修规程》（即将下发）中规定的进修任务。初级教师任期内完成280学时，中、高级教师任期内完成300学时。"②扬州市从1995年起把教师继续教育情况作为申报专业技术职务的必备条件之一，对无《继续教育证书》或虽有证书但无记载的人员一律不予申报。"九五"期间，各级各类学校通过加强培训进修，让教师进一步拓宽知识面，完善知识结构，加速知识更新，掌握现代化的教育教学手段，不断提高教育教学能力，适应教育现代化的需要。

1999年教育部发布《中小学教师继续教育规定》，并召开全国中小学教师继续教育和校长培训工作会议，启动实施"中小学继续教育工程"。中小学教师的继续教育原则上为每五年一个培训周期，要面向全体中小学教师，突出骨干教师培养，重点提高教师实施素质教育的能力和水平。中小学教师继续教育分为非学历教育和学历教育两种类别。非学历教育包括新任教师培训，不少于120

---

① 孙征龙. 关于小学骨干教师培训的认识与实践 [J]. 师范教育, 1992 (12).
② 扬州市档案馆扬州市教育委员会文件. 关于1997年扬州市高校、中专校、中小学教师职务评聘工作意见（扬教办〔97〕34号）.

学时;教师岗位培训,每五年累计不少于240学时;骨干教师培训,按教育教学骨干要求或更高标准对有培养前途的中青年教师和现有骨干教师进行培训。学历教育是对合格学历教师进行以提高学历层次为目标的培训。《中小学教师继续教育规定》要求地方各级教育行政部门要建立中小学教师继续教育考核和成绩登记制度,考核成绩作为教师职务聘任或晋级的依据之一。

(三)专业认证制度:对农村教师培训机构的复查与评估

教师进修院校承担着中小学和农村职业中学在职教师继续教育的重任,是培训在职中小学和农村职业中学教师的重要基地。1986年国家教委在《关于加强在职中小学教师培训工作的意见》中强调教师进修院校要体现师范、在职、成人教育的特点,必须按照《中共中央关于教育体制改革的决定》要求,加强建设,切实办好。办学形式可以多样化,除经批准举办的本、专科专业及中师班外,主要任务是根据各校自身条件和中小学、农村职业中学各类师资提高培训的需要,举办多种形式、多种规格、多种层次的短训班、教学研究班和单科培训班;通过教育科学研究,提供教学参考资料,加强对中小学和农村职业中学的教学指导。

中小学教师继续教育的开展,对教师进修院校的办学条件提出了更新更高的要求。加强教师进修院校基地建设,必须充实、提高教师进修院校等各种教师培训机构的师资队伍。教师进修院校新师资的补充要择优选派、戴帽下达,纳入高校毕业生和研究生分配计划。要增加教师进修院校到高校进修的名额。各省、自治区、直辖市和有条件的高校要把教师进修院校等师资培训机构的教师进修纳入师资培训计划,为教师进修院校等师资培训机构举办教师进修班。师资培训经费和基本建设投资,纳入地方教育事业经费预算和基本建设投资计划。各地教育、财政部门应根据师资培训工作特点和实际需要,参照国家相关经费及基本建设投资规定,制订教师进修院校等相关师资培训机构开支标准和费用定额,确定培训机构人员编制,充实培训机构图书资料和教学实验设备。[①]

江苏省组织各教育学院领导对教师进修院校存在的问题进行了多次研讨,并在复查教师进修学校的基础上于1991年印发了《关于教师进修学校建设标准的意见》,转发了南京市教育局、财政局、人事局《关于加强教师进修学校建设

[①] 袁相婉. 在全省中小学校长和教师培训工作会议上的讲话. 江苏省教委档案,1991 - 06 - 12.

的意见》，明确规定了教师进修学校的经费定额标准和渠道；明确50万以上人口的县（市、区）教师进学校占地面积不得低于18亩；县级教师进修学校必须有自己的附属小学和附属幼儿园，便于进修教师深入教育教学实际，开展实践科研工作。

1994年江苏省委、省政府印发《关于〈中国教育改革和发展纲要〉的实施意见》，强调"教育学院和教师进修学校是中小学校长和教师培训的主要基地，要逐步提高干训和师训的经费标准，增加经费投入，改善办学条件，推进标准化建设。"培养什么样的校长、培训什么样的教师是关系着办什么样的学校，培养什么样的人的基础性工程，因而，教师进修学校在全县学校这块领地上具有重中之重，本中之本的地位。教师进修学校要尽快形成"高素质"和"高学历"的优势，把教师进修学校建成当地基础教育的师资培训中心、教研科研中心、资料信息中心、电化教育中心、教师活动中心。

为适应全面开展中小学教师继续教育的需要，根据省委、省政府关于推进教育学院和教师进修学校标准化的意见，江苏省教委于1994年底下发了《关于对教师进修学校办学水平进行评估的通知》（苏教师〔1994〕29号），计划用三五年时间，全省73所省备案的教师进修学校必须建设达标，并不得迟于1999年10月底前接受省评估验收，逾期不申请验收，取消备案资格，摘去"教师进修学校"牌子，并对县教育行政部门实行师资工作"一票否决"制度，凡教师进修学校建设不达标、省评估不过关的所在县（市、区）不得参与教育现代化县（市、区）的验收，不得评先评优。对教师进修学校进行全面评估，成熟一批，评估一批，塑造典型，加快全省教师进修学校标准化建设步伐。全省教师进修学校办学条件最迟至2000年要全部达省标，每个市要有1~2所省级示范性窗口学校。

> 各级教师进修院校要在学校管理上为中小学做示范，因为你是校长、教师的培训基地，学校的方方面面都要为中小学做榜样。为了进一步加强培训基地建设，我们想把干训、师训列入义务教育评估的一项重要内容，形成评价机制，以促使教育行政部门更加重视这一块事业，同时也促使教师进修院校进一步加强自身建设。

江苏省教师进修学校办学水平暂行标准是省教委根据20世纪90年代建设高质量的江苏基础教育，面临对小学、幼儿园教师和教育行政干部开展继续教育和高学历培训的需要而制定的，是有高度有压力的建设要求。"今后十年要建立高质量的江苏基础教育，必须建设高质量的江苏中小学校长和教师两支队伍，否则全面提高学生素质就是一句空话。"[①] 教师进修学校标准化建设成为各地教育局局长的重点工程，并成为实施教育现代化工程的重要内容。迎接省教委对进修学校的评估验收成为压在各级政府、进修学校身上迫在眉睫的一件大事。

三、从江苏省小学教师基本功训练看乡村教师提高培训的政策实施

（一）基本功训练政策议题的提出

1985年江苏省基本普及了初等义务教育。随着学校条件的逐步改善，如何加快小学教育改革，提高小学教育质量，成为各级教育行政部门和学校领导的中心议题。1991年国家教委《关于开展小学教师继续教育的意见》将基本功训练列为小学教师继续教育的重要内容之一，启动了以提高政治思想素质和教育教学能力为主要目标的培训，强化中小学教师教学基本功训练。

针对小学教育的现状和问题，在充分调查研究的基础上，江苏省教委于1990年下达了《关于当前小学教育改革的意见（试行）》，进一步强调小学教育是整个教育的基础，是提高民族素质的奠基工程；江苏小学教育改革必须着力于把以提高升学率为中心的应试教育转到以提高素质为核心的国民基础教育的轨道上来。根据小学教育的特点，所谓打好基础，应把握"起点要低，训练要实，要求要严"的具体要求。

建设一支适应小学教育改革需要的教师队伍，是改革取得成功的重要保证。提高学生的素质，关键是提高教师的教育素养，重视教师的基本功训练。经过十多年来新师资的培养和在职教师培训，江苏省小学教师的学历合格率至1991年已达到82.5%，总体素质在逐步提高，一支数量足够、结构合理、学科配套的小学教师队伍逐步形成。

但是大量的调查结果显示，相当比例的小学教师，尤其是面广量大的农村小学教师，缺乏从事小学教育应有的基础知识和技能，教学基本功不扎实，影响了小学素质教育的实施和教育质量的提高。为此，江苏省教委决定在全省范围内开展小学教师大规模的教学基本功训练制度化考核。

（二）制度化考核的政策制定

为规范全省小学教师教学基本功训练与制度化考核工作，推动练功活动大

[①] 周德藩. 在全省中小学校长和教师培训工作会议结束时的讲话. 江苏省教育厅档案，1991-06-14.

面积展开，省教委于1992年印发了《江苏省小学教师教学基本功要求》，作为各地培训考核的制度化依据。"基本功要求"包括知识技能和组织教学两方面，涉及语言、阅读、书写、表达、计算、艺体、科技、备课、上课、检查等10个项目，共28条。这些是对一个小学教师教学基本功总体上的综合要求。省教委还对小学教师教学基本功训练和制度化考核进行了总体部署：

（1）至1995年底，1946年7月1日以后出生的小学教师在教学基本功方面达标；

（2）以市、县（区）为单位，于1992年暑假前制定当地实施"小学教师教学基本功要求"培训与考核规划；

（3）培训主要立足小学，互教互学，也可以县、乡为单位适当举办专题培训班，培训形式因地制宜，从实际出发；

（4）各县、区教育局成立考评小组，对培训对象进行定期考核，达到要求者，发给《小学教师教学基本功合格证》。"合格证"作为晋升和晋级等制度化考核的依据之一。

（三）基本功大赛的政策动员与政策行动

为推动农村小学教师教学基本功训练制度化工作的开展，江苏省教委于1992年举办了全省县（区）教育局局长专题培训班，围绕"积极推进小学素质教育，大力加强教师队伍建设"这个专题，进行了一系列的讲习交流、现场观摩、讨论研究等活动。局长们通过听取教委领导的专题报告和各地近几年来的典型经验介绍，特别是观摩了江苏阜宁师范学校学生的基本功表演，以及几种类型的学校管理和教师教学活动的参观考察，深受教育和启发，对大面积开展小学教师教学基本功训练的重要性、必要性逐步形成了共识。局长们普遍反映这次讲习研讨是一次总动员，吹响了掀起教师练功热潮的号角。这次专题培训对小学教师教学基本功训练的内容、要求、方式及措施等方面进行了初步研究，培训取得了预期的动员效果。

在省教委制定的《江苏省小学教师教学基本功要求》下达一年时间内，全省各市、县（区）广泛发动，普遍制定了培训、考核规划和措施，编写培训教材，形成了广泛的练功热潮。为了检阅训练的阶段性成果，推动教学基本功训练活动深入持久地开展下去，省教委于1993年10月举办了一次全省小学青年教师教学基本功竞赛活动。

大赛活动由省教委分管领导直接抓，下设由省教委师教、初教、教研室等处室负责人组成的组织委员会，具体工作由师教处牵头，组委会下设组织、宣传、竞赛三个工作小组。各市也成立了由教育局局长任领队、教研室主任任指导教师的代表队。为组织好这次竞赛，省教委召开了6次专题会议，专门行文3次，最终确定了竞赛的项目、内容、要求、程序等。

（四）基本功大赛的政策成效

这次由省教委牵头的小学教师教学基本功大赛组织严密、环环相扣、井然有序，为农村教师的成长开辟了特别的成长通道：

（1）给农村村以下小学教师以平等竞争的机会。分配参赛名额村小以下小学教师占了四分之一，并按村以下小学、乡镇中心校、城镇小学三大块分别比赛、打分、评奖，极大调动了村小教师的积极性。

（2）各市参赛人员的产生，必须是由校到乡，由乡到县，由县到市，层层推荐、选拔，以利层层推动。

（3）参赛教师的全科性。为了让各科教师都有参赛机会，组委会规定语文、数学教师不得超过总数的百分之六十，最后参赛对象中，除历史、地理、外语外，其他学科均有教师参加。

（4）比赛内容、形式的全面性。大赛从小学教师的需要出发，设计了笔试、"三字一画"、说课、特长表演、上课等五种形式对参赛选手进行全面考核。比赛内容强调基本能力和基本技能的结合，突出与教育教学实践的结合，对教师整体素质的提高起了良好的导向作用。

（5）比赛的宗旨在于促进和推动。赛前赛后大赛一直强调"只有胜利者，没有失败者，人人都是幸运者，重在参与"，并为每位参赛选手都设了奖。其中，一等奖10名，二等奖21名，其余96名均为三等奖。

参加大赛的127名选手，年龄最大的是31岁，最小的只有19岁，他们个个精神饱满、一丝不苟，充分展现了自己的才华，给评委和观摩的代表们留下了深刻的印象。

（五）基本功考核制度化的政策评价

教师基本功训练是长期进行的教师培训活动，把小学教师教学基本功训练落到实处，长期反复训练，真正抓出成效，关键在于基本功训练的制度化。两年多的时间里，江苏各地普遍重视小学教师教学基本功训练活动的开展，既轰轰烈烈，又扎扎实实，积累了许多好的经验和做法，取得了初步成效。如，以县、区为单位，普遍制定了当地小学教师教学基本功训练的规划，包括训练要求、年度计划、培训形式、考核办法、激励机制等。在培训形式上，立足于教学岗位，立足于基层学校，主要采取以师带徒、结对子，互帮互学的形式，县、乡牵头，适当集中，有些地方还利用电教手段进行教学。由于培训的内容和形式都贴近教学，也受到学员的普遍欢迎。各地还普遍制定了制度化考核的政策措施，创建有效机制，保证练功活动顺利开展，较普遍的做法是将练功的成绩与"教坛新秀"、教学骨干和晋级等选拔制度挂钩，作为制度化考核的必要条件之一。地方上举办基本功大赛活动，对在练功和大赛中成绩突出者给予重奖。还有的县对培训对象的情况加强考核验收，做到逐个过堂，一个不漏。省教委除了在省小学教师培训杂志上定期刊登这方面的经验文章外，还利用会议、简报等多种形式宣传各地典型经验，积极推动小学教师练功活动的深入开展。

两年多来，江苏省小学教师教学基本功训练制度化总体上开展比较顺利。然而，这项工作政策性强，涉及面广，工作量大，全省各地还存在较大的不平衡性。为了坚持不懈把小学教师教学基本功训练工作抓到底，抓出成效，江苏省还要求各市组织小学教师教学基本功表演团，到各地巡回表演，进一步掀起教学基本功训练高潮。全省还召开小学教师教学基本功训练总结表彰会，使教师教学基本功训练制度化考核工作在新的起点上迈向新的高度。①

四、政策成效

20世纪80年代末为适应义务教育对教师数量和质量的制度化要求，各级教师进修院校开展了大规模的教师学历补偿教育和提高培训，极大地推动了各级各类教育的跨越式发展，为普及九年制义务教育，促进江苏教育现代化做出了历史性的贡献。

（一）政府行为凸显主体责任

江苏是全国第一批完成"两基"任务的省份之一。"普九"人口覆盖率达100%，青壮年非文盲率达98.4%。地方政府作为政策主体，是加强乡村教师队伍建设，推进农村九年制义务教育的目标实现的直接责任人。按照分级培训、分级管理的权限划分，国家负责师范教育，训练合格的教师，各级教育行政部门负责教师队伍的整顿、培训和提高工作。

对在职教师进行认真培训和考核，是地方政府的重要职责。江苏省在中小

---

① 江苏省教委师范处. 扎扎实实抓好小学教师教学基本功训练. 1994-07.

学教师考核合格证书制度实施过程中，省、地（市）、县按照国家教委颁发的考试大纲，分期分批对申请参加专业合格考试的农村中小学、幼儿园教师进行培训。江苏教育学院负责培训高中教师；各市教育学院负责培训初中教师；各县（市、区）教师进修学校负责小学和幼儿园教师的培训工作。培训工作面广量大，理科还要进行必要的实验，各中小学、幼儿园基本立足本校，安排有经验的教师担任辅导。

实施义务教育，体现的是一种强力推进的政府行为。根据江苏省教委（93）18号《江苏省各类小学办学基本要求》文件办好每一所学校的精神，扬州市教育局下达了到2000年实现校校合格的目标，要求各乡（镇）分管教育的领导要亲自过问，研究制定本乡（镇）实施目标。教办室、中心中小学要帮助学校制定规划，排找差距，各乡（镇）每年应按25%的进度完成创建合格学校的任务。考虑到教师学历达标需要一定的时间，开始允许放缓，后面则逐年加快。

1996年国家教委印发《关于师范教育改革和发展的若干意见》要求进一步理顺中央与地方、政府和学校的关系，完善由政府举办、社会参与的师范教育办学体制，强化各级政府对于师资培养与培训分级管理的责任。师范教育实行中央宏观调控，以省（自治区、直辖市）统筹为主，分级管理的体制。逐步把部分中央部属师范院校转给地方举办，或由中央与地方省部共建；地方高师由省级教育行政部门管理为主，与其服务的市（地）共建。中等师范学校由省级教育行政部门统筹，以市（地）管理为主，并与其服务的县（市）共建。各级教师进修院校（培训机构）由省（自治区、直辖市）统筹，各省、市（地）、县（市）分级管理。

1997年《江苏省中小学教师进修暂行办法》强调各级政府要确立"教育发展，教师为本"的理念，"在教师进修工作中应强化政府行为"[1]，将中小学教师进修作为实施教育现代化工程的重要基础工作，列入本地区教育发展规划和年度工作计划。中小学教师进修经费以政府拨款为主，列入各级财政预算。江苏省从1996年起已将财政拨付的师资培训专款提高到教师工资总额的2.5%，地方教育附加费按5%的比例用于义务教育阶段教师的进修。中小学教师的进修费用原则上由政府、学校、教师个人三方面共同负担。政府财政拨付的中小学

---

[1] 江苏省教育委员会．江苏省中小学教师进修暂行办法（苏教师教〔1997〕3号），1997－01－28．

教师进修费用由县级及以上教育行政部门统一管理，专款专用，不予截留或挪用；其中直接用于教师进修院校办班的经费由相应的教育行政主管部门根据培训计划在编制年度预算时一次划拨。各级政府教育行政部门应加强教师进修基地的建设，按照规定的办学标准，保证对各级教师进修院校的投入，提供合格的办学条件，加强教师进修院校自身师资队伍建设，认真抓好教师进修与提高工作。

1997年江苏省教委在《江苏省师范教育综合改革试验区建设方案》中进一步明确了各级政府的职责，强化省政府的统筹权和宏观管理权，加强省辖市办学责任，积极推进各级各类师范院校的联合办学和共建，以培养培训初中师资为主的高等师范院校由省市共建共管，以培养培训小学教师为主的师范学校由市县共建共管，改变学校主管部门单一的现状，逐步建立上级政府扶持，地方政府为主，社会参与支持的办学体制，理顺政府、学校与社会的关系，建立在政府宏观指导下学校依法主动面向基础教育、面向社会办学，充满活力的良性运行机制。①

江苏省邗江县将提高师资队伍素质作为贯彻执行《义务教育法》的一项战略举措。"教师进修工作要在抓好'学历'培训的同时把重点逐步转移到教师的业务培训方面来。要着力于教师教学业务能力水平方面的培训提高。"② 县文教局一方面加强对小学和初中教师的函授、培训、自学考试、教材教法和专业学科考试的辅导，另一方面通过动员报考师范院校、委托高校代培等形式，增加新师资来源。为确保义务教育推进，在加强在职教师业务进修和培训的同时，规定任何机关、单位，不得抽调中、小学合格教师改任其他工作。1989年全县小学教师文化达标率为69.1%，初中教师文化达标率为44.3%，三年内全县通过各种形式培训的教师有2249人，民办教师被选招为公办教师的有276人，委托高校代培的有150人左右。1991年全县有小学教师2061人，学历达标人数为1592人，学历达标率提高到了77.2%；全县有中学专任教师1519人，学历达标人数为1007人，达标率为66.3%。③ 民办教师绝大多数参加了学历补偿教育。到2000年，全县小学、初中、高中专任教师学历达标率已分别达99.96%、

---

① 江苏省教育委员会.江苏省师范教育综合改革试验区建设方案（苏教师〔1997〕7号），1997-03-07.
② 邗江县文教局档案.邗江县文教局一九八九年工作总结和一九九〇年工作意见.
③ 邗江县文教局档案.邗江县文教局1991—2000年师资规划.1992-07-25.

89.8%和71.3%，比1995年分别提高27.1、21.3、12.5个百分点。全县小学教师大专率、初中教师本科率（或双专科学历）已分别达到26.6%、15.3%。①

完善县乡村"三级办学"、县乡"两级管理"，加强农村教师队伍建设，还要靠乡（镇）教办室对教育的管理。1990年邗江县文教局组织了对乡（镇）教办室"两基"工作（基本实施义务教育，基本扫除青壮年文盲）进行了考评，农村教师的合格率自然是乡（镇）政府"两基"工作的一项重要考评内容。把办好每一所农村学校的责任交给乡（镇）办、乡管，这对大多数分管的乡长、书记来说确实是一个全新的课题。各县（市）党委和政府也将农村教师的培训工作列入议事日程，教育行政部门也开始培训乡文教助理和中小学校长。

> 创建合格村小工作要尽早安排，要把创建目标分解到校，把创建的目标和全乡（镇）教育工作目标通盘考虑，尤其是教师学历达标工作要尽早给予重视。要分期分批组织教师参加大专进修，要加强教师教学基本功训练，不断给教师"充电"，力争到2000年农村小学教师大专化的比例达到10%以上。

各市县根据分级办学、分级管理的要求，在调查研究基础上，认真规划师资培训工作，三个规划（普及九年制义务教育的规划，发展职业技术教育的规划，师资培训规划）和一个细则（分级办学、分级管理的细则）成为摆在乡（镇）领导面前的重要任务，乡（镇）领导对农村教育的重视和投入有了明显改变：②

> 乡（镇）党政领导对本乡的教育事业是有责任、有担子的。他们说："过去我们也关心教育，但只是对上级的要求不回牌，或者帮助学校向上反映困难，要钱要物。现在办学校就是我们自己的事，我们有担子，走到学校门口都要进去看看，心里才感到踏实。"我们所到的乡镇，党政主要负责同志对教育的主要情况都比较清楚，为搞好本乡教育事业操了不少心，办了不少实事，校长、教师的反映都比较好。

（二）提高培训助力乡村教师成长

十一届三中全会以来，特别是1985年教育体制改革之后，我国把培训在职

---

① 邗江县文教局档案．李保扬同志在2001年新春教育工作会议上的讲话．2001-01-18．
② 泰兴、靖江和宝应等县贯彻中央教育体制改革《决定》和省委《意见》的情况调查简报．1985-10-08．

教师作为普及教育的战略措施,建立了中小学教师培训的完整制度和体系。江苏教育大省的优势无疑也是得益于经过高学历、高素质培训之后形成的高质量基础教育师资队伍的优势和师范教育的优势。江苏基础教育事业的蓬勃发展和大面积的质量提高,归功于以高质量师资队伍为目标的制度建设。

经过10多年制度化的培训,我国小学教师达到义务教育合格学历的比率,由1977年的47.1%上升到了1990年的73.9%;另有32万小学教师取得了《专业合格证书》。江苏省自1987年中小学教师《专业合格证书》制度试点以来,每年有5万~6万名中小学、幼儿园教师参加辅导和考试。1993年全省中小学教师获得教材教法合格证书的有14万人(初中4万人,小学10万人);取得专业合格证书的有4万人;取得高师本、专科和中师毕业证书的分别达6万人和9万人。江苏省高中、初中、小学教师的学历合格率已从1980年的40.1%、18.6%、55.8%分别上升到1993年的56.11%、70.94%、86.22%。[①] 广大农村教师的政治素质和教育教学业务能力有了明显提高,改变了十多年前大量农村教师不能胜任教学的工作局面。

江苏省委、省政府提出的战略目标是,到20世纪末,苏南发达地区要基本实现现代化,其他地区实现小康,到2010年,全省基本实现现代化。社会经济的现代化必须依赖教育现代化,而教育现代化必须依靠高素质的教师队伍。"九五"计划对江苏基础教育师资队伍建设提出的目标要求是95%以上小学教师达到中师、高中毕业水平,20%以上达到大专毕业水平,且教学业务水平有普遍提高。

国家教委关于教师继续教育的文件强调要从实际出发,制定本地继续教育近期计划和长远规划,这是非常重要的制度建设。就江苏而言,苏南、苏中、苏北之间,县域之间,城乡之间,各地经济和教育基础存在较大不平衡,且小学教师任课年级不同、任教学科及教学水平不一样,因而,开展继续教育必须从当地师资队伍和培训条件出发,层层制定规划,先试点再逐步推开,积极稳妥地开展教师培训工作。要在充分调查研究的基础上,制定体现本地区特点的继续教育实施方案。"八五"期间前二三年,江苏就多数地区来说,主要工作是扩大试点,做好全面推开各项准备工作,尽快将小学教师继续教育试点和实施

---

① 袁相婉. 在全省中小学校长和教师培训工作会议上的讲话. 江苏省教委档案,1991 - 06 - 12.

<<< 第三章 从学历达标到提高培训的政策强化（1985—1999）

的准备工作提上议事日程。①

在民办教师整顿过程中，不具备合格学历的教师只有通过多种形式的学历补偿教育或合格证书考核，才能在三尺讲台站稳脚跟，并以此作为民转公、教师专业职务评定晋级的制度化规约。大批民办教师考核合格之后转为公办教师，不仅改变了农村民办教师的"民办"身份，实现了农村民办教师的公职化，而且彻底改变了农村民办教师的经济地位，实现了农村民办教师与公办教师的同工同酬。②

　　地处徐州郊县的铜山县，位于津浦、陇海铁路十字路口，经济比较发达，是全国百强县之一。铜山县制定的教育事业发展总体目标是"高标准实施九年制义务教育，大力加强基础教育和以职业教育为主的高中阶段教育，各类教育事业发展水平居全省前列"。服务于全县九年制义务教育发展的总体目标，铜山县小学教师继续教育从1991年开始起步，已举办五期小学骨干教师培训班，培训学员近两百人。1993年铜山县教师进修学校举办的中师函授学历培训和小学校长岗位合格培训基本结束。10多年学历补偿教育取得了显著成绩，1988年至1994年底铜山县教师进修学校先后毕业了中师函授学员2000余人，语数等各类培训班结业8000余人，培训领取《专业合格证》的中小学、幼儿园教师达3200多人。小学教师的学历达标率由1985年的36%上升到1995年的87%；初中教师的学历达标率由1985年的46%上升到1995年的83%，从根本上扭转了以往大部分教师不能胜任教学工作的状况。通过多种形式和多种渠道培训中小学教师和校干2.08万人次，胜利完成了六十年代后期至七十年代末在特殊历史条件下带来的具有战略意义的师训和干训的补偿培训任务，竖起了一块达到国家标准的合格培训的里程碑。

在中小学从以升学为中心的应试教育向以提高国民素质为核心的素质教育转轨的过程中，铜山县教育局清醒地认识到素质教育的关键是提高教师的素质，取得国家规定的合格学历的教师，仍然需要再培训、再进修、再学习，进一步提高政治思想素质和教育教学能力。中小学教师教学基本功制度化的训练是提高教师素质的关键，也是继续教育的重要内容。针对铜山县教师培训的现状和

---

① 孙征龙. 抓住关键，推进小学教师继续教育工作[J]. 师范教育，1992（4）.
② 唐松林. 中国农村教师发展研究[M]. 杭州：浙江大学出版社，2005：50.

111

铜山县普及九年制义务教育的发展需要，铜山县教育局于1994年初研究决定，将铜山县师训、干训的培训重点迅速从学历补偿教育转移到了继续提高培训上来，并尽快在全县形成两个优势：①

一是教师和校长的高素质优势。所谓教师的高素质优势，即面向全县教师，通过继续提高培训，对已经取得教师资格的全体教师加强政治思想教育和师德修养，加强教育理论学习，教材教法研究，强化教学基本功训练；补充新知识新技能，以及社会主义建设所需要的职业技能和乡土教材，促进深化教学改革，形成一支适应普及九年制义务教育发展需要的德才兼备、素质优良、结构合理、数量充足、充满活力的农村教师队伍，到2000年，使一批具有省内一流水平的中青年教师脱颖而出。同样，所谓校长的高素质优势，也是通过继续提高培训，对已经经过岗位合格培训或已较系统地学过管理知识的校长，继续学习新的教育理论，成为适应九年制义务教育需要，按教育规律办学，具有高度事业心、使命感、成就感的教育行家，其中特别优秀者成为富有创造精神，献身教育，卓有成效的教育家和学者。从1995年起实行中小学校长持证上岗制度，到2000年，中小学校长达到大专以上学历。

二是小学和幼儿园教师的高学历优势。到2000年，小学教师、幼儿园教师60%达到专科学历。师资队伍高学历的形成，必然促进九年制义务教育的实施和基础教育质量的提高。大专自考是当时师资培训工作的主要形式，是加强师资队伍建设的重要举措。铜山县已有2500多名小学教师、幼儿园教师参加了大专自考。教师自考只要坚持"以考促学，以学促教，宽进严出，确保质量"的方针，辅之以必要的行政措施，注重调动各方面的积极性，就一定能把自考工作办好。

（三）联合办学形成多元开放的教师教育新体系

为培养和培训高水平教师，国家教委于1996年印发《关于师范教育改革和发展的若干意见》，提出要"健全和完善以独立设置的各级各类师范院校为主体，非师范类院校共同参与，培养和培训相沟通的师范教育体系。"基础教育师资培训主要由各级教师进修院校承担，各级师范院校和教师所在学校应在教师培训中发挥积极作用。已经实现"普九"，教师学历合格率基本达到规定要求的经济发达地区，根据需要与可能，由省级教育部门申报并经国家教委批准后，

---

① 刘公绰，赵西文. 铜山教师进修四十年. 徐铜新出准印字〔95〕013号，72-74，120.

可以适度扩大小学教师专科学历培养规模，逐步增加本科学历初中教师和研究生学历高中教师培养比重。

为实现这一政策目标，江苏省采取了培养、培训两条腿走路的办法，一方面，通过在职培训，包括开设教师自学考试系列，提高在职小学教师的学历层次；另一方面，适度扩大培养专科程度小学教师的试验规模，增强培养能力。培养专科层次的小学教师走联合办学的路子，江苏以省辖市为单位，构建培养专科程度小学教师的体系，一般实行中师自身的联合，以实现标准化、条件较好的一所中师为龙头，联合其他中师，实行分工合作；也可以实行中师与当地师专或教育学院联合，统筹规划，培养专科程度的小学教师。

1996年江苏省教委在《关于"九五"期间开展中学教师培训工作的意见》中提出"高中教师的学历补偿教育主要由四所本科师范院校和江苏教育学院负责"，1997年前要进一步扩大师范类专升本学历培训招生规模，同时，扩大专科起点本科自学考试开考专业，使其覆盖中学各主要学科，以加快高中教师学历培训的步伐。"初中教师的学历补偿教育主要由各市教育学院负责"，1997年前，各市教育学院要尽可能扩大专科层次学历培训招生规模。同时，要进一步做好中学教师专科层次各专业的自学考试工作。江苏高师院校与省市教育学院分工协作，共同参与中小学在职教师培训。

各类师范院校根据教师队伍建设规划，建立教师定期进修制度，抓梯队建设，建设一支政治业务素质良好、富有活力、结构优化的教师队伍。重点加强青年教师和骨干教师培训，培养跨世纪学科带头人和骨干教师，为教师赴国内外学习进修创造机会。国家教委直属的师范大学、高师师资培训中心和有条件的高等师范学校负有培训师范系统内部青年教师和骨干教师的任务，适当扩大师范专业研究生招生规模。

江苏省重视加强省、市（地）、县（市）、乡四级培训网络建设，坚持多渠道、多层次、多形式和业余、自学、短训为主原则，实行分类指导，按需施教，讲求实效，学用结合。各级教师进修院校（培训机构）适应从学历补偿教育向继续教育转轨的需要，不断加强自身建设，转换职能，积极探索新的培训模式，成为本地区教学、实验、电化教育、资料和教育科学研究等方面起指导作用的教育中心。

为适应义务教育对高质量师资的需求，江苏省师资工作会议明确提出"必须进一步调整结构，优化布局"，"要进一步扩大各类师范院校的联合办学、合作办学与合并，走规模、结构、质量、效益协调发展的路子"。因而，打破条块分割体制，优化师范院校布局和学科结构，避免小而全和专业重复设置，成为优化教育资源配置，促进培养与培训沟通，提高办学质量和效益的重要路径。

江苏有独立设置的高等师范院校9所，其中本科4所、专科5所，另有苏州大学师范部分、扬州大学师范学院、以师范为主的常熟高专；中等师范学校36所；省、市教育学院11所和参与师资培养培训工作的镇江高专；经省备案的县（市、区）教师进修学校73所。为充分利用本省的高师教育资源，江苏省教委于1997年研究制定了《师范专科学校、教育学院与有关本科院校联合培养全日制本科师范生的暂行管理办法》，进一步优化教育结构，促进本科学历的初中新师资培养。

随后，江苏省教委在《江苏省师范教育综合改革试验区建设方案》中进一步提出要"改变培养和培训相分离的格局，加强高等师范院校、中等师范学校与教师进修院校的联合与合作办学，发挥高等师范院校、中等师范学校在师资培训工作中的积极作用，在基础与条件较好的地区逐步实现培养培训一体化"，全面完善以独立设置的各级各类师范院校为主体，非师范院校积极参与，培养和培训相沟通的师范教育体系。适应江苏教育现代化的需要，加强全省教师培训的统筹与管理，建设一支符合素质教育要求的高质量教师队伍，江苏省教委于1999年下发了《关于在南京师范大学附属幼儿师范学校增挂江苏省教育培训中心牌子的决定》（苏教人〔1999〕70号），正式成立江苏省教师培训中心。在以独立设置的各级各类师范院校为主体，完成全省中小学师资培养培训任务的前提下，充分发挥非师范院校的优势，促进非师范院校积极参与中小学师资培养培训工作，已经成为江苏教师教育体系的重要支撑。"跟师范院校或者其他院校联合之后，在师资力量上，在专业联系上，都会利用这些优势来拓宽我们校长的眼界，提高我们教师的整个的科学文化素质。"[①]

为贯彻落实省师资工作会议精神，扬州市教师进修学校与江苏省扬州师范学校于1997年提出了两校合并的申请，重新构建扬州市培养培训小学和幼儿教师的新体系，以打造高质量、有特色的小学师资培养培训基地，使两校都达到省教委教师进修学校办学条件评估标准，为适应培养大专层次的小学教师的需

---

① 江苏省教育委员会文件．周德藩副主任在徐州教育学院校风建设检查评估会上的讲话（苏教师〔1999〕19号），1999 - 05 - 28．

<<< 第三章　从学历达标到提高培训的政策强化（1985—1999）

要创造条件。

扬州师范学校是1985年经省人民政府批准复办的普通中等专业学校，承担全市小学音乐教师和部分县（市）区小学新师资的培养任务；扬州市教师进修学校是1977年复办的成人中等专业学校，主要为广陵区、郊区培训在职小学和幼儿园教师；扬州市小学和幼儿教师培训中心于1991年成立，与进修学校一套班子，两块牌子。两校一中心分别承担着全市小学教师职前培养和职后教育的任务，有着共同的目标和任务，所以将两校合并，建立我市小学教师职前教育与职后教育一体化的模式是完全可能的。事实上，我省兄弟市已有这样的模式，他们的实践证实了师范学校与进修学校实施合并是可能的，也是必要的。

两校合并实现了优势互补，资源共享，使各自原有的功能都得到了加强和改善。把职前教育与职后培训紧密地结合起来，有利于充分利用现有的师资和设备，加快两校标准化建设，避免基建、设备添置的重复投资，高效开展小学师资培养和培训工作。两校合并后坚持"一套班子，两校合并，三块牌子，多重功能"的方针，将职前培养与职后培训有机结合。①

随着江苏省师范教育体系从三级师范向两级师范的过渡，江苏中师自1999年起停止招生，逐步过渡到五年制，实行三二分段，向小学提供大专以上程度师资。苏北师范院校布局已基本成型，徐州地区以徐师大（现为江苏师范大学）为龙头，形成一个师范教育网络；苏北的盐城、淮阴、南通三个市的教育学院与师专合并，都组建成为三所新的师范学院。扬州大学利用综合大学的优势成立了江苏省基础教育师资培训基地。泰州、宿迁办学条件相对困难，连云港教育学院和两所中师办学水平都较高。就苏南而言，苏州铁道师范学院已经划归江苏省主管，苏州大学本身是由江苏师范学院演变而来的，具有丰富的教师培训资源。常州中师挂靠常州技术师范学院，成立初等教育学院解决小学教师问题。晓庄师范挂靠南京师范大学成立了南京师范大学晓庄学院。全省36所中师分别通过联合、合并、挂靠等形式完成了升格或改向。

江苏师范教育体系改组之后，意在将来实行一级师范。职前职后总体上还是要打通的。从我们的布局来看，省教育学院是要相对独立存在的，

---

① 扬州市教委.关于扬州市教师进学校与江苏省扬州师范学校合并的报告（扬教教字〔1997〕第4号）.

这个事情各方面意见一致。为什么要让省教育学院独立存在呢？很重要的问题就是进修提高任务太重，如果说，江苏教育学院变成南京师范大学的一个二级机构，对省教委加强统筹规划的力度是不利的，省教委要有一个专门机构来帮它统筹规划全省的六七十万中小学教师的进修。有些同志讲那你又为什么赞成市级教育学院和地方的师范学院合并呢？这个问题开始我们也是担心的，就怕合并以后进修提高任务得不到保证。那么为什么后来又有点放心呢？因为从行政体制上来讲，尽管联合了，以省为主了，但是原来的资产，原来的投入，还是市里承担的。你拿了市里的钱，就决定你要做市里的事，所以体制上来讲，它就保证了这块任务还是要完成的，所以又是担心，又有点放心。①

（四）以评促建掀起教师进修院校建设高潮

制度化的师资培训是以一定形态的师资培训机构为基础的。"教师必须经过一定的师资培养机构的训练，这是当代教师教育活动的基本认识。师资培养与培训机构，以一种独立的专门性质的学校设置，为教师教育活动在学校制度体系中赢得了地位。"②

江苏省教师进修学校复办10多年，面向幼儿园、小学和初中按需办学，艰苦创业，在建校和办学的制度化方面取得了前所未有的成绩，为江苏"两基"目标的实现作出了积极贡献，成为江苏师训、干训的重要基地。

1986年起，江苏组织力量用了四年时间复查全省12所教育学院、70所经省备案的教师进修学校，对全省教师进修院校的建设起了积极的推动作用。省、市教育学院和县级教师进修学校出现了第一次建设高潮。经过十多年的发展，各地教师进修院校教师培训的办学条件得到了初步改善，大多数学校已经初具规模。江苏教师进修院校过去的成绩是辉煌的，为全省基础教育的发展立下了汗马功劳。随着学历补偿教育任务的基本完成，教师进修院校面临着农村教师质量提升的又一历史重任。

为适应建设高质量江苏基础教育的需要，江苏省教委于1991年出台了《关于教师进修学校建设标准的意见》（苏教普师〔1991〕15号），1994年又下发

---

① 江苏省教育委员会文件. 周德藩副主任在徐州教育学院校风建设检查评估会上的讲话（苏教师〔1999〕19号），1999-05-28.
② 李学农，张清雅. 教师教育世纪转型与发展[M]. 南京：南京师范大学出版社，2014：89.

了《关于对教师进修学校办学水平进行评估的通知》（苏教师〔1994〕29号），将《江苏省教师进修学校办学条件暂行标准》《江苏省教师进修学校办学水平评估指标》作为评估培训工作的依据。

评估小组由省教委抽调市、县教育行政部门有关人员和有经验的教师进修学校校长组成，在省教委领导下开展工作。评估教师进修学校办学水平的重点指标是学校办学基本条件、师资队伍和办学效益。根据各项指标要求，评估一般采取听汇报、看现场、查资料、座谈走访等方法，经集体评议逐项打分。根据评估总分，确定学校类别。学校类别分为示范学校、基本合格学校和不合格学校三类。

江苏省对教师进修院校师资提出的建设目标是各级教师培训机构要逐步适应继续教育的需要，建立专兼职相结合的教师队伍。到2000年，教师进修学校教师及中等师范学校中年龄在45岁以下的，原则上要全部达到本科学历；师范高等专科学校和市（地）级教育学院教师中有研究生毕业学历者占一定比例；高等师范本科院校和省级教育学院具有研究生毕业学历者的比重达到30%以上。

> 这几年，特别是邓小平同志南方谈话以来，我们充分发挥教育学院的阵地作用，职前职后任务沟通，生机活力又显现出来了，这个时候有了比较大的发展，再加上我们评估验收的机制又推动了学校的建设。我到徐州教院，一进来就看到发生了很大改变，给全省教育学院的评估验收一个鼓舞，给我一个鼓舞。[①]

为推进教师进修学校建设步伐，尽快改善学校办学条件，使其真正成为师训、干训的重要基地，江苏自1995年起对全省73所经省备案的教师进修学校办学水平进行全面评估。1996年江苏省教委下发了《关于印发〈江苏省教师进修学校办学水平评估量分操作细则〉的通知》（苏教师〔1996〕2号）、《关于认真做好教师进修学校办学水平评估的通知》（苏教师〔1996〕36号）文件。前后五六年时间，全省共投入近10个亿用于设备及基本设施建设，各区县掀起了教师进修学校建设高潮。

根据省教委对教师进修学校办学水平评估的要求，H县由于办学条件差，被省教委（1998）10号文确定为最后一批（1999年10月）接受验收单位。对

---

① 江苏省教育委员会文件. 周德藩副主任在徐州教育学院校风建设检查评估会上的讲话（苏教师〔1999〕19号），1999-05-28.

照省定标准，H县教师进修学校远远不能达标，尤其是建筑面积和占地面积均不足省定标准下限的三分之一，且现校址无法扩充一寸土地。为保住基地，H县教委向县政府提出了易地新建教师进学校的申请，对审验的时间、面积和资源共享问题经过了多方论证，充分考虑了搬迁的现实可能性：

县教师进修学校迎接省级验收，保住基地，迫在眉睫。新建县教师进修学校选址于县中心实小与中兴路之间，约20亩土地，面积合理。如果待土地解冻后征用县财政局后面一块地时间来不及，距验收时间仅剩17个月，而且必须提前两个月接受省级预验，时间是苛刻的。县中心实小北侧与中兴路之间"三通"具备，便于施工，可以争夺时间。若再在时间上折腾，很难保证如期建成。县中心实小正积极筹办初中部，必须建有理化生实验室，教师进修学校也必须建有理化生实验中心，两校连片建设，建一个理化生实验中心即可避免重复投资，实现资源共享，而且中心实小有正规的运动场，新建教师进修学校可与之共用，发挥最大效益。万不得已，新建教师进修学校可以临时借用县中心实小部分设施以保证达标。[①]

为确保如期审验，1998年H县W副县长在局机关办公楼主持召开了有县计委、建委、教委、财政局、国土局、供电局、镇政府等有关单位负责人参加的关于县教师进学校搬迁问题专项办公会议。会议强调了县教师进修学校搬迁的必要性和紧迫性：

一是县教师进修学校现在的基础设施和办学条件已不能适应形势发展的需要，且在原址已无法发展；二是实施"科教兴县"战略的需要，县教师进修学校的搬迁有利于加快新区建设与繁荣；三是有利于促进全县教育事业发展。

应该说，教师进修学校的工作是繁重的，我们支部一班人并没有被繁重的工作压垮，而是笑迎困难，超负荷工作，挤出时间，寻找机会，宣传我们的事业。可以说，为了保住我们的基地，真正做到了不怕跑断腿，不怕说破嘴。正是由于我校一班人的努力，由于县教委领导的广泛支持，县政府领导及其他部门对师资培训工作这块事业的理解，我校搬迁迎接省验工作终于摆上了县政府的议事日程，可望成为县政府1999年为民所办实事之一。[②]

[①] H县教委.关于县教师进修学校进区建校的请示，H教字〔1998〕80号.
[②] H县档案馆.H县教师进修学校1998年工作总结.

县政府办公会议动员各有关部门和 J 镇要视搬迁工作为己任，强化责任感和使命感，"要全力以赴，千方百计，想方设法，积极主动地做好各项工作"，要从思想上认识县教师进修学校搬迁的必要性和紧迫性，从工作位置上把握县教师进修学校搬迁的全局性，从工作方法上强化县教师进修学校搬迁的主动性。

县政府十分重视我县教师进修学校建设，决定将教师进修学校搬入建设新区，规划面积47.3亩。这既为县教师进修学校科学规划、精心设计，提高办学条件，确保验收达标保证，又为加快 H 新城建设发展，推进"科教兴县"战略，加速县城的繁荣，添上美丽的一笔。①

按照搬迁工作计划和实施步骤，会议要求快速启动，确保高质量、高效率地如期完成搬迁工作，一期工程要在1999年7月底前全面竣工，确保通过1999年省教委组织的验收评估。②

新建县教师进修学校，约需资金1500万元。与中心实小连片建设，即可分两步走：第一期，征地20亩，并建成2000平方米教学楼，3000平方米综合楼，1000平方米厨房、餐厅、浴室，800平方米学生宿舍，围好围墙，初步完成道路及水电设施，以保证培训工作能正常开展。第一期工程，约需投入资金1070万元。省"标准办学"规定必须建设的而暂未建设的其他设施，及不足的建筑面积，可暂借用中心实小的相关设施，如期申验，保住基地。第二期工程，可在2000年后进行，力保全面达标。

在全国各地开展的教师进修院校复查、验收专项工作推动下，教师进修院校的办学条件得到了迅速改善，师生面貌与校园环境焕然一新，中小学教师培训基地得到了前所未有的加强。

1998年省教委组织对宜兴等4所教师进修学校办学水平进行了评估，1999年省教委又组织对全省19所教师进修学校进行了办学水平评估。对全省教师进修学校办学水平的评估工作由江苏省教育评估院组织专家组进行评估。评估组通过听取当地教育行政部门和学校领导关于学校建设和办学情况汇报、现场考察、档案资料查阅、师生座谈会、随堂听课等形式，对学校办学水平进行了全面检查和评估。

---

① H 县教委. 关于 H 县教师进修学校易地新建的请示，H 教字（1998）124 号。1998 - 07 - 08.
② H 县人民政府办公会议纪要. 关于县教师进修学校搬迁有关问题的办公会议纪要（第19号），1998 - 08 - 05.

1999年是省教委对进修学校评估验收的最后一年,学校党支部和校长室将作出最大努力,本着软件从严,硬件从实的精神,做好各项准备工作,确保通过1999年省教委组织的验收评估。

(一)搞好软件资料建设,力争做到软件资料验收不失分。进一步组织人力,完成图书资料整理工作、后勤资料整理工作;充实图书馆藏书、资料。暑假前,完成全校教学档案整理工作和各人业务档案整理工作,积极与县教委联系,落实验收所需其他软件资料。

(二)做好学校搬迁工作。学校搬迁已被列入县政府1999年8件实事之一,我们要再接再厉,只争朝夕,按照"布局要协调,规划要合理,设计创新意,质量争一流"为原则,开展搬迁各项工作。目前已完成了学校搬迁的定点和规划发标工作,学校党支部继续围绕保基地这一目标和行政一道在1999年完成学校建设的征地、工程招投标、资金筹措、工程开工完工等各项工作,确保建设工程能做到严格监理,严格质检,保证工程按质进度施工。

江苏省对19所教师进修学校办学水平评估的结果是"19所教师进修学校各有特色,多数学校校园环境宜人,文化氛围浓郁;办学设施达标,部分设备先进;领导班子团结协作,学校各项管理规范;师资配备合理,办学成绩显著。"经专家组评估量分,省教委审定,靖江市、泗阳县等12所教师进修学校已经达到江苏省教师进修学校办学水平评估示范学校等级,大丰市、扬中市等7所教师进修学校达到合格学校等级。①

江苏师训干训在"八五""九五"时期的办学思路、基地建设和办学成就在全国得到了同行的高度关注。江苏省提出的"培训三万五(校长),提高五十万(教师),为了一千万(学生)"的响亮口号,在《中国教育报》以头版头条形式报道了江苏师训干训的先进经验。② 原本被称为"养老院""敬老院"的县(市、区)教师进修学校终于甩掉了这两顶"帽子",以师训干训为主旋律、以骨干教师培训为重点,服务中小学教师和校长两支队伍建设,迈向可持续发展、多元发展、协调发展的道路。

---

① 江苏省教育委员会.关于公布靖江等十九所教师进修学校办学水平评估结果的通知(苏教师〔1999〕34号),1999-09-02.
② 刘明远.江苏中小学教师培训机构的现状及走向[J].江苏教育学院学报(社会科学版),2008(2).

五、政策问题

大规模制度化的农村教师学历达标和提高培训在快速满足九年制义务教育对师资数量和质量需求的同时，也带来了制度理性对政策主体不同程度的伤害。政策执行过程中对培训效率的过度追求，导致了行动中的形式主义和功利主义的泛滥。

（一）运动式培训对效率的过度追求

1. 急于求成，拔苗助长

"文革"之后，国人习惯沿袭搞运动的方式推进农村教师培训，如同工厂，将一批批不合格产品送进来，经过短时间的粗糙加工，将许多不合格教师突击成为"合格"教师。1987年全国参加《专业合格证书》文化专业知识考试的小学教师达77万人，占应考教师的67%；全国初中教师有209万7千人，近160万人达不到规定学历，占初中教师人数的76.6%。然而，江苏省的考试结果却大不理想。1987年江苏省首次组织不具备合格学历小学教师参加专业合格考试，实际参加考试人数有4万人，各门课程平均及格率只有24.6%，三门课程考试均及格的有743人，仅占参加考试人数的2%，加上系统进修可以互通的课程，已取得申请办法专业合格证书资格的共有3000多人，只占实考人数的7.5%。[①] 就是这样一支贫弱的教师队伍，在极其短暂的时间内纷纷通过了相应的考试。有人说，我们的现状就是这样，国家提出五到十年内全国大部分地区要普及九年制义务教育，其时间是紧迫的，任务也是繁重的。如果不提高效率，不加快速度，又想实现预期目的，那是很难的。不少地方存在急于求成，突击过关的现象。[②]

中师函授是小学教师接受学历补偿教育的最主要形式。在经过大规模培训后，九十年代初参加人数逐年减少，从1989年到2001年，JY市教师进修学校共毕业中函学员423人。尽管小学教师的学补偿教育已进行十多年，但由于历史原因，部分小学教师因文化基础知识太差，加上年龄比较大，连江苏省成人中专的入籍考试都过不了关，JY市教师进修学校在继续

---

① 孙征龙. 江苏省小学教师队伍现状与培训工作的情况和意见. 江苏省教育厅师资处档案，1988-03.

② 中国教育年鉴（1988年）[M]. 北京：人民教育出版社，1989：107-108.

完成小学教师学历补偿教育扫尾工作的同时，为这部分老教师单独组织了教师专业合格证书考核辅导，最终让他们顺利通过了考试，根据当时政策，这部分人被视为学历合格。这次共培训287人。

在苏北欠发达地区，教师职业准入门槛较低，只要学历达标，就可以担任教师，学历培训流于形式。虽然《义务教育法》规定，小学教师、初中教师的学历要分别达到中师、大专层次，然而在苏北农村，大量存在的却是初中和高中毕业的在职教师。在义务教育学历达标的要求下，不少地方政府重学历，轻能力，为这些教师主动放行，想方设法通过函授、自考等途径让其达标。

县教师进修学校全年办班29个，其中中函8个班，教师自考辅导4个班，干部培训2个班，职称培训8个班，小语、小数骨干培训2个班，新中师生、大专生上岗培训2个班，微机培训3个班，并努力创造条件有所突破。参训人数2000名，力争在校学员出勤率80%以上。继续教育学员结业率95%，骨干培训学员结业率不低于95%，中函学员毕业不低于150人，教师自考毕业生不低于100人。中学教师参加专升本考试录取100人以上；小学教师参加自学考试报考率达40%以上，参考率达90%以上，合格率达90%以上①。

随着学历补偿教育任务的逐渐减少和小学教师学历达标率的不断提高，江苏省于1987年前后就对小学教师中师学历后继续教育进行了试点培训和研究。1987年率先在南京、无锡两所教育学院试办了小学教育专业专科进修班，并逐年扩大试点范围。至1992年，全省11个省辖市教育学院都举办了小学教师学历提高培训班。至1993年已有四届毕业生1400多人。为加快培训步伐，江苏省从1993年起开考自学考试小学教育专科专业，报考者近4万人，形成了空前的培训热潮。②

依托教育学院开办小学教育专业大专层次进修班和由全省统一组织的小学教育专业（专科）自学考试是开展小学教师继续教育的一个新尝试，随着这项工作的逐步放开，它在小学教师继续教育中的比重也逐步加大。对于面广量大的在职小学教师而言，小学教师大专层次进修班和自学考试主要面向有培养前

---

① H县文教局档案. H县文教局一九九七年教育工作意见（H文教〔1997〕第1号），1997-02-15.

② 孙征龙. 小学教师提高学历层次培训的实践与思考［J］. 中小学教师培训，1993（7·8）.

122

第三章 从学历达标到提高培训的政策强化（1985—1999）

途的年轻小学教师，不断提高现有小学教师队伍大专生的比例。从江苏的试点来看，由于教师编制紧，加上要通过全国成人高考，仅仅依靠业余函授来办班，远远是满足不了学历提升的社会需要的，而且报考情况并不景气。为此，江苏的做法是一方面争取改革招生考试办法，希望将入学考试权下放到省里，实行推荐与考试相结合的办法；另一方面，江苏率先开通了自学考试这条培训通道，特别受到了小学领导和广大小学教师的欢迎。自学考试培训成为加快小学教师学历提高培训的一条捷径。

2. 学历培训中的唯文凭论

各地为了提高小学教师的质量，已经把提高学历层次作为一种措施，特别是发达地区，参加高学历进修的小学教师人数逐年增加。除极少数经济、文化基础差的县、区外，江苏已基本放开对小学教师学历提高层次的培训，鼓励经济发达地区加快培训步伐。大多数小学教师通过电大进修、自学考试和参加中学教师学历培训班等途径获得高学历，不仅学用不对口，而且成为部分教师跳槽、拔高使用的借口，成为农村教育新的不稳定因素。

学历补偿教育和学历提高培训中存在较为普遍的唯文凭论，培训进修只是为了拿个文凭证书，培训中的这种应试倾向导致许多老师在报考过程中集中选择了相对容易过关的专业，选择中文、历史、政治的教师最多，占合格教师数量的40%以上，教师专业不对口造成"学非所用"，文凭贬值。参加学历教育的农村教师由于人手紧，工作繁忙，加上培训要求不严格，培训过程走马观花，所获文凭质量很难保证。有位老校长感慨当年参加培训的老师：

> 他们平时很少看书，考试也能过关，为了文凭而文凭。一个正规大学的中文学生要看完几十本文学图书，函授生能把一本书看完就不错了。不看书怎么过关？考试"小风车"纸条舞弊严重。自考比函授好。面授的时候老师会把范围告诉学员，考试总能顺利过关。

为提高中小学教师的学历达标，各省普遍建立了高师专科函授、卫星电视教育、自学考试三沟通模式培训初中、小学教师，到1993年共招收63万名学员。本来旨在提高中小学教师文化层次的学历教育在部分地区却演变成了文凭大派送，1997年国家教委不得不明令禁止招收此类学员。[①] 农村教师中"有学历无水平"的事实在1999年《南方周末》的一篇《考老师》中有所

---

① 庞守兴.中国当代农村教育改革发展史研究[D].华东师范大学博士论文，2000.

记述：

贫困县 Y 县于 1999 年 6 月 12 日对全县 2500 多名小学教师就小学一至六年级教学大纲内容进行摸底考试，教什么考什么。结果，超过三分之一的人达不到 70 分，349 人不及格，数学最低 3 分，语文最低 20 分。Y 县教育局长说，这次摸底考试就是想看看本县小学教师的水平究竟差到什么程度。Y 县小学教师早就全拿到了中师文凭，但局长毫不讳言地说，许多人有学历无水平。虽然心理早有准备，但考试结果还是令局长感到意外。他说想不到有的教师竟然连自己教的科目所涉及的基础知识都不知道。①

3. 扩招生带来的教育无序

运动式培训强调的是时间与速度，追求的是效率而无视质量。为了赶时间可以无视既定的程序，为了追求速度可以不择手段，而这恰恰与教育的原则相违背，无不冲击着正常的招生、培养和就业的秩序。

1994 年 J 教育学院向省教委递交了一份《关于认定九二年（下半年）部分扩招生学历资历的请示报告》。事情源于 1992 年 8 月 YX 市教委、ZJ 市教育局、J 省国家安全厅主动委托 J 教育学院为其承办中学教师大专起点本科班和文秘大专班学历培训任务。鉴于当时招生工作已结束，无法纳入当年招生计划，J 教育学院根据国家教委关于加快中学教师学历培训步伐的原则精神，本着积极为地方社会经济服务的宗旨，自行组织了中文、英语、数学等专业的单独命题和招生，并分别于 1992 年 9 月、10 月和 11 月与上述三家单位签订了中学教师大专起点本科班和文秘大专班的委培协议，共录取 502 名学员，其中 YX 市教师大专起点本科班 132 人，ZJ 市教师大专起点本科班 301 人，J 省国家安全厅文秘大专班 69 人。

这种先斩后奏，"不经过省教委批准、不经过统一招生考试"的现象在那个追求效率的年代已经司空见惯。1993 年省教委下发了（苏教计〔93〕）46 号文件，要求 J 教育学院认真组织学习和自查，并将自查情况书面报告省教委。随后，S 教育学院以教院〔93〕5 号文件形式向省教委递交了《关于九二年下半年扩大招生工作中的有关情况的报告》。根据省教委领导的指示精神，J 教育学院在总结经验教训基础上，加强了对招生、办班、文凭的管理，狠抓教学质量，

---

① 甄茜. 考老师［N］. 南方周末，1999-10-08.

杜绝类似现象再次发生。这部分学员最终按照国家教委统一颁布的教学计划和大纲要求,学完了相当部分的主要课程。

1994年省教委对J教育学院同样存在的违规招生情况提出了处理意见:"你院在未经批准和统一招生的情况下,面向镇江地区招收中学教师专升本函授学员301人(其中中文138人,数学63人,英语100人)是不妥的。考虑到镇江地区发展基础教育对师资的迫切需要,同时鉴于你院对此已总结了经验教训,故承认这批学员专升本学籍资格,按照规定的教学计划,经德智体全面考核合格者,准予发给国家承认的成人大学本科毕业证书。"

培训扩招同样也冲击着农村学校正常的教学秩序。由于农村教师编制控制非常紧,以致农村教师数量奇缺,定人定岗,定人定班,基本上是一个萝卜一个坑,工作量极大,教师整天疲于应付教学和各种检查,很难抽出时间参加密集的教师培训,工学矛盾突出。

> 文教局只考虑了达标,而不考虑实际教学。教师的素质差,要提高是可以的,但太集中太频繁了,有的参加这个进修,有的参加那个进修。有的教师组织性、纪律性较差,县局也无法、也无章可循,光要各家去闯。县办的电大语文班,10天集中一次,一次去一周,直接影响了教学质量。有的时候因进修一去就是几个人,无人上课,影响学生学习。①

叶圣陶先生将教育喻为农业而非工业,认为工业可以是流水线、快节奏、大批量,而农业则是有成长规律的,需要根据季节进行播种、除草、施肥、喷药,需要阳光、雨露、土壤和等待。"十年树木,百年树人",这句大家耳熟能详的话其实也告诉我们——教育是一门"慢"的艺术,而绝非一朝一夕的培训或应试就能解决的。

(二)经费不足与市场化条件下的逐利倾向

1. 自力更生,多方挖潜

经费短缺是各级教师进修院校面临的一大难题。一些进修学校连正常的水电费都难以保证。教育经费不足严重制约着教师进修院校的发展,也直接影响师训、干训工作的开展。在县级财政困难的情况下政府往往只给政策不给钱。H县在推进教师进修学校搬迁过程中,多次召集各部门召开了搬迁工作办公会议,强调搬迁县教师进修学校是适应教育现代化要求,改善师训条

---

① 邗江县档案馆. 教育教学改革研讨会发言记录. 1986-11-27.

件，提高全县师资队伍整体素质的需要，也是确保如期通过省教委验收的必备条件。会议决定，搬迁工程所需资金要立足自我、多方筹措，县政府给予一定的政策扶持。

对于资金筹措，H县要求"建设单位和主管部门要积极向上争取、对内挖潜、对外求援"，税务、国土、教委、计委、建委等部门要根据有关文件精神，用足用好政策，"凡涉及县内收取的有关规费，能免的尽量免，能减的尽量减；属于上缴省、市的有关费用，由县相关部门做好工作，争取少缴；属于非缴不可的费用，依照有关规定缴纳；涉及县地方税收的，尽量缓缴"。正所谓"上有政策，下有对策"，各种政策在执政者手里得到了灵活运用。

面对县教师进修学校搬迁所需的资金缺口，H县教委提出了三条资金筹措渠道：一是转让县教师进修学校现占地及建筑设施，约500万元；二是县教师进修学校走教育产业化道路，办学创收：（1）每年招收国办自费师范班、幼师班各一个，连续办两至三届，可创收500万元；（2）争取省教院及其他高等院校支持，联合举办成人高等教育函授班，力争创收；（3）积极创造条件，举办高考补习班，争取资金。三是根据省教委印发的《江苏省中小学教师进修暂行办法》（苏教师〔1997〕3号）规定，进一步落实教师进修学校有关的经费政策。①

> 目前，我们搬迁的前期准备工作正在紧锣密鼓地进行，只要用地手续办妥，立即施工，奋战几个月，一座令人叹服的新H教师进修学校一定会矗立在我们面前。要多方挖潜，最大限度地提高自己的造血功能。学校标准化建设并不是一件轻而易举的事，需要上千万的投入，这对我教育来说，是个近似于天文数字的投入了。我们支部一班人深深体会到等、靠、要是没有出路的，必须自我挖潜，努力创收，争取自我发展的天地。本学年，我们在几乎未进人的前提下，事业规模翻了一番。我们奋力开办了幼师班，竭力争取了高辅班。现在，我校电大班、电视中专班、幼师班，高辅班全面开花，微机培训、普通话培训、其他"师训"、"干训"应有尽有。校内设施不够，延伸到校外，更多的是送教上门，取得了较为理想的社会效益和经济效益。可以说，我校支部一班人只要能建成达到"省标"的教师进修学校，通过"省验"，保住基地，什么困难都不在话下。

---

① H县教委.关于县教师进修学校进区建校的请示，H教字〔1998〕80号.

面对省里评估验收、易地新建的压力，教师进修学校领导班子知难而上，身先士卒，"等、靠、要"看来是解决不了问题的，必要要靠自力更生，"最大限度地提高自己的造血功能"①。于是，他们多方筹措建设资金，以改善师资培训办学条件。

随着中小学教师继续工作正常化，教师进修学校这块事业越来越重要。但是，由于人们对其认识不足，它面临人事危机、经费危机的诸多困难。它每前进一步，都要付出艰辛的劳动。我们提出这样的口号：以作为求价值，以实绩争地位，以思路谋发展。三年前，我们曾提出这样的口号，没有引起足够的重视，本学期，我们再次提出这样的口号，并要求党员干部身先士卒，努力实践。本学期，我们克服重重困难，求得省、市教委的支持，争取了县政府政策的优惠，成功地开办了国家计划内的自费幼师班。政府虽没有给"票子"，但给了"路子"，给了"政策"，一个思路，创造了180万。我们冲破诸多不利的因素，重新举办高辅班，没有"师资"，领导干部带头上课，以自己的实际行动，带动了一班人。在党员干部的带动下，不少同志主动要求压担子，超负荷工作，出色地完成了各项工作任务。本学期，在我校接受培训的教育工作者近3000人次，各项培训工作走在全市前列。

2. 师范类自费生的自我消化

为扶持H县教师进修学校搬迁，以便通过验收，省教委特批H县一个国办幼师自费班招生计划，面向本县招40名女生。如果地方政府负责毕业生的统一分配并享受公办教师同等待遇，就可以在收取正常费用之外再收取3万至5万元的捐资助学费，主要用于教师进修学校建设，迎接省合格教师进修学校验收。如果政策到位，办学质量有保证，省教委将在今后五年内每年给予H县1~2个班的国办幼师自费计划。这样县教师进修学校在五年内利用幼师自费班的特许政策，可以筹集搬迁经费千万元，以减少政府投入。

这种不给钱给政策的做法同样也适用于对各类教师进修院校的支持。根据江苏省计划委员会、江苏省教委苏教计（1992）185号文件精神，扬州教育学院于1992年招收了收费、定向但不包分配的师范类普通专科生80名。

---

① H县档案馆.H县教师进修学校1998年工作总结.

表3-2 各有关县（市）师范类自费生生源情况

县（市）别	小计	专业		
		中文	英语	体育
邗江	2		1	1
江都	18	7	8	3
靖江	15	3	9	3
泰县	9	4	2	3
泰兴	9	6	1	2
兴化	15	8	5	2
高邮	7	2	2	3
宝应	1			1
仪征	4		1	3
合计	80	30	29	21

老百姓选择上师范类自费班也不是无所祈求。自费班名义是自费，实际上仍然会享受计划统配和公办教师同等待遇等政策带来的种种好处。时逢各县（市）农村初中教师比较缺乏，市计划委员会、市人事局与市教育局联合发文对这批师范类自费毕业生的录（聘）用给予了特别的政策支持，各县（市）教育局可以根据本地农村初中教师需求情况，对本地师范类自费毕业生在编制内有计划地择优录（聘）用，安排到农村初中任教，以保证九年制义务教育的乡村师资需求。录用后办理户粮关系，其农转非指标由各地在市下达的指标中专项安排。

3. 从无偿服务到有偿服务

党的十四大确定了建立社会主义市场经济体制的改革目标。面对市场经济的冲击，不少教师进修学校利用自身的办学优势，走上了多渠道开放办学的道路。然而，一些教师进修学校为了生存，什么事都敢做；只要能赚钱，什么班都敢办，渐渐迷失了最基本的功能定位和发展方向。各种全日制班、非师范班、高考补习班、艺术班、职业技术班满天飞。更有甚者，一些地方教育主管部门与师训机构联合起来，将培训视为创收手段，借考试、辅导之名，行敛财之实，实际上等于降低了教师职业准入门槛，使一些"伪师""劣师"混进了教师队伍。堂堂县级办学实体、财政全额拨款的全民事业单位变成了"杂耍""四不象"，"什么都不是"，自然分散了对中小学教师培训工作的专注程度，结果是"种了别人的地，荒了自家的田"。①

  分析了种种优势，校领导决定除了认真搞好师训、干训工作外，根据社会需求，发挥自己的优势，面向社会办班，并提出了"别人没有办的班我们办，别人已办的班我们办得更好"的口号。先后办了一些职业高中班，如招生对象为初中毕业生的体育班、烹饪班、幼师班，特别是幼师班办学效果最显著。二是微机操作班，紧紧跟上管理现代化的步伐，三是教工子女班，为教工子女就业，为解决小学教师的缺编尽了力。

  由于我们培训的学生素质不断提高，学校的知名度也越来越高。我校组织的扇子队、花环队、铜管乐队常常被市、县、乡镇的一些庆典和大型活动邀请。带着市场经济的意识，我们打算逐渐将无偿服务，转向有偿服务，成立了"社会服务公司"，专业训练同社会效益相结合。

从访谈中我们不难发现，教师进修学校主动适应市场需要办得最好的还是幼师班之类跟自身业务相关的服务，而不是如他们鼓吹的什么班都能办，什么班都能办的比别人好。"有教无类"不能无视自身的能力不足和办学条件，"多元发展"不能忘却自身的传统和办学优势，"开拓进取"不能不顾自身的专业声誉。那种纯粹为了挣钱而夸大其词的有偿服务是一种地道的逐利行为，只能招来社会大众对教师进修学校工作职能与价值取向的一片质疑。

（三）提高培训中的能力不足与业务转向

1. 关于教师进修学校"要不要办""怎么办"的争论

  世纪之交，产生于计划经济时代的区县教师进修学校在完成了学历补偿教育和学历达标任务之后再一次站在了历史的十字路口。长期靠计划吃饭的各级教师进修院校，在经历了20世纪末90年代的大发展之后，何去何从开始成为困扰各级政府和教师进修院校的头疼话题。有学者直接呼吁要"改建或撤销独立设置的各级教育学院和教师进修院校"②。围绕省市教育学院和区县教师进修学校"要不要办""怎么办"问题的争论相当激烈。③

---

① 刘明远. 江苏中小学教师培训机构的现状及走向［J］. 江苏教育学院学报（社会科学版），2008（2）.
② 宋永忠. 教师教育的定位、体系与政策［J］. 江苏高教，2005（1）.
③ 刘明远. 江苏中小学教师培训机构的现状及走向［J］. 江苏教育学院学报（社会科学版），2008（2）.

表3-3 江苏省教师进修学校1996—2000年办学基本情况

	学校数	毕业生数	招生数	在校生数	教职工数	专任教师数
1996年	80	10466	22458	41011	4522	2327
1997年	80	10832	16940	46089	4630	2397
1998年	80	11398	9042	40864	4656	2426
1999年	80	14680	4623	21862	4628	2478
2000年	80	10907	1024	12660	4446	2441

注：资料来源为1996—2005年《江苏省教育事业统计资料汇编》（江苏省教育厅）。

教育学院有那么一个很困难的时期，也有过辉煌的时期。在20世纪80年代，搞学历补偿教育，功不可没。到后来一段时间，第一轮任务完成了，就想把教育学院撤掉。所以有一段时间，教育学院的生存问题处于一种摇摇摆摆的状态中间，影响了它的发展。

"九五"期间，全国小学教师不合格学历比例由1995年的11.15%下降到了2000年的3.14%；初中教师不合格比例由1995年的30%下降到了2000年的12.9%。[1] 上表所列数据也显示，1996-2000年江苏省内各级教师进修学校在学校数、教职工数和专任教师数基本不变的情况下招生数和在校生数均呈急剧下降趋势，2000年的招生总数不到1996年招生总数的5%。

客观上，教师进修院校承担的学历培训任务在逐渐萎缩，另一方面也有教师进修院校提高培训中的能力不足问题。江苏省对承办专科程度小学教师培养任务的教师进修学校是有要求的，即必须具备一定的办学条件才能开办，如有一支素质优良、学科配套、结构合理的教师队伍，其中高级教师不得低于专任教师总数的20%，能够按照培养专科程度小学教师的教学计划开齐课程，大专班的学科专业课和教育专业课均由讲师以上职称的专任教师担任；有足够而适用的校舍设施、教学仪器设备和较丰富的图书资料等。[2]

各级教师进修院校自复校以来是为了适应中小学教师补偿教育的需要而逐步发展起来的，教职工的思想和办学条件都不能适应开展继续教育的需要，开

---

[1] 朱小蔓，笪佐领. 新世纪教师教育的专业化走向［M］. 南京：南京师范大学出版社，2003：2.

[2] 江苏省教育委员会. 关于培养专科程度小学教师有关问题的汇报（苏教师〔1996〕8号），1996-03-21.

第三章 从学历达标到提高培训的政策强化（1985—1999）

展农村教师继续教育的师资和设备等条件更弱，且各市、县、各学校之间存在较大的发展不平衡。就开办小学教师进修大专班而言，各区县必须具备以下条件：

（1）本区县经济发展能承受得了开设小教进修大专班的任务（开办小教进修大专班主要占用中学教师进修大专班的指标，需由区县单列指标）。

（2）培训机构的办学条件，包括设备、师资、管理、领导等，要符合开办小教进修大专班的需要。

（3）本区县小学教师的学历（中师）已80%达标，初中教师的学历（大专）已70%达标。学员毕业后要保证全部回小学任教。

（4）举办小教进修大专班，要根据小学教育教学的实际需要，制定出本区县小教进修大专班的教学计划，报市培训业务部门备案。待条件成熟后，再由市培训部门汇总各区县教学计划，制定出全市统一的教学计划。

然而，业已开办的小教进修大专班基本套用中学大专班的模式，不能体现小学教师进修的特点，其中一个很大的原因就是各区县还不具备开办小教进修大专班的条件和能力。

长期以来，地方政府存在着片面追求中高考升学率而忽视普遍教育质量等问题，往往将一县最好的教育资源都集中到重点高中、重点初中和小学，使得教师进修学校的办学条件极差，教师队伍素质低下。区县教师进修学校由于建校历史相对较长，离退休人员众多，加上"八五""九五"期间为应对大批量中函、高函及教师自学考试等学历补偿教育而进的相当数量的教辅人员，使得县级教师进修学校教职员工少则几十人、多则约二百人，都在"吃皇粮"，关系户居多，进得来，出不去，僧多粥少，人浮于事现象十分严重。[①]

地处苏中的JY市教师进修学校在其发展的第一阶段，参与教师培训的师资队伍是令人羡慕的。那时候学校聚集了20世纪80年代JY市最优秀的教师，这是时任教师进修学校校长兼教育局局长的Y局长和主管进修学校的Q副校长从全县中小学抽调过来的。后因钱副校长的去世和乐局长的离休，教育局不再抽调最优秀的教师到教师进修学校。

后期的JY市教师进修学校教师队伍令人沮丧。由于走后门等腐败现

---

① 刘明远. 江苏中小学教师培训机构的现状及走向［J］. 江苏教育学院学报（社会科学版），2008（2）.

象，不少低学历、无水平的"官二代"子女纷纷调入。在后来调入的19名教师中，只有3人在工作前就有本科学历，只有1人有在中学的工作经历，还有4人是退伍转业军人，3人是民办教师。后几任校长多半是县组织部安排过来养老的，有的接近退休，有的在原单位是因为斗争被排挤出来的，有3位校长是从党校调进的。学校管理出现的许多问题，在一定程度上也挫伤了相当一部分教师的积极性，致使一些优秀教师纷纷调出。加上一部分优秀教师被提拔上领导岗位，许多老教师退休等原因，教师进修学校的师资力量急剧下降，教师进修学校教师水平远远低于周边中小学。

在由一次性学历培训转变为以岗位培训为主的终身教育的过程中，教师进修学校的师资队伍显然跟不上形势发展的需要。学历教育以传授知识为主，而岗位提高培训以培养能力为主；学历教育讲授已经定型的知识，而提高培训讲授新的不断发展的知识。[1]

早在八九年，国家教委、省教委的有关领导就指示进修院校要逐步由学历培训转移到以岗位培训为主的继续教育上来，并且下发了一系列的文件。当时，学历培训正在扫尾，把继续教育作为师训的主要任务是事业发展的必然，且从九一年试办继续教育班以来，我们深受学员学习积极性不高的困扰。师资队伍状况已经上升为开展继续教育诸多矛盾中的主要矛盾。

几年的试点，我们深深感到，如果把搞学历教育的这支队伍原封不动地调到继续教育的工作岗位上，就有着明显的三个方面的不适应，（一）传授知识不适应；（二）培养能力不适应；（三）教育思想观念不适应。学历培训的任务并没有最后完成。继续教育要全面铺开，我们深感到教学人员的不足。近两三年调进进修学校的教师确实不少，但综合评估一下，目前能承担继续教育任务的又确实不多。迅速建立一支数量足、素质高的教师队伍，是首要的关键问题。

在基本完成学历补偿教育任务后，不少教师进修学校没能及时调整发展方向，转到中小学教师继续教育上来。有教师进修学校的校长借助学校与教育局在行政级别上平级，不受教育局任免，不断拒绝教育局下达的教师培训计划，拒绝参加素质教育实验基地建设，不参与教师课题研究。只顾发展自己学校的中职和电大等非师范专业，为了赚钱图发展，却忘了自己的本业是教师继续教

---

[1] 刘公绰，赵西文．铜山教师进修四十年，徐铜新出准印字〔95〕013号，188-190．

<<< 第三章 从学历达标到提高培训的政策强化（1985—1999）

育，用当时的话来说就是没有唱好"师训干训"这个主旋律，在教师继续教育上不想作为，也不作为。加上有些进修学校的领导不是从基层完中调任，就是从党校调任，可以说对中小学教师继续教育一窍不通，也不感兴趣，自然也不能有所作为。这种"四不象"的培训乱象，不是所谓的多元发展、自主发展。教育主管部门也自然不把教师进修学校看作是履行中小学教师继续教育职能的单位了。① 教师进修学校办与不办成了更具争议性的话题。

2. "一群读者"对教师进修学校高辅班的质疑

农村教师进修学校凭借自身的办学优势招收高考补习班，多渠道筹措办学资金，已经不是什么新鲜事了。然而，随着1999年高考录取结果的陆续公布，"一群读者"向H县教委提出了地方报登载的有关H县教师进修学校招生广告和高考辅导班的疑问：②

县教委：

最近看到《HJ报》登载的H教师进修学校的招生广告和一篇该校高考辅导班的报道，综合两方面内容，我们有几个地方不清楚，想请教一下县教委，好让我们提高认识，明确是非。

一、县教师进修学校是否可以办全日制高考复习班（原先省教委禁令是非已撤销）。

二、在职教师是否可以在复习班任课，进修学校可否不务正业（搞教师进修），另开复习班上课。

三、县教委是否已承诺或已进行"利用今年H县高中布局调整的大好时机"，把最好的教师让县进修学校引进来办高复班。

四、县教委是否正式委托由县教师进修学校担负3+X的高考指导工作。（教研室和县中均不担任该项教改研究），这样让在进修学校的复读生"近水楼台先得月"，首先获利并以此作为招收学生的诱饵。

五、县教委是否公开允许县教师进修学校所有设备和即将西迁新添置的设备不用于县教师进修而用于办复习班，并以作办班的物质基础向社会炫耀办学条件。

---

① 曹亚华. 专业化进程中县级教师进修学校的问题与对策 [D]. 南京师范大学2007年教育硕士专业学业论文.
② H县档案馆. 一群读者给县教委的信. 1999-08-03.

六、县教委是否已排名，县教师进修学校今年高考复习班进线率居全市第一（这是 H 县的光荣吗?），又该校还谎称去年招生时间迟到去年 8 月底才招生，而能取得今年这样的成绩并以此又吹了一气，但实际情况是去年 7 月 31 号该校复习班广告即登载在《HJ 报》上，8 月 5 号登载在《YZ 晚报》上。

七、教育产业化是否可以采取不适当的宣传手法，不顾政策自我吹嘘，无限夸大进行误导。

以上是我们的几点疑问，请予以赐教，并请转呈省、市教委备案。

一群读者
1999.8.3

对于正着手迎接省级验收、易地新建的 H 县教师进修学校来说，场地已经到了足够紧张的地步，却又招来了高考辅导班的质疑。这种质疑无疑对县教师进修学校本身的性质和任务提出了严峻的挑战，对 H 县教师进修学校易地新建后的办学定位提出了疑问。关于县教师进修学校"要不要办""怎么办"的问题已经成为一个困扰寻常百姓对优质教育资源分配不公表示抗议的重要民生工程。"一群读者"在给县教委负责人的另一信访中还进一步反映了县教师进修学校在媒体吹嘘高考辅导班成绩的嫌疑，并表示了极大不满:[①]

H 进修学校仍在 8 月 4 日刊出的《YZ 广播电视报》上登载该校今年补习班高考中有 95.3% 的学生过线（精确到一位数字），这实际上仍在自欺欺人，故意在自己脸上抹粉。单拿今年该校 H 籍考生来说，据未达线的家长和学生反映，理科班参考人约有 39 名进送档线（430 分）仅 26 名；文科约 16 名参考，进送档线的只有 11 名；达本科线一共只有 4 名（这些数字绝对可靠，可作实地调查），并不如该校于 7 月 30 号在《HJ 报》上所说共有 118 名考生有 109 人达到并超过省教委颁布的各级分数线（注：省教委颁布的各级分数线，最低为专科 474 分）。信口开河，真是天大笑话，该校复习班单 H 县就有 18 名同学未达线（就算其他地方全达线）。其中文科单 H 县就有 5 名未进线，哪里来的 100% ？更使人不解的是到 8 月 4 日仍在吹嘘过线率 95.3%（典型的子虚乌有）。我们也想不通县教委为何如此纵容该校继续愚弄群众而不严肃 H 县教育之法纪扶持教育之正气，市区和兄弟

[①] H 县档案馆. 一群读者给 H 县教委负责同志的信. 1999 – 08 – 09.

县市如何看待 H 进修学校高考辅导班录取率自吹自擂为"大市第一"呢？

H 县教委监察室对 H 县教师进修学校高考补习班 95.3% 过线率等情况进行了调查认定，认为"一群读者"反映的情况基本属实。

3. 对教师进修学校多样化办学的告诫

针对社会对 H 县教师进修学校多样化办学的质疑，增加经费收支透明度，H 县教委审计组对 H 县教师进修学校校长任期经济责任进行了就地审计，听取了校长任期经济责任述职报告，召开了部分教师座谈会，并查看了学校 1998—2000 年 4 月的财务收支账册、单据。审计报告显示任期收支情况如下：

1998—2000 年 4 月学校总收入 579.7 万元，其中事业费拨款 174.9 万元，微机等培训费收入 26.4 万元，小学教师培训费收入 14.7 万元，中函、自考等收入 46.1 万元，住宿水电费 14.7 万元，高复班、幼师班等收入 37.3 万元，捐赠收入 253.4 万元，其他收入 12.2 万元。

1998—2000 年 4 月学校总支出 570.7 万元，其中人员工资 182 万元，职工福利、奖金 52.1 万元，公务费 37.4 万元，业务费 7.7 万元，设备费 15.9 万元，维修费 9.1 万元，招待费 2.2 万元，结转自筹基建 277.9 万元，其他费用 6.5 万元。

对校长任期经济责任的审计既是人事交接正常的工作程序，也是回应社会质疑的一种策略。经过审计的好像是有了处理结果，经过审计的就会增加政府政策的公信力。对 H 县教师进修学校校长任期经济责任的审计确实也收到了这样的审计效果。从审计结果来看，H 县教师进修学校收入来源的多样化，除了事业拨款外，绝大部分为依靠自身所掌握的教育资源而获得，而支出有一大部分用于自筹基建。审计报告希望 L 校长能廉洁自律，加强行风建设，"严格控制招待等非办公性、非业务费开支"，[①] 这是一种建议式的批评或告诫，有则改之，无则加勉。审计报告对 H 县教师进修学校的办学行为给予了中肯的建议和肯定：

（1）加强办班的效益管理。随着事业的发展，进修学校所办的培训班也日益增多，为了保证教师培训健康、稳步的发展，按主管部门的有关规定，并经物价部门的核准，向学员收取一定的培训费，且落实责任制，谁办班，谁负责，要求有预算，有决算，不允许有透支现象。

---

① H 县档案馆. 关于对县教师进修学校 LBH 同志任期经济责任的审计报告. 2000 - 07 - 18.

（2）开辟多种办学路子，多方面筹措教育经费。三年来，结束了单一的办学模式，走上了多样化的办学道路，如创办师范班，恢复了高辅班，开设了计算机培训班，普通话培训班等等，为学校办学水平的提高提供了经济保障。

（3）克服困难，保证师培费收取到位。按省有关规定，各小学必须将学生学杂费中每生每学期的1元师培费上交给教师进修学校，但由于种种原因，这项费用收取一直很困难，建议努力将这笔本属于进修学校的费用征收到位。

从审计报告可以看出，恢复高辅班、收取各种培训费曾经是一段时间教师进修学校多样化办学、改善办学条件的一种基本途径。而这种挣钱方式亦是市场化背景下解决政府投入不足，办学经费紧张"以教养教"的权宜之计。

第四章

乡村教师全员培训的政策推进（2000 至今）

世纪之交，我国基础教育取得了辉煌的成就，"两基"目标初步实现，素质教育全面推进。但我国基础教育师资队伍总体水平还不高，城乡教育发展不平衡。新世纪，根据全面建成小康社会的要求，开展农村教师全员培训，建设高质量的农村教师队伍成为全面推进素质教育的时代需要。

一、全面推进素质教育与乡村教师全员培训的政策制定

在普及九年制义务教育的近20年时间里，农村中小学一直备受教师短缺之苦，这种短缺不仅仅是数量上的短缺，更源于与城市教师质量上的差距。随着"两基"目标的基本实现，基础教育对师资的需求从"量"转向"质"。[1] 教师质量越来越成为制约教育发展尤其是农村义务教育发展的重要瓶颈。

（一）全员培训面临城乡教师的质量差距

1. 城乡教师的高学历差距

由于教师职业的特殊性，教师对教育的信仰、教师的沟通协调能力等很难作为教师质量评价的观测点，我们更多从教师学历的达标程度或高于基准学历者比例等方面来比较城乡教师的质量差异，以期寻找农村教师质量提升的路径和方法。

2003年我国农村小学教师的学历合格率为97.58%，城市为99.24%；农村初中教师的合格率为90.79%，城市为97.09%。2009年农村小学教师的学历合格率为99.12%，城市为99.88%；农村初中教师的学历合格率为97.52%，城市为99.41%。[2] 从2003到2009年农村小学教师的学历比较中可以看出，我国

---

[1] 宋永忠. 教师教育的定位、体系与政策［J］. 江苏高教，2005（1）.
[2] 袁桂林. 中国农村教育发展指标研究［M］. 北京：经济科学出版社，2009：119.

城乡中小学教师的学历合格率差距都不大。因而，农村教师的学历合格率已经不再是影响义务教育阶段教师质量的主要因素，城乡差距已经大大缩小。

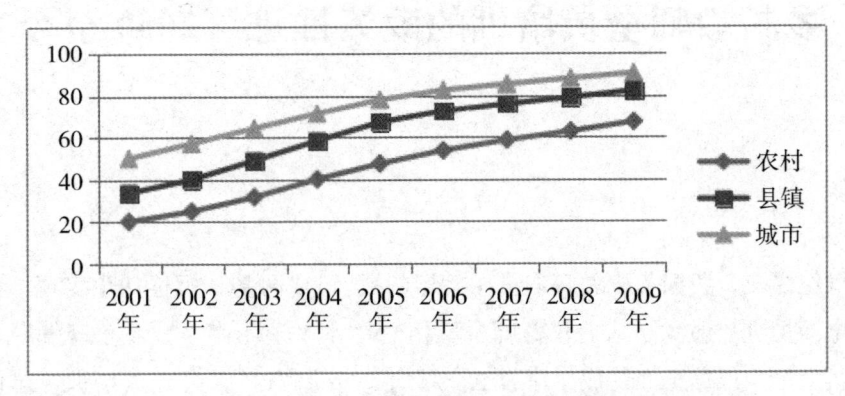

图4-1 2001—2009年城乡小学教师高于基准学历比例比较

从纵向发展的比较可以看出，江苏省中小学教师的学历层次比较高，2001—2009年城乡小学教师拥有专科及以上学历的人数持续增长，其中，城市小学教师高于基准学历的比例上升了40.47%，县镇上升了48.39%，农村上升了47%。小学教师大专以上学历占64%，其中本科学历为11.62%；初中教师本科及以上学历占45%，普通高中教师中88%以上拥有本科学历。[1]

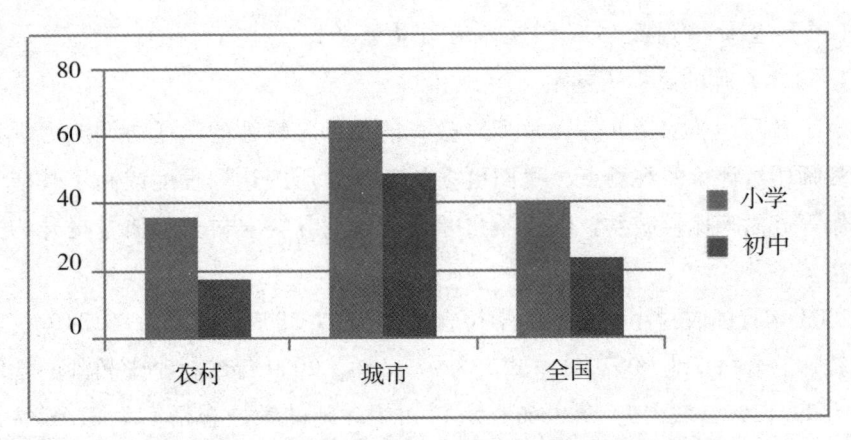

图4-2 2003年我国城乡小学、初中高学历教师比较

---

[1] 袁桂林. 中国农村教育发展指标研究 [M]. 北京：经济科学出版社，2009：131.

但从横向发展的水平比较来看，城乡教师的学历综合水平还存在较大差距。2003年农村小学高学历教师比例为35.83%，城市为64.40%，农村与城市相比差28.57%；农村初中高学历教师比例为17.66%，而城市为48.64%，农村比城市差30.98%。城市和县镇小学教师高一级学历教师比例明显高于农村。农村本科学历的教师更少，仅占农村教师总数的19.45%，而城市和县镇分别为50.57%和55.52%。[①] 然而，教师素质的实质性提高与教师学历的提高是不完全同步的，农村与城市教师的质量差距还比较大。

表4-1 2009年城乡小学教师学历合格率及专科以上学历教师人数[②]

区域	学历合格人数（人）	学历合格率（%）	高学历教师数（人）	专科及以上学历教师比（%）
农村	3267695	99.12	2216973	67.25
城市	928195	99.88	841811	90.59

注：小学教师合格学历为中等师范，专科及以上为高学历教师。

城乡中小学高学历教师的比例仍存在较大差别，农村小学教师为67.25%，城市为90.59%，城市比农村高23.34%；农村高学历初中教师为49.39%，城市为79.77%，城市比农村高30.38%。《全国教育事业"九五"计划和2010年发展规划》提出要"通过增补高学历教师等方式，逐步提高骨干教师比重"。义务教育阶段农村教师的高学历和高素质面临着双重提高的挑战。

表4-2 2009年城乡初中教师学历合格率及本科以上学历教师人数

区域	学历合格人数（人）	学历合格率（%）	本科及以上学历教师数（人）	本科及以上学历教师比（%）
农村	1288842	97.52	652736	49.39
城市	689680	99.41	553437	79.77

注：初中教师合格学历为专科，本科及以上为高学历教师。

---

① 江苏省教育厅档案. 江苏省中小学教师队伍基本结构现状分析报告. 2006-08.
② 教育部师范教育司. 中国中小学教师发展报告·2010 [M]. 北京：教育科学出版社，2011：50-51.

2. 农村优秀教师流失与不合格教师数量大增

在改革开放以来的 20 多年时间里，我们更多所见的是城市化进程的不断加快，以城市为中心的教育倾向以及发展重点校等政策导向使得城市与乡村的教师群体发生了历史性的结构变迁，"农村优质的教师资源在频频地向城市学校流动，其结果自然是壮大了城市教师队伍而弱化了农村教师队伍"[1]。

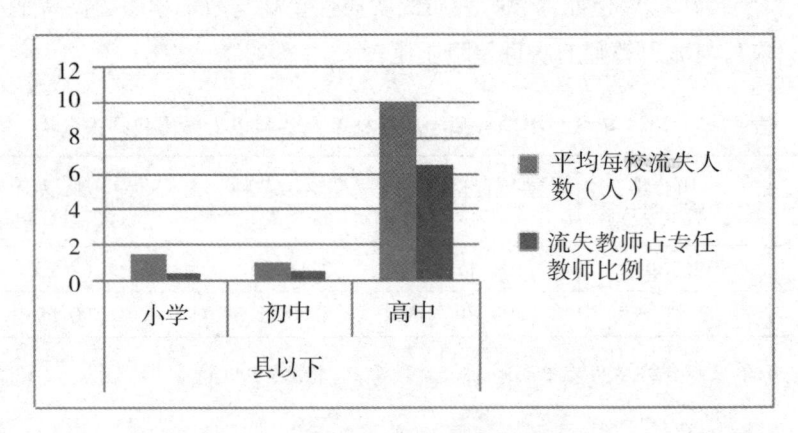

图 4 – 3　县以下中小学教师流失情况

由于优秀教师的流失，农村学校存在着不同程度拔高使用教师的情况，从而使得农村不合格教师数量大增，经济落后地区教师拔高使用情况较为严重，苏北的 SQ 市情况尤为突出。根据教师资格认定标准，SQ 市小学、初中、普通高中不合格教师人数占当地教师总数的比例分别是 5.7%、20.4%、27.1%，远高于江苏省不合格教师平均数。

农村教师全员培训的任务非常艰巨。农村公办教师数量不足，学科结构性缺编严重影响着农村义务教育的质量。农村大量优秀教师的流失，加上城市教师接受继续教育的机会远远高于农村，使得城乡教师的质量差距进一步拉大。2003 年全国小学代课教师多达 42 万人，其中绝大多数（39 万人）在农村。大量存在的有合格学历但没有编制的在岗农村代课教师成为我国继解决民办教师问题之后亟待解决的新问题。[2]

---

[1] 张乐天. 支持发展农村教育：历史使命与政策行动 [J]. 南京师大学报（社会科学版），2007（3）.

[2] 袁桂林. 中国农村教育发展指标研究 [M]. 北京：经济科学出版社，2009：118，130.

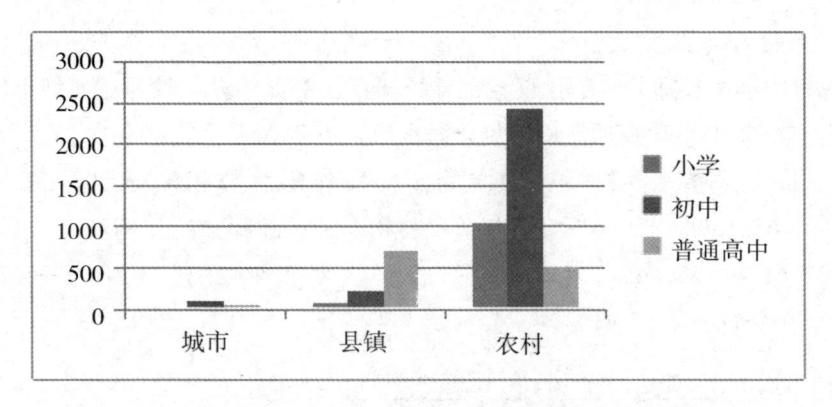

<<< 第四章 乡村教师全员培训的政策推进（2000至今）

图4-4 苏北SQ市城乡不具备合格教师资格人数比较

自教师资格认证制度实施以来，江苏省小学教师合格人数占小学教师总数的比例为96.83%，不具备小学教师合格资格的人数有6815人，乡镇及以下不合格人数为5353人，占不合格小学教师数的78.55%；初中教师有合格教师资格证的人数占初中教师总数的86.80%，不具备合格初中教师资格的人数有20246人，大部分集中在乡镇及以下为17673人，占不合格人数的87.29%；高中符合合格教师资格的人数占高中教师总数的82.46%，不合格教师资格人数有13151人，乡镇及以下人数有7582人，占不合格人数的57.65%。①

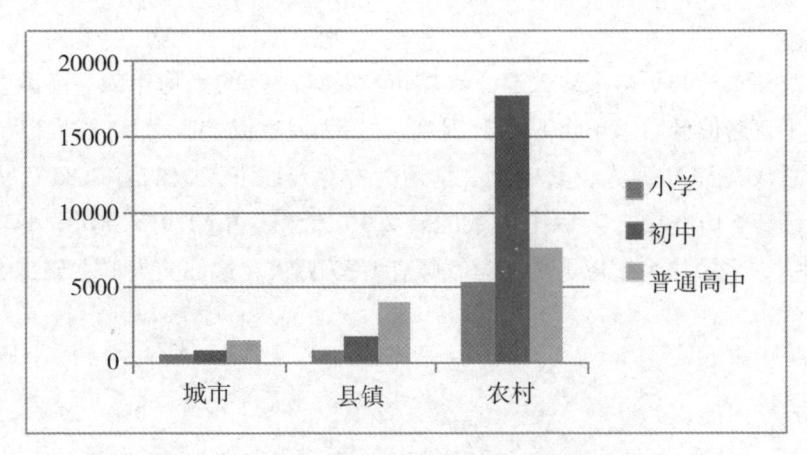

图4-5 全省城乡不具备合格教师资格人数比较

---

① 江苏省教育厅档案. 江苏省中小学教师队伍基本结构现状分析报告. 2006-08.

3. 乡村教师的老龄化

农村中小学教师的老龄化现象也日趋严重,中青年骨干教师相比城市较少。2006年江苏省中小学教师信息采集数据显示,30岁以下、31~40岁、41~50岁及51岁以上乡镇、乡村教师数与同年龄段教师总数相比分别占57.99%、50.50%、64.16%、73.45%。各年龄段占相同地区教师数的比例城市与县区分别为37.61%、37.66%、15.70%、9.02%,乡镇和农村分别为36.20%、26.79%、19.60%、17.41%。

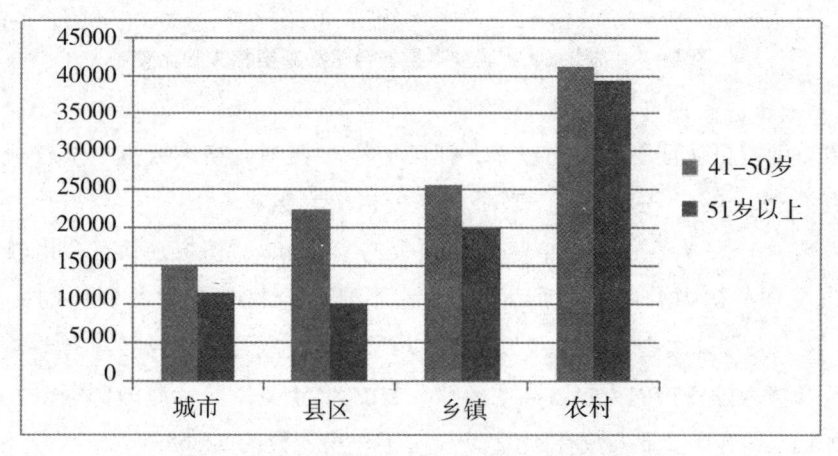

图4-6 城乡41~50岁、51岁以上教师情况

乡镇和农村的平均年龄普遍高于城市和县区教师的平均年龄,高龄教师的学历水平普遍偏低、学历水平提升困难。男57周岁以上、女52周岁以上的高龄教师总数有3.31万人,其中第一学历为中专及以下人数的有2.85万人,占86%;最高学历在中专及以下人数的有2.15万人,占64.9%,其中小学教师1.79万人,乡镇级乡镇以下的小学教师有1.37万人,这部分人群主要是农村学校的低学历者。

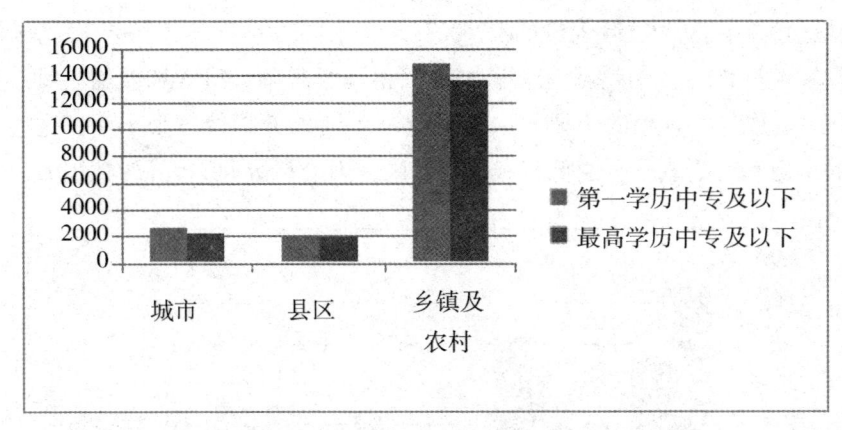

图 4-7 城乡 41~50 岁、51 岁以上教师学历情况

4. 农村教师职称偏低

教师职称是我国人事制度对教师工作水平、业绩进行综合评价、晋级的一种身份标识，是衡量一个地区或学校教师队伍学术水平或整体素质的重要指标。2006 年江苏省中小学高级职称教师占教师总数的 5.66%。乡镇及乡镇以下教师占全省中小学教师总数的 58.92%，但乡镇有高级职称的教师只占乡镇教师总数的 2.99%，农村有高级职称的教师仅占 1.75%。因而，乡镇及乡镇以下中小学教师的职称普遍比较低，与所占教师总量比例不符。

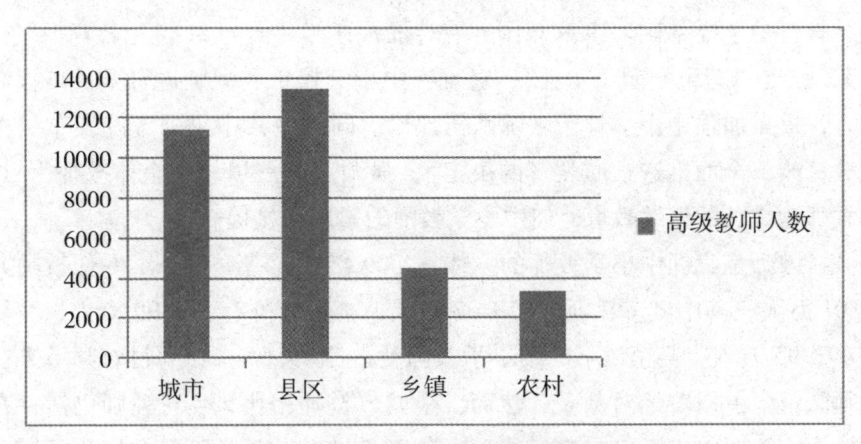

图 4-8 全省中小学高级教师职称情况

江苏省小学教师高级职称人数也远远低于中小学教师的平均水平，约为各类中小学教师数平均值的十分之一。小学中高级职称（小学中学高级）人数有

1911人，其中岗位为行政人员的有1027人（主要为小学的校领导），教师862人、教辅人员22人，小学高级职称总数只占小学教师、行政和教辅人员总数的0.67%。造成这一现象的主要原因是乡镇及乡镇以下学校多为小学，这些小学教师的学历和科研水平普遍低于城市和县区，因而高级职称人数也相应偏少。

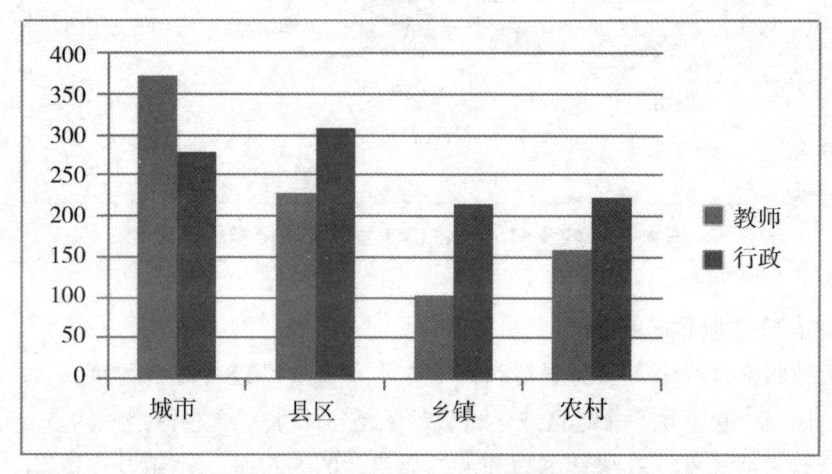

图4-9 全省小学教师、行政人员高级职称人数比较

（二）全面推进素质教育对高素质乡村教师的政策期待

基本普及九年义务教育和基本扫除青壮年文盲（简称"两基"）是全面推进素质教育的重要基础。1999年国务院转批教育部《面向21世纪教育振兴行动计划》，提出"跨世纪园丁工程"，对现有中小学校长和教师进行全员培训和继续教育，重点加强中小学骨干教师队伍建设。同年中共中央国务院发布《关于深化教育改革全面推进素质教育的决定》，强调"开展以培训全体教师为目标，骨干教师为重点的继续教育，使中小学教师的素质明显提高"。

乡村教师是我国中小学教师的主体。2009年我国普通中小学专任教师共有1064.01万人，其中城市教师有218.07万人，县镇教师有372.99万人，乡村教师有472.95万人，县镇以下的中小学教师就占比79.5%。[1] 乡村教师历来在整个教师队伍中占据着绝对数量，然而，跟城市教师相比，乡村教师仍然存在很大的差距，长期以来不仅在生活待遇上比不上城市教师，而且在职称评聘、编制设计、培训机会等方面也存在差距。以生师比为编制标准，一些村级教学点

---

[1] 杜晓利. 教师政策[M]. 上海：上海教育出版社，2012：1, 13.

生源少、规模小，教师编制短缺；乡村教师职称评聘存在"隐形天花板"。

建设高质量的农村教师队伍，是全面推进农村素质教育的基本保证。东北师大农村所2002—2003年调研报告显示，农村教师参加教师培训的机少、层次低、形式单一。北京师范大学2003年调研报告也显示城市教师在新教师培训、骨干教师培训、外语培训、教材教法培训、其他专题培训等方面获得的参训机会远远高于农村，农村教师参加职称培训、学历进修等培训的比例高于城市。这说明城市教师更注重教师内涵和高层次能力培训，而农村教师多接受与生存、晋职等外在制度规约的低层次培训。

表4-3 城乡教师接受培训的比例比较① 单位:%

	直辖市、省域	地级市、地区	县	乡镇	农村
新教师培训	71.9	73.7	58.3	62.5	37.5
职称培训	15.6	15.8	37.5	31.3	62.5
骨干教师培训	81.3	94.7	87.5	87.5	62.5
学历进修	90.6	94.7	95.8	93.8	100.0
全员岗位培训	53.1	78.9	66.7	62.5	87.5
外语培训	43.8	36.8	33.3	31.3	12.5
计算机培训	96.9	100.0	91.7	93.8	100.0
教材教法培训	96.9	94.7	75.0	93.8	75.0
其他专题培训	68.8	68.4	50.0	37.5	50.0
其他	12.5	5.3	0	0	0

扬州市通过自学考试、成人高等教育、国内外进修、研究生课程进修班等途径，鼓励教师不断学习新知识、掌握新方法，全面提高教师队伍素质。扬州市计划用5年左右时间培养20名名校长、40名名教师、200名学科带头人、3000名教学骨干，并使其中的一部分名师、名校长在省内外有一定影响。通过"名师名校长工程"，造就一支符合时代要求、在实施素质教育中能发挥示范带头作用的骨干教师队伍；壮大特级教师队伍，发挥特级教师表率作用；继续实施"青蓝工程"，为青年教师的进修提高创造条

---

① 北京师范大学教育学院"中国教育发展报告·变革中的教师与教师教育"课题组.2003年中国中小学教师教育现状调研报告.

件，为青年教师脱颖而出提供舞台，加快培养青年骨干教师和学科带头人。完善骨干教师培养选拔机制，构筑名师成长台阶。①

2002年来自全国26个省、市、自治区教育行政部门主管处室、培训（继续教育）中心及教师进修院校负责人200多人齐聚扬州教育学院、无锡市锡山教师进修学校和常州市武进区教师进修学校，更直接地了解了江苏中小学教师继续教育的现状和全面推进农村素质教育开展发展性办学的思路与建校模式。扬州教育学院是在师范教育体系变革中，由扬州师范学校、扬州市教师进修学校、高邮师范学校和扬州教育学院经两次合并而成，是一所专科层次的新型师范性质学校。该校办学围绕全面推进素质教育的目标，形成了职前与职后一体、师范与非师范并存、学历教育与非学历教育整合、小学教师教育与中学教师教育融通的办学格局；办学思想坚持突出师范性、强化适应性、创导复合性、注重创造性。这种联合、合并的形式是有利于教师教育资源优化组合、遵循教师终身教育规律、促进师范教育事业发展、全面提高教师素质、致力教师专业化发展的行之有效的办学模式。② 教师教育体系的开放整合为高素质教师的培养与培训开辟了新的道路。

2005年江苏省出台《关于加快建设教育强省率先基本实现教育现代化的决定》，强调"两基"实现后要加快建设高素质的教师队伍，率先建设高水平高质量的基础教育，建设教育强省。到2007年全省高水平高质量普及义务教育，基本普及高中阶段教育；到2010年，全省基本建立起比较完善的现代国民教育体系和终身教育体系；农村教育重中之重的地位得到巩固，城乡和区域教育差距进一步缩小，农村进城务工人员子女和社会弱势群体的受教育权利得到有效保障。

2007年江苏省义务教育阶段共有专任教师44.8万人，其中农村教师19.4万人，占比43.3%。大力加强农村教师培训，全面提高农村教师素质，成为江苏教育发展面临的一项艰巨而又紧迫的任务。2007年江苏省政府印发《关于进一步加强师资队伍建设的意见》（苏政发〔2007〕）125号），实施"农村教师素质提高工程"。"十一五"期间加大农村骨干教师培训力度，对全省农村义务教

---

① 扬州市档案馆.关于加强中小学师资队伍建设的意见（扬政办发〔2000〕66号），2000-05-26.
② 江苏省教育厅师资处档案.全国第九届小学教师继续教育研讨会纪要.2002-09-19.

育阶段教师普遍开展一次轮训,提高农村师资队伍整体素质。鼓励农村教师通过函授、自考、现代远程教育等形式,有计划有步骤地提升学历层次。根据苏北农村教育发展的实际需要,对紧缺学科师资进行定向培养,学生在校期间享受定向奖学金,毕业后按照定向培养协议到苏北农村学校任教。经济薄弱县可设立农村骨干教师岗位和岗位津贴,通过公开选聘、竞争上岗方式,稳定和吸引一批骨干教师扎根在农村任教。适当提高农村中小学中、高级教师职务岗位比例,以体现向农村学校的政策倾斜。

  实施素质教育,师资队伍建设是关键。就当前来讲,全县师资队伍与过去相比,整体上有了较大的改善,但是学校之间、教职工个体之间,无论是师德修养还是学识学风和实际教学业务能力还极不平衡,一些相对薄弱的学校,除了办学条件的差距,更多的还是队伍整体素质的差距,其中教师的师德水准、敬业精神的差距表现得尤为突出。①

建设一支高素质的农村教师队伍是扎实推进素质教育的关键。《面向21世纪教育振兴行动计划》明确提出要实施"跨世纪园丁工程",大力提高教师队伍的整体素质。计划用3年时间对中小学校长和专任教师进行全员培训。2010年前后,努力使小学和初中专任教师学历分别达到专科和本科层次,发达地区高中专任教师和校长获硕士学位者达到一定比例。

(三)实施中小学教师继续教育工程,启动乡村教师全员培训

1. 中小学教师继续教育工程与乡村教师全员培训目标的确立

根据《中共中央国务院关于深化教育改革全面推进素质教育的决定》《面向21世纪教育振兴行动计划》和第三次全国教育工作会议精神,教育部于1999年召开全国中小学教师继续教育和校长培训工作会议,印发了《关于实施"中小学教师继续教育工程"的意见》,部署实施"中小学教师继续教育工程",动员各级政府和教育行政部门建立健全中小学教师继续教育制度,形成中小学教师继续教育良性运行机制,全面推进素质教育。

为做好全国范围"教师继续教育工程"的组织协调工作,教育部师范司决定在北京教育学院设立中小学教师继续教育工程办公室作为"工程"指挥部,协助师范司在"工程"实施中的组织与协调,联系专家咨询委员会,组织国家级骨干教师培训,管理"工程"经费,对"工程"实施情况进行评估等。

---

① 邗江县文教局档案. 李保扬同志在2001年新春教育工作会议上的讲话. 2001-01-18.

"中小学教师继续教育工程"是"面向21世纪教育振兴行动计划"中"跨世纪园丁工程"的一个子项目,也是一项复杂而艰巨的工程,其复杂性和艰巨性表现在以下五个方面:[①]

(1)队伍庞大。据2000年统计我国义务教育阶段教师达970多万人,且大部分居住在农村;

(2)培训周期长。继续教育培训周期为每五年一轮训,见效慢;

(3)培训要有很强的针对性和实效性;

(4)培训方式有很大的灵活性和多样性;

(5)存在突出的工学矛盾。

为使继续教育不走过场,不流于形式,教育部印发了《中小学教师继续教育工程方案(1999-2002年)》,主要内容可以概括为五个一。

(1)一个工程目标。即面向全国中小学教师开展全员培训,以提高教师实施素质教育的能力和水平为重点,全面提高中小学教师的整体素质。

(2)一系列行动计划。包括新任教师培训,教师岗位培训,骨干教师培训,提高学历培训,计算机全员培训,培训者培训等。

(3)一批基础建设项目。包括中小学教师继续教育法规建设,中小学教师继续教育课程、教材建设,中小学教师继续教育网络建设,中小学教师继续教育监测评估体系建设。

(4)一套条件保障系统。包括指挥系统(中小学教师继续教育工程办公室),完善开放高效的培训系统(国家-省-市(地)-县-乡-校等各级培训机构),研究咨询系统(设在东北师范大学和上海教科院的中小学教师继续教育研究中心),监测评估系统等。

(5)一笔工程经费。包括中央专项资金和各级地方政府专项基金,多渠道筹措的经费等。

可见,全员培训是全面推进素质教育的一项系统工程,是对教师素质的全面要求和提升。《中小学教师继续教育规定》将提高教师实施素质教育的能力和水平作为中小学教师继续教育的重点。这些素质和能力涵盖思想政治教育和师

[①] 王金保. 积极推进中小学教师继续教育工程的实施——教育部师范教育司司长马立在"全国省级(含计划单列市)教育学院院长协作会议上的报告要点[J]. 北京教育学院学报,1999(10).

德修养、专业知识及更新与扩展、现代教育理论与实践、教育科学研究、教育教学技能训练和现代教育技术、现代科技与人文社会科学知识等各个方面。

2003年《国务院关于进一步加强农村教育工作的决定》针对"两基"攻坚的艰巨任务,强调把农村教育作为教育工作的重中之重。进而提出,实施"农村教师素质提高工程",切实保障农村教师培训经费投入,构建农村教师终身教育体系,开展以新课程、新技术、新知识、新方法为重点的新一轮教师全员培训和继续教育。

2007年国务院批转教育部《国家教育事业发展"十一五"规划纲要》(国发〔2007〕14号),强调实施农村教师培训计划,到2010年使中西部地区50%左右的农村教师得到一次专业培训。充分发挥现代远程教育在提高农村教师教育教学水平中的作用。加强民族地区"双语"教师和骨干教师的培养培训。

2010年是我国教育史浓墨重彩的一年。党中央、国务院召开了新世纪第一次全国教育工作会议,颁布了《国家中长期教育改革和发展规划纲要(2010—2020年)》。规划纲要把促进公平作为国家基本教育政策,把提高质量作为教育改革发展的核心任务,强调义务教育教师实行每五年一周期的全员培训。重点促进义务教育均衡发展和扶持困难群体,加快缩小教育差距,向农村地区、边远贫困地区和民族地区倾斜。以农村教师为重点,加强农村中小学薄弱学科教师队伍建设,提高中小学教师的整体素质。将教师培训经费列入政府预算,对专科学历以下小学教师进行学历提高培训,使全国小学教师学历逐步达到专科以上水平。

2011年是"十二五"教育规划的第一年,也是贯彻落实全教会和教育发展规划纲要的第一年。在中小学教师全员培训的背景下,在总结"十一五"教师培训工作基础上,教育部印发了《关于大力加强中小学教师培训工作的意见》,明确了当前和今后一个时期中小学教师培训工作的总体目标,即围绕建设高素质专业化教师队伍的目标,以农村教师为重点,以"国培计划"为抓手,推动各地有目的、有计划地对全体中小学教师实施分类、分层、分岗培训,构建开放灵活的教师终身学习体系,促进中小学教师全员培训。五年内对全国1000多万教师每人接受不少于360学时的全员培训;支持100万名骨干教师参加国家级培训;选派1万名优秀骨干教师赴海外研修培训;组织200万名教师进行学历提升培训;通过研修培训、学术交流、项目资助等形式,促进中小学名师和教育家的成长,全面提升中小学教师的整体素质和专业化水平。

全员培训、倾斜乡村的政策在《国家教育事业发展第十二个五年规划》（教发〔2012〕9号）中也得到了进一步体现："实行教师全员培训制度。实施五年一周期的教师全员培训。各地制订教师培训规划，以农村教师为重点，开展分层分类分岗培训。"中央财政支持国家级教师培训计划，主要支持乡村教师培训，到2015年对550万名中西部农村教师普遍开展一次培训。扩大外语、科学、音乐、体育、美术等紧缺薄弱学科教师培训规模，加强班主任、幼儿教师和特教教师培训。继续实施中小学教师教育技术能力建设计划，整合资源，加强县级乡村教师培训机构基础能力建设，形成区域性乡村教师学习与资源中心。落实公用经费5%用于教师培训的规定。中央和各级地方政府设立教师培训专项经费并纳入财政预算。

全员培训有赖于健全的教师培训项目管理制度、质量评估制度和完善的教师培训项目招投标机制。全员培训采取短期集中培训、带薪脱产研修、远程教育、海外研修、学术交流和校本研修等多种方式，推行教师培训与教师考核、教师资格再注册和职务聘任等制度相挂钩的机制。制定校本研修计划和管理制度。将学校业务骨干承担的培训任务计入本人工作量，并在考核评定、工资待遇中给予充分体现。

为改善乡村学校优质教师资源配置，形成"下得去、留得住、教得好"的乡村教育局面，国务院出台《乡村教师支持计划（2015—2020年）》（国办发〔2015〕43号），要求省级人民政府要统筹规划和支持全员培训，市、县级人民政府切实履行实施主体责任，全面提升乡村教师能力素质。到2020年前，对全体乡村教师进行360学时培训。把乡村教师培训纳入基本公共服务体系，确保乡村教师培训时间和质量。整合高校、县级教师发展中心和中小学优质教育资源，建立乡村教师校长专业发展支持体系。将师德教育作为乡村教师培训的首要内容，并贯穿培训全过程。利用远程教学、数字化课程等信息技术手段，全面提升乡村教师信息技术应用能力。加强乡村学校音体美等紧缺学科教师和民族双语教师培训。按照乡村教师的实际需求改进培训方式，通过顶岗置换、专家指导、送教下乡、网络研修、校本研修等多种方式，增强培训针对性和实效性。从2015年起，"国培计划"集中支持中西部乡村教师校长培训。鼓励乡村教师在职学习，提高学历层次。

着眼于推进义务教育优质均衡发展，实现县域校际资源均衡配置，《国家教育事业发展"十三五"规划》要求"落实中小学教师校长五年一周期不少于

360学时的全员培训制度，实施新一周期教师校长全员培训。"推动"一带一路"建设相关省区市教育合作，鼓励基于"互联网+教育"的学历与非学历继续教育，建立覆盖全国、互联互通、协同创新的数字教育资源公共服务体系，实现县域校际资源均衡配置。建立培训学分与教师管理结合的机制，构建教师培训学分银行，加强教师网络研修社区建设。加强县级教师培训机构能力建设，整合高等学校、县级教师发展中心和中小学校优质教育资源，完善中小学教师专业发展支持服务体系。

2. 江苏省推进全员培训、突出重点、倾斜农村的政策实施

"十一五"是江苏省全面推进素质教育，开展农村教师全员培训的重要时期。"十一五"期间，江苏省从英语、信息技术等薄弱紧缺学科开始不断加大对农村教师全员培训的力度。全省农村义务教育阶段英语教师培训是江苏省农村教师素质提升工程的重要项目。根据《省教育厅关于做好2006年教师培训工作的通知》（苏教师〔2006〕9号），"十一五"期间，江苏省每年为苏北农村每一所中小学免费培训1名英语教师，通过2—3年的培训，全面提升苏北农村中小学英语教师的教育教学能力和学历水平。2006—2007年，江苏省教育厅连续实施苏北农村英语教师素质提升工程，省财政拨款775.5万元用于苏北农村学英语教师集中培训，共培训3300人。2008—2010年江苏省分三个阶段对全省农村义务教育阶段英语教师进行免费培训，省财政投入3000多万元支持全省义务教育英语教师集中培训，实现人均集中培训1次目标。[1] 为增强培训的针对性和实效性，初中教师实行按年级分年度培训，小学教师按高、中、低三个年级段分年度培训。

2006年苏北农村中小学英语教师培训对象为徐州、宿迁、连云港、淮安、盐城五市县城以下有中小学教师资格、35岁以下的在编在岗英语教师。培训对象由各学校推荐，市、县教育局审核确定。苏北农村小学英语教师培训主要由苏北高等师范学校承担，苏北农村初中英语教师培训主要由本科师范院校承担。

---

[1] 江苏省教育厅档案. 对省政协十届一次会议第187号提案的答复（苏教案复〔2008〕97号）.

表4-4 2006年苏北农村中小学英语教师培训
各市名额分配及培训单位一览表

类别学科	合计	培训机构及培训人数	徐州	连云港	淮安	盐城	宿迁
小学英语	1500	徐州高等师范学校	210				
		运河高等师范学校	210				
		连云港高等师范专科学校		240			
		淮阴师范学院			240		
		盐城高等师范学校				120	
		阜宁高等师范学校				200	
		宿迁高等师范学校					280
初中英语	1500	徐州师范大学	420				
		淮阴师范学院			240		
		盐城师范学院				320	
		江苏教育学院		240			280
总计			840	480	480	640	560

2007年江苏省政府印发《关于进一步加强师资队伍建设的意见》（苏政发〔2007〕125号），强调要完善教师继续教育证书制度，实施每5年为一个周期的中小学教师继续教育，在职培训时间不少于240学时。"十一五"期间对全省农村义务教育师资基本轮训一遍，确保苏北农村学校教师每人至少接受一次有组织的培训。投入7000万元用于苏北农村中小学教师培训，包括苏北农村中小学教师素质提升培训、中小学骨干教师培训、教师国际合作培训、"校校通"工程信息技术教师培训等6大项共25个子项目培训，有4万多名各级各类学校教师参加了省级培训。在对苏北农村教师的专项培训中，特别针对农村小学英语教师匮乏的情况，江苏省给予了重点支持，为苏北每一所农村中小学培训一名英语骨干教师。

为全面推进中小学教师全员培训，江苏省对分级分层培训政策做出了进一步部署，中学教师和校长培训由省统筹规划，以省组织为主，主要安排在教师教育本科层次高等院校和国外教师培训基地进行。小学、幼儿园教师培训由各省辖市统筹规划，以市组织为主，主要安排在五年制高等师范学校进行。以学校为主体的研修活动由县（市、区）组织开展。江苏省农村教师素质提升培训、班主任培训及骨干教师培训等工作由省教师培训中心、省教育行政干部培训中心、省中小学教研室等协助落实,教师国际合作培训、"四项配套工程"教师培训、特殊教育学校校长培训由省教育国际交流服务中心、省教育装备与勤工俭学管理中心、省特殊教育师资培训中心协助落实,教育技术培训由省电化教育馆、南京师范大学现代教育技术中心协助落实。省电化教育馆负责完善省教师教育网的培训平台建设,为教师远程培训网络提供保障。

2008年江苏省启动了江苏省中小学高层次人才培养工程(简称"155工程"),实施优秀教师高级研修项目,主要包括三类优秀教师的培养,一是以省为主,省、市共同选拔培养100名左右中小学领军人才;二是以市为主,省、市共同选拔培养500名左右特级教师后备人才;三是以县为主,市、县共同选拔培养5000名左右学科带头人。培养周期为三年。经过培养,形成梯次合理的省市县三级中小学高层次人才体系,培养出一批在省内外有知名度的中小学教育专家,带动全省中小学教师队伍整体素质的有效提升。

江苏省推进中小学教师全员培训,坚持以新理念、新课程、新技术和师德教育为重点,实施农村教师素质提高工程、优秀教师高级研修和国际合作培训,重点培养一批特级教师和优秀中青年骨干教师,提高实施素质教育的能力和水平,发挥其示范作用。"十一五"期间江苏对全省农村义务教育阶段教师普遍开展了一次轮训,鼓励农村教师通过自考、函授和现代远程教育等途径来提升学历层次,加大农村骨干教师的培训力度,提高农村师资队伍的整体素质。"十一五"期间,江苏省每年重点资助1000名左右的骨干教师和校长出国进修。建立城镇教师支援农村教育制度,实施"千校万师支援农村教育工程",在全省遴选千所义务教育优质学校、万名骨干教师,与千所苏北农村薄弱学校实行"校对校"结对帮扶、对口支教。对到农村支教成绩突出的城镇教师在评聘高级专业技术职务或晋升时同等条件下予以优先。

为提升全省中小学教师的整体素质和水平,2009年江苏省教育厅印发《关于进一步加强中小学教师培训工作的意见》(苏教师〔2009〕1号),对2009—2012年全省中小学教师全员培训工作进行了全面部署,强调全员培训主要包括四种类型的培训,即新任教师培训、骨干教师培训、教师岗位培训、学历提升培训,省级重点实施骨干教师培训和专题专项培训。2012年底前,全省所有中小学教师接受一次省级培训,每个教师参加各级培训不低于240课时。

根据全面推进素质教育的要求,邗江县严格执行《中小学教师继续教育规定》，将继续教育与教师考核、聘用和资格认定结合起来，其中新任教师试用期内培训不少于120学时，教师岗位培训每5年不少于240学时。①为提高办学层次与水平，加快教育现代化进程，邗江县重视加强中小学教师自学考试的组织和管理，提高参考率、合格率和毕业率；动员教师参加各种形式的专升本函授教育，加快学历培训步伐，尤其是提高初中教师的本科率或双专科学历比例。高中教师在提高学历合格率的同时有一定比例教师参加研究生课程的进修学习。到2010年，全区幼儿园和小学、初中、普通高中、中等职业学校专任教师学历达标率分别达100%、98%、95%、90%；幼儿园、小学专任教师中具有专科以上学历的分别达70%和90%以上，初中专任教师中具有本科以上学历的达80%以上，普通高中专任教师中具有研究生学历（学位）的达10%以上，中等职业学校双师型教师占专业课教师总数的60%以上。②

江苏省省级培训项目优先安排乡村教师，大力实施乡村教师素质提升培训工程。2012年底前，每所农村中小学主要学科有1~2名骨干教师。建立城乡教师学习交流机制，扩大"送培到县"范围，选派城市优秀教师到农村学校指导教学活动，定期选派农村教师到城市优秀学校跟班学习。

《江苏省中长期教育改革和发展规划纲要（2010—2020年）》将每五年一周期的教师全员培训作为提高教师实施素质教育能力的重要制度。健全省、市、县（市、区）教师研修中心和计算机远程教育培训平台，加强省、市、县（市、区）、校四级教师培训网络建设。将提高教师业务素质和学历层次作为重点，对农村学校紧缺学科教师实行订单式培养或培训，2012年前对全省农村义务教育阶段和幼儿园教师进行一轮全员培训。

根据建设高素质专业化教师队伍的要求，江苏省在《关于"十二五"时期进一步加强中小学职业学校教师和校长培训工作的意见》（苏教师〔2011〕7号）中提出了以提高培训质量为主线，以提高教师师德修养、业务水平和校长管理能力为核心，以农村教师和校长、骨干教师和校长、"双师型"教师为重点，以完善省市县校四级培训体系为支撑，完善政策机制，全力推进教师培训，

---

① 邗江县教育委员会. 邗江县2000年教育工作要点（邗教发〔2000〕3号），2000-01-31.
② 邗江区人民政府. 区政府关于进一步加强教师队伍建设的意见（扬邗政发〔2006〕56号），2006-06-19.

<<< 第四章　乡村教师全员培训的政策推进（2000至今）

全面提高教师素质，为率先建成教育强省、率先实现教育现代化提供有力保障。全面落实全员培训，计划对全省66万幼儿园、中小学、职业学校教师和校长实施分类、分层和分岗培训，全面提升教师队伍的整体素质和专业化水平。每位教师在五年一周期的培训时间累计不少于360学时，并至少参加一次省级以上培训和两次市县级培训。

全员培训的重点是提高教师实施素质教育的能力和水平。邗江县以"新理念、新课程、新技术"为核心开展的新一轮中小学教师全员培训，突出了教师现代教育理论和现代教育教学技能培训，加强中小学教师教育技术能力考核，继续举办教师课件制作竞赛和现代教育技术演示活动。全员培训把中青年骨干教师作为培养重点，采取国际合作培训、到高校进修、到名校见习挂职、拜名家为师以及参加课题研究等多种培训方式提升中小学骨干教师的水平与能力。利用五年时间培养出100名左右在省、市有较大影响的、知名度较高的市级以上中青年专家、学科带头人和教学骨干，300名左右发挥带头和中坚作用的区级学科带头人，800名左右在全区教育教学中发挥骨干作用的优秀中青年教师，2000名左右的校级骨干教师。加强在职名优教师的考核与管理，打破校际及区域界限，发挥特级教师和骨干教师在教书育人、教育科研、培养青年教师、教育管理方面的示范辐射作用，促进全体教师确立先进的教育理念，全面提高全区教师队伍整体素质和教育质量。

为加强对教师全员培训工作的管理与引导，江苏省教育厅于2013年印发了《江苏省教师培训学时认定和登记管理办法》（苏教规〔2013〕1号），规定"教师培训以5年为周期，总学时不低于360学时，其中县级以上培训学时不少于180学时。"新任教师岗前培训实行单项认定和登记，1年内要完成120学时的培训。单项培训学时不足的，视为周期内未完成规定的培训学时。县级以上（含县级）教育行政部门的师资（人事）部门是本区域教师培训计划的制定者和管理者，负责计划、实施与考核、登记等工作。校本培训由所在学校按年度制定计划，报上级教育行政部门或指定的教师培训机构审查批准后实施。未经审查批准的培训项目不予认定培训学时。

近年来，乡村教育依然是我国教育的短板，乡村教师队伍依然是教师队伍建设的薄弱环节。为全面加强乡村教师队伍建设，缩小城乡教育差距，江苏省政府于2015年发布了《江苏省乡村教师支持计划实施办法（2015—2020年）》，推进新一轮教师全员培训计划，促进城乡一体、上下联动，建设国家、省、市、县、校五级教师培训体系。各级教师培训经费优先用于保障乡村教师培训，支持乡村教师和校（园）长助力工程。规范乡村学校新入职教师上岗培训，并将培训考核结果作为新教师转正定级、评聘初级职务的必备条件。推进县级教师发展中心建设，整合现有资源，确保到2020年所有县（市、区）均设有教师发展中心并达到省级示范标准，为区域乡村教师专业发展提供支撑。

为加大乡村教师培训力度，促进教师全员培训质量的提升，根据《教育部关于深化中小学教师培训模式改革全面提升培训质量的指导意见》和广大教师对优质培训的需求，江苏省教育厅和财政厅联合下发了《关于做好"十三五"中小学教师培训工作的意见》（苏教师〔2016〕1号），将乡村教师培训工作放在优先发展的战略地位，"高质量完成五年一周期教师全员培训任务"。全员培训确保每位教师5年内完成360学时培训，其中县级以上培训和校本培训各不少于180学时。启动乡村教师素质提升工程，实施乡村教师"领雁工程"，"十三五"时期为乡村学校培育500名领军校长、200000名中青年骨干教师后备人选、10000名学科带头人，形成一支本土化的乡村学校骨干教师队伍。《江苏省"十三五"教育发展规划》进一步强调了以高素质专业化教师队伍建设为目标，规范实施五年一周期教师全员培训制度，推进乡村教师领雁工程和助力工程，实行基于岗位的持续、混合、互助式培训，提高培训实效。

"十三五"期间，无锡市以业务能力建设为核心，推进中小学教师和校长全员培训，将师德教育和教师专业标准解读作为教师全员培训的重要内容，确保每位中小学教师五年内接受不低于360学时的在职培训，其中县级以上培训不少于180学时。以校本培训为基础开展新任教师岗前培训和在职教师岗位培训，其中，新任教师岗前培训时间不少于120学时。建设市、县两级乡村骨干教师培育站，通过集中研修、跟岗学习、岗位研修、网络研修等多种方式，为全市乡村学校培训不少于500名市级骨干教师后备人选、1000名县级骨干教师后备人选。

全员培训已不再是过去那种"教什么、学什么，缺什么、补什么"简单补课或学历补偿教育，实施"中小学教师继续教育工程"，就是要将中小学教师的继续教育从局部地区扩展到全国各地，从小学教师扩展到中学教师，从部分教师扩大到全员培训，使中小学教师继续教育进入全员培训的新阶段。

二、工程化推进：乡村教师全员培训的政策执行

（一）新课程师资培训：先培训，后上岗

世纪之交，我国启动新一轮基础教育课程改革，拉开了新一轮农村教师全员培训的大幕。1999年国务院批转教育部《面向21世纪教育振兴行动计划》，将基础教育课程改革作为"跨世纪素质教育工程"的一项重要战略举措。基础教育课程改革是涉及课程功能、结构、内容、实施、评价、管理等诸方面的整体改革，是全面推进素质教育、全面提高国民素质和民族创新能力的重要基础。《行动计划》提出2000年启动新课程实验，初步形成现代化的基础教育课程框架和课程标准，改革基础教育内容和教学方法，推行新的评价制度。经过10年左右的新课程实验，在全国推行21世纪基础教育新课程教材体系。

新课程改革为乡村教师全员培训注入了新的活力，提供了新的机遇。2001年《国务院关于基础教育改革与发展的决定》提出要加快构建符合素质教育要求的基础教育新课程体系，全面推进素质教育。要紧密结合基础教育课程改革，推进中小学教师继续教育工作。2001年教育部下发《关于开展基础教育新课程师资培训工作的意见》对新课程师资培训的政策目标、政策主体和政策实施等方面进行了原则规定，推进以"三新一德"（新理念、新课程、新技术和师德教育）为主要内容的中小学教师继续教育。

新课程师资培训的政策目标，一是组织学习教育部于2001年发布的《基础教育课程改革纲要（试行）》，在思想上增强实施新课程的自觉性和责任感；二是研究相关学科课程标准，重点学习课程目标、具体内容和评估要求等，掌握新课程实施的有效教学方法和手段，不断提高教师专业化水平。三是研究所教课程的新编教材，提高教师实施素质教育的能力和水平。

新课程师资培训的政策对象主要是广大的中小学教师，其次是各省（自治区、直辖市）从事新课程实验推广工作的教育管理者和培训者。"在新课程实验推广进程中，广大中小学教师是基础教育新课程实施的主力军"。[1] 各省（自治区、直辖市）成立有"基础教育课程改革实验工作领导小组"，这是新课程师资培训的政策枢纽——决策系统，而分工协作的省级分管师资培训和基础教育行政部门、教科研机构和电教等部门则是新课程师资培训的政策保障系统，为新

---

[1] 教育部. 关于开展基础教育新课程师资培训工作的通知. 教师〔2001〕2号, 2001-10-17.

课程实验推广工作的健康发展保驾护航。

新课程师资培训的一系列行动计划由各省（自治区、直辖市）在新课程实验推广规划中精心设计。第一层次的行动计划是由教育部直接组织的与国家基础教育课程改革实验区相关的部分教育管理者、培训者和骨干教师的一级培训。第二层次的行动计划是各省"领导小组"组织实施的国家基础教育课程改革实验区的其他人员培训。其他层次的行动计划则是各地方根据各省（自治区、直辖市）新课程实验推广规划，开展的分地区、分阶段、滚动式新课程师资培训。

新课程师资培训执行"先培训，后上岗；不培训，不上岗"的原则，即"各年级教师在实施新课程前都必须接受培训"。从省级实验区新课程教师培训开始，逐步扩大到省内其他地区的教师培训；从小学和初中起始年级任课教师培训开始，逐步扩展到其他各年级任课教师培训。2005年秋季开学前基本完成对中小学各起始年级新课程师资培训任务，2005年以后开展其他各年级中小学新课程师资培训工作。

新课程师资培训的经费政策采取以各级财政拨款为主，多渠道筹措经费的办法。经费计划单列，优先安排，重点保证。不得向教师个人收取新课程培训经费。各地新课程师资培训应在各级教育行政部门领导下，按照"领导小组"统一部署有计划地进行，防止乱办班，乱收费现象。

为促进新课程实验推广工作顺利开展，教育部于2004年印发《关于进一步加强基础教育新课程师资培训工作的指导意见》进一步进行了政策动员，要求各级教育行政部门"全力以赴做好新课程师资培训工作"，强调"教师是新课程实验推广工作的主力军，师资培训是新课程实验推广的关键环节"。在政策实施层面，要增强新课程师资培训的计划性、针对性和实效性，从拟进入新课程的教师培训抓起，有计划、有步骤地开展全员教师培训。根据新课程实验推广的要求，新课程师资培训要按照"边实验、边培训、边总结、边提高"原则，统筹规划、分区推进、分步实施，分阶段、滚动式进行。2005年秋季开学前基本完成义务教育起始阶段年级新课程师资的岗前培训任务，2007年秋季开学前完成普通高中起始年级新课程师资的岗前培训。新课程岗前培训原则上不少于40学时，未经过新课程岗前培训的教师不能承担新课程的教学任务。

在政策保障方面，新课程师资培训致力于建设资源共享、优质高效的教师培训体系。教育部设立"全国教师教育课程资源专家委员会"，负责规划、评审和推荐供全国范围使用的优质教师教育资源；积极支持"全国教师教育网络联盟计划"实施，大力加强县级教师培训机构建设，加强校本研修指导，共建优质教师培训资源网络体系。

2002年在南京召开的全国第九届小学教师继续教育研讨会强调在传统师范向教师教育转型过程中，基础教育课程改革是提高教师教育水平新的契机，提高小学教师专业化水平是新世纪我国教师教育的主要目标，要"以基础教育课程改革为契机，全面提高教师专业化水平"，关注教师的知识、技能、情意发展，促进教师从职业化走向专业化。要从提高教师学历层次和学位水平、深化教师教育教学改革和加强教师教育基地建设、以课程改革和教师专业化为中心，规划第二轮中小学教师继续教育工程，提高教师教育质量。

根据新课程师资培训的要求以及建设教育强省、率先基本实现教育现代化的迫切需要，江苏省教育厅于2002年印发《关于开展全省基础教育新课程师资培训工作的通知》（苏教师〔2002〕20号），全面启动基础教育新课程骨干教师省级培训，每期集中5天脱产培训36课时，2002年8月完成3000名骨干教师省级培训任务，计划用3年时间实行基础教育新课程体系，对全省60多万名中小学（幼儿园）教师开展分级分层、分期分批培训。

省级基础教育课程改革实验区部分培训者（包括教研员、教师教育院校教师）、教育管理者和中小学骨干教师的省级培训和国家级培训由省负责，省教育厅每年下达师资培训计划。省级基础教育课程改革实验区其他人员培训及非国家、省级实验区教师培训由各市组织实施。中小学校负责各类校本培训。各地新课程师资培训由各市"基础教育课程改革领导小组"组织，社会力量举办的各类新课程师资培训班须经市教育行政部门批准。共遴选了南京师范大学等22所高校和师范学校作为省级基础教育新课程师资培训基地。省级培训者培训、骨干教师培训时间均为8天，培训60课时，任课老师中至少要有一位本学科新课程标准专家组成员和一位参加过基础教育新课程国家级培训的教师。

为进一步提高教师实施新课程的能力和水平，推进义务教育课程改革，江苏省教育厅于2007年组织开展了义务教育新课程骨干教师省级提高培训，共安排5000人，其中初中语文、数学、英语、化学、综合实践活动5个学科2000人，小学语文、数学、英语、综合实践活动4个学科3000人。新课程省级培训采取了集中培训和"送培到市（县）"两种方式，其中小学集中培训1200人，初中集中培训1000人。集中培训安排在暑假进行，共5天40学时。"送培到市（县）"安排在秋季，主要面向苏北和苏中八市。为保证培训质量，授课人员以教研员和特级教师为主体，选聘优秀师资授课，将学科课程专家、优秀教研员和一线特级教师相结合。经考核鉴定，培训成绩合格者，由培训单位颁发《2007年义务教育新课程骨干教师省级提高培训（集中培训）合格证书》。

为保证省培项目的顺利实施，我们不厌其烦，通过邮件、短信、电话及书面通知等方式反复沟通，力争使每个学员能够按要求参训。培训开始前，成立了一支有经验责任心强的工作班子，负责培训期间各项工作的落实，从研修资料、学习用品、学员报到、食宿安排、课堂组织、学员考勤、专家接待、结业安排、培训简报等各个环节上精心安排，特别是我们将培训地点安排在S大学古老而又颇具深厚文化底蕴的本部校园，宿舍、教室、食堂在五分钟即可到达，方便了炎炎夏日学员的往返，保证了项目的顺利开展与实施。培训期间主动征询受训老师的建议和意见，及时调整有关内容，提高培训的针对性和服务的"以人为本"。①

基础教育新课程师资全员培训突显了农村教师培训政策的三个转变：一是由提高学历层次为主向提升教育教学能力的非学历培训为主转变；二是由传统的低层次培训教学向以网络信息化为主要标志、立足教师发展的现代化培训教学转变；三是由面向部分教师为主向面向全体教师为主转变。

（二）教师网联计划：面向全员、突出骨干、倾斜农村

1. 全国教师教育网络联盟计划的推出

2003年国务院召开全国农村教育工作会议，决定实施农村中小学现代远程教育工程，促进城乡优质教育资源共享，全面提高农村义务教育质量。为支持"两基攻坚计划"和"农村远程教育工程"，根据《2003-2007年教育振兴行动计划》关于"实施全国教师教育网络联盟计划，开展新一轮中小学教师全员培训"要求，教育部印发了《关于实施全国教师教育网络联盟计划的指导意见》（教师〔2003〕2号），提出了坚持"面向全员、突出骨干、倾斜农村"原则，以"新理念、新课程、新技术"和师德教育为重点，开展新一轮中小学教师全员培训，为全面提升农村教师队伍的整体素质，全面推进素质教育提供保障。为加强对全国教师教育网络联盟的领导，确保"全国教师教育网络联盟"计划顺利实施，教育部于2003年成立了由教育部副部长任组长的"全国教师教育网络联盟"工作领导协调小组。

---

① S大学档案.S大学2011年省级教师培训工作总结.2011-12-01.

实施全国教师教育网络联盟计划的政策目标，是以信息化推进教师继续教育的现代化，构建"天网、地网、人网"有机结合、共享优质培训资源的农村教师培训体系，利用卫星电视、计算机网络学习等现代教育技术，大规模、高水平、高效率、高质量地开展全国中小学教师的学历提高培训、非学历提高培训和教师资格认证课程培训等，构建灵活开放的教师终身学习新体系。

实施教师网联计划是提高教师队伍素质，尤其是农村教师队伍整体素质的迫切需要。这是教师网联计划出台的政策动因。教师素质是全面推进素质教育、全面提高基础教育质量的关键。农村教师的整体素质和专业化水平是基础教育改革成败关键。我国农村中小学教师学历整体水平和专业化程度都比较低，难以适应全面实施素质教育的需要。尽快提高农村中小学教师的素质，实施教师网联计划是我国农村教育改革发展的迫切要求。

提高教师整体素质的重点和难点在农村。由于农村地域广大、居住分散、工学矛盾突出、经费不足使农村教师培训面临着极其复杂的环境和困难。因而，借助现代远程教育手段，创建教师网联门户网站，与"校校通"、农村中小学现代远程教育相结合，打破时空阻隔，让不同地区的农村教师共享优质教师教育资源，成为大规模开展中小学教师继续教育，全面提高农村教师整体素质的有效途径。

全国教师网联计划有一系列政策行动计划，按照总体规划、分步实施、重点突破、全面推进的方针，分"三步走"：

第一步：教师网联以参加远程教育试点的师范大学和中央广播电视大学等首批试点单位为主体，尽快建立管理规范和技术标准，形成标准化开放的公共服务平台，构建共建共享优质教育资源的教师教育协作组织。发挥教师网联优势，重点面向农村，实施中小学现代远程教育工程，通过光盘教学、网络教育、卫星电视教育等多种途径因地制宜地开展各种教师学历教育和非学历培训，共享优质教育资源，大幅度提高中小学教师的整体素质。

第二步：将教师网联扩大到符合条件的省属师范院校和举办教师教育的综合性大学，在更大范围内整合优质教师教育资源，形成以区域教师学习与资源中心为支撑的现代公共服务体系。完善教师网联的管理制度与运行机制，不断提高教师网联办学质量、规模和效益。

第三步：全面实施教师网联总体规划，将各种教育形式与教师网联衔接与沟通，形成有时代特征和中国特色的教师终身学习体系，实现教师网联总体目标。

2004年教育部推出《关于加快推进全国教师教育网络联盟计划组织实施新一轮中小学教师全员培训的意见》（教师〔2004〕4号），强调"加快推进教师网联计划，实施新一轮教师全员培训是加强中小学教师队伍建设的紧迫任务"，也是大幅度提高教师队伍，特别是农村教师队伍整体素质的有效途径。教师网联计划包括以下四个层次的网络联盟建设：

（1）建设全国教师教育网络联盟。在教育部支持下，以部分现代远程教育大学为试点，逐步吸纳其他开展远程教师培训的教育机构参加。全国性"教师网联"致力于行业技术标准和成员间互联、互通工作机制的建立，完善教学质量管理与监控制度，加快计算机远程教育平台和门户网站建设，开发远程教师学历培训和非学历培训课程资源库，实现优质课程资源共建共享，建设校外公共服务体系和校外学习中心，构建上下贯通的教师培训体系。

（2）建设区域性教师教育网络联盟体系。省级教育行政部门是各地推进教师网联计划、开展教师培训的责任主体。要根据全国教师网联计划推进新一轮教师全员培训的总体部署，研究制定本地区的具体计划并组织实施。

（3）推进县级教师培训机构改革与建设，构建多功能区域教师学习与资源中心。县级教师培训机构是教师网联不可或缺的有机组成部分。县级教师进修学校要与县级电教、教科研、电大工作站等相关机构进行资源整合，优化资源配置，形成合力，构建上挂高等教育机构，下联中小学校具有"多功能，大服务"的县级教师学习与资源中心，形成"教师网联"校外学习中心（点）和公共服务体系。

（4）建立校本研修制度，推进学校内部学习型组织建设。校本研修是教师网联计划的基础，是教师全员培训的重要辅助途径。教师网联与中小学相互沟通的机制，为校本研修提供了快捷便利的培训平台和优质课程资源支持。

全国教师网联计划按照"面向全员、突出骨干、倾斜农村"的方针，以新理念、新课程、新技术和师德教育为重点推进新一轮中小学教师全员培训，2003-2007年全国教师网联推出的中小学教师全员培训计划主要有：

（1）实施1000万中小学教师新一轮全员培训。以实施教师网联计划为依托，以"新理念、新课程、新技术和师德教育"为重点开展新一轮中小学教师全员培训，使每位教师接受不少于240学时的在职培训，提高教师的师德水平和业务素质。

(2) 实施 200 万中小学教师学历学位提高培训,提升全国教师学历学位整体水平。到 2007 年底,全国小学教师专科以上学历者提高到 70% 左右;初中教师本科以上学历者提高到 50% 左右;高中教师在学历达标基础上,研究生学历者达到一定比例。

(3) 实施 100 万骨干教师培训,形成全国中小学骨干教师梯队。组织实施以提高实施素质教育能力和水平为重点的中小学骨干教师培训、国家级新课程培训者培训、中小学骨干教师专项培训,发挥骨干教师在基础教育教学改革中示范作用。

2. 全国中小学教师教育技术能力建设计划的政策推进

信息技术应用能力是信息化社会教师必备的专业能力,为加快推进全国教师网联计划,教育部制订了《中小学教师教育技术能力标准(试行)》,推行全国统一的中小学教师教育技术能力建设计划,推进教师教育技术培训与考试认证体系建设,开展以信息技术与学科教学有效整合的教育技术培训,全面提高广大教师实施素质教育的能力水平。在部分省份先行试点基础上,2006 年开始在全国范围推开。到 2007 年底,各省(自治区、直辖市)采取多种途径和方式,组织绝大多数中小学教师普遍参加不低于 50 学时的教育技术应用能力培训,进而参加国家统一的教育技术能力水平考试认证。

在政策保障方面,该计划提出要加强教师教育技术培训基地建设,建设国家、省、市(地)、县(市、区)四级培训体系。加快推进全国教师网联计划,实现"人网、天网、地网"合一,加强与其他相关培训的衔接与整合,制定免修或学分互认办法,减少重复培训,提高培训效益。根据《中小学教师教育技术培训基地评估标准》,在对各级培训基地评估认定基础上,有计划、有步骤地开展各级教育技术骨干培训者和骨干教师培训。

为全面提升教师信息技术应用能力,针对各地在开展教师信息技术培训过程中存在的项目分散、模式单一、标准不全、学用脱节等突出问题,教育部于 2013 年印发《关于实施全国中小学教师信息技术应用能力提升工程的意见》(教师〔2013〕13 号),强调要完善顶层设计,建立教师信息技术应用能力标准体系,计划到 2017 年底完成全国 1000 多万中小学(含幼儿园)教师新一轮提升培训,包括教师的信息技术应用能力、学科教学能力和自主专业发展能力。各地将信息技术应用能力培训作为教师和校长培训的必修学时(学分),每五年原则上不少于 50 学时。教育部整合信息技术应用能力相关培训项目,试行教师培训学分管理，进行信息技术应用能力培训学分认定，推动学分应用，激发教师参训动力。发挥该培训项目示范引领作用，推动"英特尔未来教育""乐高技术教育创新人才培养计划""微软携手助学""中国移动中小学教师信息技术能力培训"等项目与教师培训的融合，通过培训骨干培训者、提供课程资源、共建培训平台等方式，扩大优质教育资源辐射范围。

为加强对各地开展教师信息技术应用能力培训工作的指导，规范中小学教师信息技术培训，2014年教育部发布《中小学教师信息技术应用能力标准（试行）》，要求地方各级教育行政部门将信息技术应用能力提升纳入教师全员培训，充分发挥《能力标准》的引领和导向作用，开展教师信息技术应用能力测评，完善推动教师主动应用信息技术的机制，为教师专业自主发展奠定基础。

省级教育行政部门是组织本地区中小学教师信息技术应用能力全员测评的政策执行机构。通过建立网络测评系统，教师可以在网上进行自测，模拟情境测评，找准短板，明确自身不足，有针对性地开展校本研修，从而实现以评促学、以评促用的政策成效。各地根据测评数据及时调整提升工程实施计划，促进全体教师应用能力的提升。

实施全国中小学教师教育技术能力建设计划，是全面推进素质教育，促进基础教育课程改革，加快教育信息化，提高教育质量的迫切需要；也是建设专业化教师队伍，促进教师专业发展的必然要求。建立一套权威、规范的中小学教师教育技术标准、培训、考试、认证体系，对于规范教师教育技术培训管理，促进信息技术与教学整合，提高教师实施素质教育的教育教学能力和水平具有重大意义。

3. 江苏省教师信息技术能力提升工程和教师网联计划的政策实施

在各地教师现代教育技术培训基础上，教育部确定江苏为全国首批实施省份之一。2005年江苏省教育厅印发《关于组织实施中小学教师教育技术能力建设计划的通知》（苏教师〔2005〕17号），要求各地将已经实施、正在实施和即将实施的相关项目纳入国家教育技术能力建设中统一实施，不再对参加信息技术培训的教师发放相关证书，对参加国家考试成绩合格者统一颁发证书。根据省考试院要求，从2007年起，除按文件规定可以免予培训的以外，其他参考教师都必须接受相关培训，并通过质量监控与过程性评价系统认定方可获得参考资格。

教师应用教育技术能力水平考试实行与教师资格认证、教师职务晋升挂钩的国家考试认证制度，从2007年起，凡晋升高一级教师职务，须取得教育技术能力初级证书。对1963年12月31日后出生的女教师和1958年12月31日后出生的男教师来说，取得初级教育技术能力证书是晋升高一级职称的必备条件和任期考核的重要方面。支持35岁及以下的年轻教师，参加中、高级教育技术能力考试并获得相应证书，进而形成鼓励广大教师不断提高自身教育技术应用水平的动力机制。

为推进全省中小学教师教育技术培训，江苏省建立了市、县两级培训基地，其中，县（市、区）基地主要承担初级水平培训，市级基地承担初、中级水平培训。市级培训基地一般设在市电化教育馆和市现代远程教育中心，各市（县）培训基地由市教育局认定，每市（县）设立1—2个基地。

根据"缺什么，补什么"的原则，江苏各地运用多媒体和网络条件，对教师普遍开展了不低于50学时的教育技术培训。培训、考核均以《中小学教学人员（初级）教育技术能力考试大纲》和《中小学教学人员（初级）教育技术能力培训大纲》为基本内容。市级培训基地的培训方式主要有两种：（1）"3+X"式培训，由市电化教育馆组织"3+X"集中培训，即集中培训3天，加网站学习或自主学习X天（26教时以上），取得考试资格认定；（2）网络培训，由市现代远程教育中心组织，依托北京大学开发的《中小学教师教育技术能力建设计划远程培训课程》，以网络教学为主，加以混合式教学方式开展培训。

教师教育技术能力水平培训和国家考试计划用2年时间，使90%以上的教师取得初级教育技术能力证书，进而启动中级及以上教育技术能力培训工程。按照教育部"总体规划、分步实施、学用结合、注重实效"的要求，盐城市盐都区自2006年秋季学期开始对中小学分管校长、教技处（教科室）主任、信息技术课教师分两期进行了区级骨干教师培训，同时也启动了各学校教师教育技术能力校本培训。2007年各等级教师教育技术能力培训与考试正常化，2008年底完成全区中小学初级能力培训及考试工作，全区中小学适龄教师都取得了初级及以上教育技术能力考试合格证书，20%以上获得中级及以上证书。

为推进中小学教师教育技术培训和教师网联计划，江苏省教育厅于2007年3月下发了《省教育厅关于实施江苏省教师教育网络联盟计划的通知》（苏教师〔2007〕4号），决定成立"省教师网联计划协调指导小组"，并建成了"江苏教师教育"门户网站。协调指导小组由江苏省教育厅分管师资工作的厅领导及相关处室负责人、各大市教育局分管师资工作的领导及有关院校分管领导组成，负责协调并指导教师网联计划的全面实施。协调指导小组办公室设在省教育厅师资处。"江苏教师教育"门户网站作为实施教师网联计划的硬件载体，遵循公益性、专业性、服务性的原则，是教师自主学习的教师继续教育公共服务平台。网站建设由省师训中心、省高校师培中心、省电化教育馆分别负责运行和维护。各市教育局确定1个市级教师培训机构（单位）或市属师范院校作为教师网联核心成员单位。相关高校自愿申报，经审批后成为核心成员单位。各教师网联单位承担相关资源建设任务和培训项目的教学管理工作。

江苏教师教育网的开通，推动了江苏以高师院校和高水平教师培训机构为核心，全省中小学广泛参与，共建共享优质教育资源的新型教师教育网络联盟建设。2007年7月，江苏省教育厅以江苏教师教育网为平台先行在徐州、南通开展了中小学教师教育技术和班主任网络培训试点，验证网站的可靠性和培训平台的适用性，为后续大规模、有组织、有计划的教师网络培训开展积累了经验。

在总结试点经验的基础上，江苏省教育厅印发《关于在全省组织开展中小学教师网络培训工作的通知》（苏教师〔2007〕10号），决定从2007年起，启动中小学教师教育技术和班主任网络培训项目，推动全省教师网络培训组织管理体系建设，鼓励各地利用江苏教师教育网培训平台和优质网络培训课程开展教师培训工作。中小学教师教育技术网络培训主要利用江苏教师教育网提供的教育技术网络课程开展培训，一则可以减轻培训经费的压力，二则可以扩大培训规模，从而提高培训质量，全面提升教师有效运用教育技术的能力。根据《省教育厅关于实施江苏省中小学班主任培训计划的通知》（苏教师〔2007〕5号）精神，中小学班主任省级网络培训按每个县（市、区）培训100名中小学班主任规模安排培训经费，全省共培训10600人。县级以上教育行政部门通过江苏教师教育网开展的中小学教育技术和班主任网络课程培训，均计入教师继续教育学时。

2012年江苏省教育厅开发了江苏中小学教师培训信息管理系统，在苏州等地进行了试用。2013年全省省级培训项目的计划下达、任务分配、学员报名、学时认定、培训考核、证书打印及满意度调查等工作均进入网络管理系统。各市、县（市、区）及学校组织的培训也根据《江苏省中小学教师培训学时认定和登记管理办法》，逐步实现网络化登记管理。苏州市、常州市、南通市，丹阳市、南京市玄武区、建邺区开展了教育部网络研修社区试点，为全省教师网络社区研修建设探索经验。

网络培训是江苏省扩大教师培训规模,推进不同地区、不同类型、不同层次学校教师共享优质教师教育资源,提高教师培训效益的重要途径。鼓励各市、县(区)承担县域内教师培训的组织管理和协调服务等工作,在全市范围内组建以优秀教师、教研员、专家为主体的高水平辅导员队伍;以县、校为主建立管理员队伍,加强培训管理和沟通;鼓励中小学校把网络培训和校本研修相结合,为教师参加培训提供便利;偏远地区学校,以县或乡镇中心校为基地,相对集中地开展教师培训。

为推动信息技术与教师培训的深度结合,实现教师培训的常态化,江苏省教育厅于2014年在第一、二批省级示范性教师发展中心基础上,设立了11个"江苏省中小学教师信息技术应用能力提升工程创新实验区",支持每县(市、区)30万元培训经费。各实验区通过建立名师工作室、教师工作坊等网络与实体结合的多元化小组学习、团队合作,形成教师信息技术应用能力培训成果制作、遴选、展示、评价和表彰机制,为工程的全面开展积累经验。省电教馆与省中小学教职工信息管理系统对接,推进实验区教师网络学习空间建设,各示范区参加中小学教师信息技术应用能力提升工程培训的人数不低于当地教师数的20%,培训项目纳入省级项目管理。

2015年江苏省印发《关于实施全省中小学教师信息技术应用能力提升工程的意见》(苏教师〔2015〕3号),大力全省推进中小学教师信息技术应用能力提升工程。根据教育部教师信息技术应用能力标准、培训课程标准和能力测评指南,江苏省从2015年到2017年,采用信息技术培训新模式,对全省中小学(含幼儿园)教师按年度、分层次组织不少于50学时的专项培训。帮助教师掌握应用信息技术优化课堂教学、转变学习方式的能力,培养主动运用信息技术实现专业自主发展的能力,推动教师在课堂教学和日常工作中有效应用信息技术,促进信息技术与教育教学深度融合。2015—2017年,各地按照教师总数的30%、30%、40%比例分年度完成全员培训工作。

全员培训根据教育现代化建设要求和分级办学、分级管理的原则,建立帮扶激励机制,加快整合师训、电教、教研等部门的资源和力量,建设教师发展中心。县级教师发展中心对校本研修进行检查指导,推动农村教师主动将信息技术应用于教育教学。2012—2013年认定的11家省级示范性教师发展中心所在县(市、区)为"提升工程"创新试验区。创新试验区在工程实施过程中,在培训形式、队伍保障、资源建设、校本研修等方面不断改革创新,构建当地教师专业发展的支持服务体系。

为保障提升工程顺利实施,江苏省教育厅成立了工程领导小组,组长由省教育厅分管师资工作的厅领导担任,成员由省教育厅师资处、基教处、财务处、省教育行政干部培训中心、省教师培训中心、省电教馆、省教研室等部门负责人组成。省电化教育馆负责提升工程的平台建设、日常管理和考核评估等工作。省教育行政干部培训中心、省特殊教育师资培训中心、省电教馆、省教师培训中心负责实施农村教师省级培训和一定规模的骨干教师培训,支持各地区使用江苏教师教育网平台和课程资源免费开展中小学教师全员培训。各地也可借助中国教师研修网、全国中小学教师继续教育网、全国中小学教师网络研修平台、中国教师网等社会化资源开展全员培训。

工程实施期间,各地原则上不再开展其他信息技术专项培训。2014年参加过"英特尔未来教育""微软携手助学""中国移动中小学教师信息技术能力培训""乐高技术教育创新人才培养计划""电教骨干教师培训"和"中小学校长教育信息化领导力培训"以及2014年省级培训确定的11个提升工程创新实验区开展的试点培训、微课制作等培训项目,且达到50学时要求的,认同完成"提升工程"专项培训。没有达到50学时的,则继续参加培训,达到培训学时要求。

(三)"国培计划":示范引领、培育"种子"教师

1. 2007—2009年支持中西部农村教师国家级培训计划

在推进全国教师教育网络联盟计划,完成新一轮中小学教师全员培训基础上,教育部把教师队伍建设特别是提高农村师资水平放在了更加突出的战略地位,2007年暑期开展了援助西藏、新疆教师培训和西部农村教师国家级远程培训"三项计划",2008年又提出进一步创新培训模式,委托上海等东部省市和陕西师范大学等高师院校,采取专项支持和"对口支援"相结合的方式,分别对云南等西部省区中小学骨干教师进行有针对性的培训。教育部主要支持专项有以下两大类:

(1)委托上海市对口支援云南省、江苏省对口支援西藏自治区、浙江省对口支援新疆维吾尔自治区和新疆生产建设兵团、广东省对口支援广西壮族自治区,采用"送培到省""送教上门"方式,为受援省区培训7000名骨干教师。

(2)委托陕西师范大学对口青海省、西北师范大学对口甘肃省,通过"送

培到省"和"送教上门"方式,为两省培训3000名骨干教师。

"对口支援"采取了集中培训与远程培训、光盘培训相结合的方式。援助省份和培训院校将培训资源同时制作成光盘发送受援省份农村学校,并通过卫星电视和网络等远程教育培训受援省50万左右农村教师,共享优质教育资源。

教育部支持西部边远地区骨干教师培训专项计划要求援助省市和有关师范大学根据素质教育和基础教育课程改革要求,针对受援省农村教师需要设计培训计划;遴选课改专家和中小学教育教学一线优秀教师授课,其中,中小学特级教师和优秀教师不少于70%;发挥援助省重点师范大学及其附属学校师资和教学资源的优势;培训讲学团由援助省市教育行政部门负责同志带队。

2008年教育部不断加大对中小学教师特别是中西部农村教师培训的支持力度,并要求各地认真贯彻财政部、教育部《关于印发〈农村中小学公用经费支出管理暂行办法〉的通知》(财教〔2006〕5号)精神,"按照农村学校年度公用经费预算总额5%安排教师培训经费",专款专用,落实到位。在实施国家级培训计划过程中,不得向教师个人收费。

2009年中央财政继续加大对中小学教师培训的支持力度,重点加强农村教师培训,提高教师队伍的整体素质和教育教学能力。根据《2009—2012年中小学教师国家级培训计划》总体部署,教育部于2009年继续开展了中小学教师国家级培训计划,重点对中西部22个省(区、市)11000名中小学骨干教师进行60学时的培训。平均每省(区、市)500名。其中,县以下小学和初中骨干教师不少于70%,县以下高中骨干教师不少于50%。

2009年"国培计划"共分8个项目,包括中西部地区中小学骨干教师培训项目、边境民族地区中小学骨干教师培训项目、中西部农村义务教育学校教师远程培训项目、普通高中课改实验省教师远程培训项目、培训者培训项目、援助地震灾区中小学教师培训项目、援助地震灾区中小学教师培训项目、中小学体育和艺术教师培训项目、知行中国——中小学班主任教师培训项目,采用集中培训与远程培训方式,共有45万名来自全国的中小学教师接受了培训,其中,县以下农村中小学教师约37万名,占82%左右,覆盖了全国31个省(自治区、直辖市)600多个县。

作为"国培计划"的职能部门,教育部师范司承担着这一培训的组织、实施与管理工作。为保证国家级培训计划顺利实施,教育部师范司对"国培计划"采取了项目管理的方式,设立了专门的"国培计划"项目办公室,根据项目性质与培训方式,又分设了"中小学教师远程培训""中小学骨干教师培训"和"知行中国—中小学班主任教师培训"三个子项目执行办公室。在项目设计上重点向中西部农村地区倾斜,82%的参训教师来自县及县以下中小学。

"国培计划"依托高水平师范院校,整合和开发优质培训资源,组建高水平专家团队,以"送培到地(市)"为主、集中培训的方式,实施骨干教师研修培训。原则上,省级优质培训资源、省域外优质培训资源和当地优质培训资源各占1/3。组建的培训专家团队中,来自全国各地中小学教育教学一线的特级教师和优秀骨干教师不得低于50%。

在培训内容上,"国培计划"主要围绕全面实施素质教育和推进基础教育课程改革的政策目标,根据教师队伍的实际需要,以问题为中心,以案例为载体,坚持理论与实践相结合,总结研究教育教学经验,帮助学员解决教育教学过程中遇到的实际问题。培训重点包括师德修养,素质教育的理论与实践,现代教育技术的应用,有效教学方式方法和教师专业发展。

在培训质量保障方面,教育部要求各地在自愿申报、地方遴选和专家评审基础上,遴选有条件的高水平师范院校和综合性大学承担"国培计划"相关任务。2009年共选择了60多所师范院校,根据各自学科优势,分片区承担了不同学科培训任务。教育部对参与培训的人员先行进行了专门培训,加强对培训过程的监管与评估,研制了项目经费开支标准及管理办法,严格执行拨款程序和预算决算制度,确保专款专用。教育部拨专项经费支持,项目经费主要使用方向包括学员在培训期间的培训费、资料费、食宿费和交通费补贴等。通过建立网络信息管理门户网站,将过程评估与结果评估相结合、实地调研与网络匿名评估结合的评估办法,促进培训质量提高。教育部师范司派出了3个调研小组,分赴6个省市对承担培训任务的部分师范院校进行了实地调研,总结经验教训,寻找培训中存在的不足,以更好地开展后续培训工作。

2. 2010—2014年中小学教师国家级培训计划

2010年教育部、财政部联合印发《关于实施"中小学教师国家级培训计划"的通知》(教师〔2010〕4号),对2010—2012年"中小学教师国家级培训计划"进行总体部署,重点支持中西部农村教师培训。这是《国家中长期教育改革和发展规划纲要(2010—2020年)》颁布后启动的第一个教育发展重大项目。贯彻落实全国教育工作会议和教育规划纲要,"要以农村教师为重点,全面推进教师全员培训"①，以此来推进义务教育均衡发展。

今年国家划拨教师培训专用资金，实施中小学教师国家级培训计划。作为一名民族贫困地区的普通教师，非常幸运能够赶上这场举世瞩目的国家级培训。本人长期在农村学校任教，也多年从事教学研究和师资培训工作，周围的老师大多没有走出县城，也很少有参加高规格培训的机会。有老师说，身在大山，时常有一种被遗弃的感觉，被时代和知识遗弃。可以说，大山之中的乡村老师们的知识储备比较薄弱，更为严重的是，好多缺乏自主学习的劲头，如果继续下去，很难实现让教师成为学习型组织的领跑者这一目标。本次国培计划，就像朱自清先生笔下的春姑娘，迈着矫健的脚步，来到老师们的中间。②

2010年"国培计划"主要包括以下两大项目：

一是中小学教师示范性培训项目。由教育部、财政部面向各省（区、市）直接组织实施，主要包括中小学骨干教师集中培训项目和中小学教师远程培训两大类8个子项目。2010—2012年，中央财政每年拨专项经费5000万元支持"示范性项目"，采用集中培训方式培训3万名中小学学科骨干教师及骨干班主任教师；采用远程培训方式培训60万名义务教育学校学科教师和30万名高中新课程学科教师。

二是中西部农村骨干教师培训项目。中央财政安排专项资金5亿元，专项支持23个中西部省份和新疆建设兵团，由中西部省份按照"国培计划"总体要求组织对中西部农村义务教育教师实施有针对性的培训。主要包括农村中小学教师短期集中培训、农村中小学教师置换脱产研修、农村中小学教师远程培训三个子项目。

根据教育规划纲要建设高素质专业化教师队伍的要求，"国培计划"的培训课程内容按照教育部制定的《中学教师专业标准（试行）》《小学教师专业标准（试行）》和《幼儿园教师专业标准（试行）》（教师〔2012〕1号）、《"国培计划"课程标准（试行）》（教师厅函〔2012〕5号）要求和国家相关规定，根据不同类别教师教育教学能力提升和专业发展的需求来确定，将师德、教师专业

---

① 袁贵仁. 贯彻落实全教会精神大力加强中小学教师培训——在全国中小学教师培训暨"国培计划"启动实施工作会上的讲话. 2010-07-26.
② 吴广德. "国培计划"是给乡村教师最好的礼物. "国培计划"总结交流工作会议"国培计划"征文集，2011：69.

标准解读和信息技术列入"国培计划"必修课程模块，按照教育部制定的"国培计划"课程标准优化课程设置，增强培训课程内容的针对性和实效性。2013年"国培计划"要求实践性课程原则上不少于50%。"中西部项目"要根据新修订的义务教育学科课程标准，对农村教师在课程改革中面临的主要问题开展有针对性的培训，把新课标的理念和要求落实到教育教学中。

2014年"国培计划——示范性项目"开始凝练培训重点，加强高端培训项目，倾斜支持特殊教育、体育、美育和优秀传统文化教育等紧缺学科教师培训。加强专兼职培训者队伍建设，建立"个人空间—教师工作坊—研修社区"一体化网络研修体系，推行混合式培训。"示范性项目"实施网络研修与校本研修整合培训，构建校本研修良性运行机制。"中西部项目"和"幼师国培"加大了送教培训力度，扩大培训受益面；增设了教师信息技术应用能力培训项目，促进信息技术与学科教学的深度融合。2015年"国培计划"培训课程增加了法治教育和心理健康教育的内容，要求将法治教育、心理健康教育与师德教育和信息技术应用一样作为培训必修内容。

部省合作培训项目是"国培计划"示范性综合改革项目之一，是教育部推进"国培计划"和教师培训综合改革的重要举措。部省合作的重点是开展满足教师不同发展阶段需求的递进式和可持续性培训项目，建立骨干教师常态化培训机制。该项目自2014年起实施，江苏省有4个项目获选，每个项目实施时间为2~3年。"国培计划"综合改革项目，省级按照每人0.5万元补助。2015年江苏省继续按原定的培训方案推进"国培计划"和"卓越教师培养计划"等四大类培训项目。

在政策保障方面，"示范性项目"由教育部会同财政部负责项目的总体设计，统筹指导、立项评估和绩效考核。"国培计划"项目办公室负责项目日常管理和支持服务，组织开发和购买优质培训资源，建设国家级精品课程资源。"国培计划"实行首席专家制度，首席专家负责培训课程设计、资源开发和培训教学。经过严格评审，教育部公布了"国培计划"专家库首批入选500人。各省遴选高水平专家和一线优秀教师组建培训专家团队，遴选优质中小学校设立"国培计划"参训教师实践基地。"示范性项目"集中培训遴选的省域外专家数量不少于35%，一线优秀教师、教研员不少于50%；"中西部项目"和"幼师国培"集中培训遴选的省域外专家原则上不少于三分之一，中小学一线优秀教师（教研员）不少于40%，优先遴选"国培计划"专家库专家。"国培计划"

专家委员会负责"国培计划"相关标准的研制,开展项目咨询、评估和检查工作,为培训项目提供专业支持。各省级教育行政部门负责统筹协调本地区培训项目的组织管理、学员遴选、评估考核等工作。根据项目要求,县以下农村教师占参训教师总数的比例不低于三分之二。

我们特别强调要从全国选拔一批特级教师和特级教师的后备人选,由符合条件要求的中小学教师和院校专家组成一个高水平的培训团队。建设专家库要起到三个作用:一是保证全国共享优质教育资源;二是保证专家水平层次,不同项目有不同要求,各地可以有选择,但都要从专家库中选聘专家。各省要积极推荐专家,一定要推荐本省里最好的专家、最好的老师参加"国培计划"专家库,为本省作贡献,为全国作贡献。三是统筹安排专家资源的使用,防止撞车、过分集中,为各地提供便利,节约成本。[1]

"国培计划"中央财政专项列入教育部部门预算,实行项目资金预决算制度。国培经费直接拨付至中标培训任务的承办机构,不得以任何名义挪用,食宿安排厉行节约,不得安排与培训无关的参观考察活动。培训过程执行国家有关规定和标准,接受项目资金审计,确保专款专用。财政部、教育部根据中西部省份农村教师人数、"国培计划"实施绩效、财力状况等因素下达下一年度专项资金预算。各省优化项目资金配置,"中西部项目"置换脱产研修经费占比50%左右,短期集中培训占比30%左右,远程培训占比20%左右。[2]

"国培计划"实行项目招投标机制和评估监管机制。按照教育部《关于做好国培计划教师培训机构遴选工作的通知》要求,对教师培训机构进行严格的资质认定,建立培训项目招投标和优质培训资源遴选机制,形成政府购买培训服务机制,遴选符合条件的高校、有资质的公办和民办教师培训机构及中小学承

---

[1] 管培俊. 精心筹划 精心组织 确保"国培计划"顺利实施——在"国培计划"实施准备工作会议上的讲话. 2010-07-05.
[2] 2012年教育部对优化项目资金配置的比例进行了调整,"中西部项目"置换脱产研修经费占比55%左右,短期集中培训占比20%左右,远程培训占比25%左右;"幼师国培"短期集中培训经费占比40%左右,转岗教师培训占比30%左右,置换脱产研修占比30%左右。2013年对"幼师国培项目"项目配置进行了调整,置换脱产研修占比为40%左右、短期集中培训经费占比35%左右,转岗教师培训占比25%左右。2014年项目资金配置再次进行了调整,"中西部项目"置换脱产研修占比45%左右、短期集中培训占比25%左右、远程培训占比30%左右;"幼师国培"置换脱产研修占比35%左右、短期集中培训占比45%左右、转岗教师培训占比20%左右。

担培训任务，确保项目培训质量。2011年"国培计划"增加了对省外院校的数量要求，充分发挥省域内外高水平院校和优质中小学的作用，其中，中西部项目集中培训省外院校占的比例原则上不少于四分之一。2013年《"国培计划"示范性集中培训项目管理办法》（教师厅〔2013〕1号）要求培训任务承担机构有效利用远程教育平台和现代教育技术手段，通过课题合作研究、跟踪指导等手段，开展学员训后服务，原则上训后跟踪服务期不少于三个月。

"国培计划"采用专家评估、网络评估和第三方独立评估等多种方式，对项目实行全程监控和质量评估。项目执行情况和评估结果是培训任务和经费调整的重要依据。对"国培计划"项目执行成效显著的地区和单位进行表彰；对执行不力、效果欠佳的，予以调整培训计划甚至取消项目承担资格。2013年《"国培计划"示范性集中培训项目管理办法》等三个文件进一步规范了参训学员的选派管理、项目组织实施、项目招投标、经费使用、培训质量监管等各项工作，加强对培训机构和师资团队的培训过程监管，建立学员电子档案，细化网络匿名评估，加强训后实效评估，提升项目管理的信息化。

"国培计划"创新了有效教师培训的模式和机制，推动了各地全员培训的开展。2010年"国培计划"共培训115万名骨干教师。通过对5000名参训学员进行的网络匿名抽样调查显示，学员对"国培计划—示范性项目"满意率达到90%以上，对"国培计划—中西部项目"满意率达85%以上。随着"国培"的"种子"播撒大江南北，"国培"的模式和机制也融入各级教师培训工作，"国培"的资源成果得到了广泛应用。在"国培计划"的示范引领下，各地启动了本省培训计划，极大地推动了新一轮中小学教师全员培训工作。2011年省级财政性中小学教师培训经费达到近10亿元，比2010年增加了3.3个亿。其中，北京、浙江、重庆、山东、天津、江苏、广东、湖北、陕西、河南、贵州、广西、新疆等省中小学教师省级财政性培训经费增加超过1000万元。而北京、山东、江苏、浙江、重庆、广东、天津、河南8省市经费增加超过2000万元。①

3. 支持乡村教师国家级培训计划

2015年是"国培计划"从外延规模扩张向内涵质量提升转型发展的第一年。聚焦乡村教师、创新培训模式、注重机构协同、规范培训管理成为提升国

---

① 刘利民. 认真总结"国培计划"实施工作经验努力开创教师培训工作新局面. 2011 - 03 - 31.

家级教师培训质量的重要举措。针对当前乡村教师发展面临的一系列困难和问题，国务院于2015年发布了《乡村教师支持计划（2015—2020年）》（国办发〔2015〕43号），提出了一系列优先发展乡村教师队伍的战略举措，强调"发展乡村教育，教师是关键，必须把乡村教师队伍建设摆在优先发展的战略地位。"要全面提升乡村教师能力素质，补齐乡村教育短板，缩小城乡师资水平差距。省级人民政府统筹规划和支持全员培训，市、县级人民政府履行实施主体责任。到2020年前，对全体乡村教师校长进行360学时的培训。将乡村教师培训纳入基本公共服务体系，将师德教育作为乡村教师培训的首要内容，推动师德教育贯穿培训全过程，进教材、进课堂、进头脑，确保乡村教师培训时间、经费投入和质量。

从2015年起，"国培计划"主要面向乡村教师，集中支持中西部乡村教师校长培训。鼓励乡村教师在职学习，提高学历层次。2015年"国培计划"在分批遴选项目县，通过实地考察、问卷调查、座谈与访谈等方式进行全面细致的专项调研基础上，采取短期集中、顶岗置换、送教下乡、专家指导、网络研修、校本研修等有效方式，开展培训团队置换脱产研修、送教下乡培训、乡村教师访名校培训、教师网络研修、乡村校园长培训等五类项目，加强薄弱学科和紧缺领域教师培训，新增了书法等中华优秀传统文化和校园足球师资培训项目。

"国培计划"招投标坚持国培机构资质标准，择优遴选培训机构。鼓励高校、县级教师发展中心、优质中小学幼儿园和有资质的公办民办教师培训机构协同申报国培项目。高等学校须整合校内培训资源，与县级教师发展中心、优质中小学和幼儿园建立合作机制。县级教师发展中心实现与教师培训机构、教研和电教等部门的整合。改革项目招投标机制，将周期招标与年度报审相结合，对绩效考评为优良的承办单位实行2~3年周期招标制，实行年度末位淘汰，调整比例原则上不少于20%。

"国培计划"采用大数据评估、专家抽查评估、学员网络匿名评估和第三方评估等方式，对各地乡村教师培训项目实施过程及成效进行监管评估。逐步建立项目实施过程监管与绩效评估的信息化管理系统，全面监控培训过程，开展有效培训的绩效评估。建立健全培训绩效公开制度，将评估结果作为培训机构和项目县遴选及调整的重要依据。

在对2015年度项目实施培训机构和项目区县绩效评估基础上，教育部以"提升乡村教师培训质量"为目标，着力推进2016年"国培计划"改革实施工作。要求各省份按照教育脱贫攻坚工作的总体部署，以教师持续发展为本，重点向中西部贫困地区基层倾斜，将送教下乡、集中培训和网络研修相结合，确保为参训乡村教师提供2~3年的周期性培训。科学制定"国培计划"的区域绩效目标、实施期绩效目标、项目绩效目标和年度绩效目标。绩效目标明确指向乡村教师培训，突出重点区域、重点项目，重点人群、细化量化，合理可行。科学安排对项目区县的支持力度，实施项目的区县数量要实现滚动递增，新增项目区县数量原则上不少于当年项目实施区县总数的20%。

2016年"国培计划"——示范性项目以乡村教师培训团队打造、紧缺领域教师培训、网络研修模式创新和跨年度递进式培训为重点，为各地乡村教师培训打造"模子"、探索"路子"、培养"种子"。培训团队专项研修主要面向7500名拟担任乡村教师校长培训任务的省级培训专家库成员，进行培训能力提升专项培训，打造高水平专兼职的乡村教师培训团队。

> 对于包括这次培训在内的各类培训的作用，我认为对我们在边远地区教育的老师而言，先进发达地区的教育培训是被教师所希望的，多多益善的行动。对于开阔我们的视野，提升我们对当今先进的教育理念的认识，具有重要意义。我相信每一个教师都有自己的教育追求，对个人的提升都有一份期待，而这次教师培训为我们老师提供了站在更高平台的可能性。

（国培学员访谈记录2016-1-25）

中西部项目和幼师国培项目着眼于创新乡村教师培训模式，加强培训机构能力建设，持续提升乡村教师的能力素质。强化区县送教下乡培训和教师网络研修，实现管理重心下移，促进项目落地，推进乡村教师培训常态化。乡村教师访名校培训为参训机会较少的乡村教师提供高水平培训，突出雪中送炭。加大乡村教师省外培训力度，原则上村小和教学点的乡村教师赴省外培训比例不少于二分之一。加大特岗教师培训力度，提升跟岗研修实效。

根据国家制定的乡村教师培训指南，设计一体化系统项目，明确置换脱产研修等五类项目定位，促进项目有机衔接，实现对项目区县参训乡村教师的周期性培训。置换脱产研修重在"育种子"，打造乡村教师培训团队；网络研修和送教下乡培训旨在"促常态"，建立校本研修与专家现场指导相结合的良性运行机制和骨干引领全员机制。

2016年"国培计划"重点对送教下乡培训和网络研修进行2~3年的分层递进式设计，有条件的地区可将两种培训方式相结合，进行整体设计，为乡村教师发展提供持续支持。县级教师发展中心实力强、绩效评价好的区县可以结合本地实际,设计分层递进式的培训项目,先行先试,创新培训模式,探索支持服务体系建设的路子,并积累经验。

在择优遴选和评审机制方面,2016年加大了对专家团队资质审查的力度,通过建立评审专家库,实现网络评审,高标准遴选培训经验丰富的高校专家和一线优秀教师教研员等培训专家,提高遴选质量。根据项目类别随机抽取专家,通过网络评审或通讯评审的方式,择优确定培训机构。对应纳入政府采购范围的项目,实行政府采购。建立项目协同申报机制,量化申报资质标准,切实推进高等学校、县级教师发展中心优质中小学幼儿园和有资质的公办民办教师培训机构协同申报项目。根据培训绩效评估结果,实行年度末位淘汰,项目区县调整比例原则上不少于10%,培训机构调整比例原则上不少于20%。

在培训模式上,推进培训"互联网+"、移动学习等手段,加快建设教师网络研修社区,改进网络研修、集中面授和现场实践相结合的混合式培训,促进三者有机衔接,实现教师学用结合。针对乡村学校课堂教学和学生管理的突出问题,提供贴近乡村学校实际的培训内容。网络研修与校本研修整合培训突出技能训练,送教下乡培训突出诊断示范,置换脱产研修突出跟岗实践与返岗实践,组织培训者深入乡村学校和教学现场,进行诊断测评,建设本土化优质资源库,满足不同层次乡村教师的个性化培训需求。根据培训需求"菜单"制定课程计划,分科、分层、分类建设系统化、递进式的乡村培训课程,杜绝"拼盘式"培训课程。督促培训者重点选择乡村教学真实案例,提供乡村教师"适用、能用、好用"的问题解决方法。

各省(区、市)要推进高等学校增强服务乡村教育的责任感和使命感,提升为乡村教师提供优质培训服务的能力。建设县级教师发展中心,建立其与高等学校合作机制。为县域教师常态化培训提供有力保障。支持建成发挥示范引领作用的实践基地,通过资源共享、合作研究、师资互聘、联合开发项目等,推动高等学校与实践基地建立协同机制,实现优势互补,共同提升培训能力。

三、政策成效

(一)政府投入与转移支付力度的加大

《中小学教师继续教育规定》明确了我国中小学教师继续教育以政府财政拨

款为主,由县级及以上教育行政部门统一管理。以各级政府投入为主,加大财政转移支付力度,多渠道筹措农村教师培训经费,已经成为新世纪农村教师全员培训的一大亮点。

2000年江苏省教育厅下发《关于进一步加强农村中小学教师队伍管理的意见》(苏教人〔2000〕49号)重申了农村中小学教师队伍"以县为主"的财政政策。2001年江苏进行税费改革试点,实行乡(镇)管学校教师工资由区财政统筹发放,进一步将农村中小学教师的管理上收到县,农村教师培训实行政府、学校和教师个人培训成本分担机制。国家级教师培训项目主要由中央财政专项经费支持,对中西部农村教师培训予以必要倾斜。各级政府均设立教师培训专项经费,并对农村教师培训给予倾斜。有条件的地区开始试行教师培训券制度,提高培训经费的使用效益。

2003年《国务院关于进一步加强农村教育工作的决定》提出各级政府要进一步加大投入,落实农村义务教育"以县为主"的管理体制要求,完善经费保障机制。县级政府要切实担负起统筹管理的责任。中央、省和地(市)级政府,特别是省级政府,要通过增加转移支付,增强财政困难县义务教育经费保障能力,逐县核定并加大对财政困难县转移支付力度;县级政府增加对义务教育的经费投入,将农村义务教育经费全额纳入预算。各级政府要落实中央关于新增教育经费主要用于农村教育的要求。确保改革后用于农村义务教育的投入不低于税费改革前的水平并争取有所提高。

农村税费改革以后,中央财政加大了对农村义务教育转移支付力度,有力保障了农村九年制义务教育的实施。2006年教育部推出《关于大力推进城镇教师支援农村教育的意见》(教人〔2006〕2号),要求选派城镇教师长期支教,拓宽支教渠道,开展短期支教、兼职支教等形式多样的智力支教活动。组织"特级教师讲学团"巡回下乡送教,选派城镇骨干教师赴农村支教、带教、"走教"或"联聘"。支教人员须具备相应教师资格并经过岗前培训,岗前培训由省级教育行政部门组织。支教实绩作为教师评优、晋升、申请科研资助的重要依据。

江苏省自2006年开始正式实施"送培到县"工程,采取"送教下乡"和"送培上门"等方式,为不具备网络条件的农村教师提供有针对性的培训。该工程由省教师培训中心组织全省知名教育教学专家、最优秀的一线教师到苏中、苏北等教育薄弱县区开展教师培训工作,让广大农村教师足不出户就能享受到优质培训资源。近10多年来，本着"就近培训、资源共享、整体提升"的原则，江苏省推出了一系列省市合作、送培到县的支教工程项目，有力地推进了农村教师培训工作的开展，受到了基层学校和农村教师的普遍欢迎。

根据教育部支教意见，江苏省教育厅、省财政厅联合印发了《关于实施"千校万师支援农村教育工程"的通知》（苏教师〔2006〕23号），决定"十一五"期间在全省组织实施"千校万师支援农村教育工程"（简称支教工程）。从2007年到2010年底，在全省遴选千所义务教育优质学校和万名骨干教师，与千所苏北农村薄弱学校实行"校对校"结对帮扶、对口支教，全面提升苏北农村教育教学质量和水平。千所支教学校在全省城镇优质学校（省、市级实验小学和示范初中）中遴选，其中，小学550所左右、初中450所左右；千所受援学校主要在苏北5市农村最薄弱的小学和初中中确定。每所支教学校每年安排3名以上骨干教师到受援学校支教，时间原则上不少于1学年。支教1年且考核合格的教师，参加省、市级优秀教师、特级教师、先进工作者及职务晋升时可以在同等条件下优先考虑。

支教教师由派出学校按每月不低于500元标准发放生活补助，不在受援学校领取任何报酬。省财政每年安排4000万元专项经费，给予每所支教学校4万元补贴，各地给予支教学校适当经费支持。支教一年且考核合格的教师，在参评省、市级优秀教师、特级教师及晋升职务时，在同等条件下予以优先。

表4-5　各市参与"千校万师支援农村教育工程"项目学校名额分配表

受援市	受援学校数			派出市	支教学校数		
	小计	初中	小学		小计	初中	小学
徐州市	240	120	120	无锡市	120	60	60
				扬州市	40	20	20
				徐州市	80	40	40
连云港市	180	70	110	镇江市	60	20	40
				南通市	60	25	35
				连云港市	60	25	35

续表

受援市	受援学校数			派出市	支教学校数		
	小计	初中	小学		小计	初中	小学
淮安市	200	90	110	南京市	150	65	85
				淮安市	50	25	25
盐城市	220	90	130	常州市	100	35	65
				泰州市	60	25	35
				盐城市	60	30	30
宿迁市	200	110	90	苏州市	150	80	70
				宿迁市	50	30	20
合计	1040	480	560	合计	1040	480	560

2007年江苏省"千校万师支援农村教育工程"在连云港举行了启动仪式。来自南通、镇江、连云港172所城镇优质学校的516名骨干教师，陆续奔赴连云港172所农村中小学支教。2007年江苏省有3000名城镇教师到苏北5市农村支教。支教工程得到了许多城镇教师的积极响应和支持。以镇江为例，首批到连云港支教的20名教师全是学校中层以上干部，均为县级以上学科带头人或骨干教师。丹阳市实验中学的葛生南老师到达东海县当天，就走进了洪庄中学课堂，给学生们上起了英语课。葛生南表示"参与到支教工程中，我们深感责任重大"，"我们一定会倾尽所能，教好一门课，带动一个教研组，帮助培养一批青年教师"[1]。

针对乡村教师参加高层次培训机会较少、教师工学矛盾突出、经济薄弱地区教师培训经费紧张等实际情况，江苏省教育厅在安排5000名苏北农村英语、音体美教师和中小学校长到高校集中培训的同时，利用周五、周六和周日组织专家讲学团，开展"送培到市（县）"，为苏北苏中地区培训乡村教师3000多人。

"送培到市"范围包括苏中、苏北8市，培训学科包括初中物理、小学英语等8个，每个学科培训300人，培训时间3天。"送培到县"范围包括灌云县、泗洪县、沛县和丰县，培训学科包括初中语文、英语、数学和小学英语4个，培训人数600人，培训时间2.5天。"送培到市（县）"紧紧围绕义务教育新课程改革，侧重提升乡村教师的课堂教学效率，促进乡村教师专业发展。培训内

---

[1] 江苏省启动千校万师支援农村教育工程[N]. 新华日报, 2007-03-13.

容包括特级教师成长事迹和经验分享、课堂教学观摩与点评、高层次专家讲座、课改沙龙等，具有很强的针对性。江苏省教育厅聘请近百名专家组成了11个讲学团，其中省中小学荣誉教授、江苏省特级教师、大学教授达50多人。

2007年江苏出台《省政府关于进一步加强师资队伍建设的意见》（苏政发〔2007〕125号），对农村教师培训的经费政策进行了明确规定，要求各级政府加大对师资队伍建设投入的支持力度，各级财政应逐步增加在职教师培训经费投入，每年用于教师培训的专项经费不得低于教师工资总额的1.5%，各类学校公用经费用于本校教师培训的比例不得低于5%。鼓励企事业单位、社会团体和公民个人捐助师资队伍建设，建立健全多渠道筹措经费机制。乡村教师全员培训得到了各级财政和社会全方位的支持和保障。

根据省政府加强师资队伍建设的意见，江苏省教育厅在《关于进一步加强中小学教师培训工作的意见》提出各地要加大培训经费投入，设立师资队伍建设专项经费，落实省政府关于教师培训经费的有关规定，发挥政府资金引导和示范作用，保证中小学教师培训需要，使培训经费与各地经济和教育事业发展同步增长。

2008年江苏省教育厅组织专家讲学团赴苏中苏北34个经济薄弱县（市、区）开展"送培到县"，对初中语文、数学、物理三门学科进行初中新课程支教，三门学科每个县合计培训300人，总计10200人。[①] 培训围绕初中一线教师在新课程实施过程中遇到的课堂教学效率不高、教学设计能力不强、教学科研能力弱等问题，有针对性地开展专家讲座、课堂教学观摩、教学点评、课改沙龙，让学员与专家对话互动，极大地提高了乡村教师对新课程的认识和理解，促进了苏中苏北初中教师实施新课程能力和水平的提高。

根据《省教育厅办公室关于组织开展农村小学"四项配套"工程教师培训工作的通知》（苏教办师〔2008〕13号），2008年江苏省教育厅组织培训了农村小学科学教师4450人，图书馆（室）管理人员4450人，体育教师3650人，市、县（市、区）设备管理员132人。所有帮扶小学选派专职教师1人参加。农村小学"四项配套"工程教师培训工作由省教育厅委托江苏省教育装备与勤工俭学管理中心具体组织实施，培训在各市分别设立培训点，省统一组建讲师

---

① 江苏省教育厅档案. 省教育厅关于面向苏北苏中开展初中新课程"送培到县"工作的通知（苏教师〔2008〕8号），2008-02-13.

团。省教育厅在全省遴选一批理论水平较高、教学能力较强、实践经验丰富的相关学科专家、骨干教师及教研员，经省装备管理中心考核合格后组成讲师团。培训点由各市根据当地学员数、班次等情况，在当地选择符合教学要求，具备实训、食宿和安全保障条件的地点，报省装备管理中心审核确定，为提高经费使用效益，邻近市经核准后可以联合设立培训点。

表4-6 农村小学"四项配套"工程教师培训名额分配表①

地区	帮扶学校数	培训人数				
		科学	体育	图书馆	装备管理	合计
徐州	834	834	834	834	13	2515
淮安	442	442	442	442	10	1336
盐城	585	585	585	585	11	1766
连云港	448	448	448	448	9	1353
宿迁	518	518	518	518	7	1561
南通	303	403	303	403	10	1119
泰州	224	284	224	284	8	800
扬州	165	225	165	225	9	624
镇江	89	149	89	149	8	395
南京	10	190	10	190	15	405
常州	16	116	16	116	9	257
无锡	7	127	7	127	10	271
苏州	9	129	9	129	13	280
合计	3650	4450	3650	4450	132	12682

2009年江苏省"送培到县"工作会议在泗洪县召开。会议对2008年"送培到县"工作进行了交流和总结，对2009年"送培到县"工作任务进行了全面部署。2009年江苏省继续面向苏中、苏北县（市、区）开展初中新课程"送培到市（县）"工作。江苏省送培到盐城市（县）的培训学科主要有初中历史、生物、地理、化学4门学科，下达响水县的培训计划共95名，其中历史25名，化学30名，地理15名，生物25名，基本每校1名。盐城市教育局负责历史、生物、地理三门学科教师培训，建湖负责阜宁、滨海、建湖、射阳、响水5县

---

① 江苏省教育厅档案.省教育厅办公室关于组织开展农村小学"四项配套"工程教师培训工作的通知（苏教办师〔2008〕13号）.

初中化学学科教师培训,盐都负责大丰、盐都、亭湖、东台、开发区及市直属学校初中化学学科教师培训。"送培到市(县)"集中培训20学时,一般集中在周五、周六和周日进行培训。培训费用由省教育厅按计划人数和260元/人标准拨付,主要用于学员及专家食宿补贴等,不向学员收取任何费用,学员往返交通费由所在单位报销。

表4-7 2009年初中新课程"送培到市(县)"盐城培训安排表

培训地点	培训学科	培训人数	培训时间	承办单位
盐城	历史	25	11月6—8日	盐城市教育局
盐城	生物	25	11月13—15日	盐城市教育局
盐城	地理	15	11月20—22日	盐城市教育局
建湖	化学	30	11月27—29日	建湖县教育局

省市合作、送培到县项目,是江苏省省级教师培训改革、推进优质教育均衡、加快教师队伍建设的创新举措。以"国培计划"为代表的示范性项目和中西部农村教师骨干教师培训项目不断加大中央财政对农村教师培训转移支付的力度,由中央财政、省级财政支撑的国家级、省级农村教师培训项目有效缓解了农村教师培训经费不足的问题,促进了农村义务教育优质均衡发展。

江苏省省市合作培训始于2013年。省市合作义务教育农村教师培训主要面向苏中和苏北地区农村义务教育教师,由市统筹、以县(市、区)为主。各地自主设计培训内容、自主确定培训对象、自主遴选培训基地。音体美教师培训是省市合作培训的必备项目,原则上由市统筹组织实施。2014年江苏省继续开展省市合作农村教师培训,审核通过了48个省市合作义务教育农村教师培训项目,并将合作项目纳入省级项目进行统一的质量测评。省财政补助近600万元,受益教师11000人。省财政按照送培到县每团13万元、其他培训按照每人每天300元标准安排经费补助。省市合作义务教育农村教师培训,对徐、淮、盐、连四市,省财政按照125元每人每天标准予以经费资助,宿迁地区按照175元/人/天标准资助,其他地区按照75元/天/人标准予以资助。经费不足部分由当地财政列支。列入省市财政计划并给予经费资助的项目,必须参加网络全员质量测评,对不能及时完成培训任务或培训质量不高的,则取消下一年度项目申报资格,并通报批评。

表4-8 省市合作农村教师培训计划① 单位：人

地区	义务教育农村教师培训	农村初中骨干教师提高培训					名师送培	
		人数	语文	数学	英语	物理	名师送培	
南京	面向苏中、苏北8市开展省市合作教师培训，各市提出培训方案、遴选培训基地（原则上在承担过省级培训任务的基地和省示范性县级教师发展中心中遴选）。省给予苏北每市50%（宿迁70%）、最高不超过100万元，苏中每市30%左右，最高不超过80万元的经费资助。	40	常州市教师发展中心		苏州市教师发展中心		900	每团培训人数不少于300人。省教师培训中心、有关培训机构负责送培。
无锡	^	40	^		^		900	^
徐州	^	100	^		^		2700	^
常州	^	40	^		^		900	^
苏州	^	75	常熟理工学院				900	^
南通	^	80	^				900	^
连云港	^	80	泰州学院		南京师范大学泰州学院		1800	^
淮安	^	60	淮阴师范学院				2100	^
盐城	^	75	盐城师范学院				2100	^
扬州	^	55	晓庄学院	江苏第二师范学院	盐城师范学院	江苏大学	900	^
镇江	^	40	^	^	^	^	900	^
泰州	^	55	^	^	^	^	900	^
宿迁	^	60	^	^	^	^	2100	^
小计	10000	每学科1000人，原则上从乡镇初中选派。					18000	
天数	5	5					3	

---

① 江苏省教育厅档案. 关于做好2014年中小学教师和校长省级国内培训工作的通知（苏教师〔2014〕9号），2014-02-18.

省市合作、送培到县是满足各大市（县）教师实际需要的一种有效培训方式，十分注意满足不同教师群体专业发展的个性化需求。送培项目是送培市县根据本地教师培养的整体规划以及对当地教师需求进行充分调研基础上确立的，承办单位和送培市县相关人员多方沟通协商选择，针对一线教师急需解决的现实问题制定培训方案，组建一支由一线教师、教科研人员和高校专家组成的专业团队，教学内容既注意贴近中小学实际，又给予前瞻性教育理论引领，完善了教师认知结构。从学员的调查问卷反馈来看，学员对课程设计和教师教学评价的满意度均位于较高水平[①]。

表4-9 2015年江苏省各大市名师送培培训工作满意度

大市 \ 满意度	培训效果	课程设置	培训师资	培训形式	培训管理	整体满意度
南京市	9.42	9.33	9.36	9.20	9.36	9.36
无锡市	9.53	9.39	9.43	9.22	9.48	9.44
徐州市	9.55	9.41	9.36	9.33	9.47	9.44
常州市	9.60	9.35	9.46	9.17	9.56	9.48
苏州市	9.65	9.52	9.52	9.42	9.43	9.51
南通市	9.73	9.60	9.59	9.65	9.60	9.62
连云港市	9.60	9.44	9.37	9.29	9.47	9.46
淮安市	9.64	9.50	9.41	9.59	9.43	9.49
盐城市	9.64	9.45	9.34	9.22	9.51	9.47
扬州市	9.63	9.55	9.51	9.47	9.44	9.52
镇江市	9.50	9.39	9.39	9.41	9.50	9.45
泰州市	9.54	9.42	9.32	9.35	9.43	9.42
宿迁市	9.54	9.45	9.49	9.40	9.46	9.47
全省	9.58	9.44	9.41	9.36	9.47	9.46

江苏省市合作培训改革的重点是探索如何建立"联合立项、分工负责、协

---

① 江苏省教育厅师资处，江苏省教师培训中心．2015年江苏省中小学（幼）教师（校长、园长）培训质量数据分析报告，2015-12-31．

作推进"工作机制,增强省级培训的针对性,强化市县对培训立项和组织实施的责任,确保项目管理落到实处。2015年省市合作培训探索和推进责任主体下移,通过竞标立项方式开展特级教师后备人才培养、省名师团送培、农村教师提高培训和远程网络培训四大类培训。其中特级教师后备高级研修和农村教师提高培训面向苏中、苏北各市,名师送培项目主要面向苏北,兼顾苏中苏南各市。省市合作培训对象人数、培训基地和项目方案由各市研究确定,在培训对象上优先考虑连片贫困区学校和经济薄弱县的教师,鼓励持续性和混合式培训,满足不同市县的具体教情,使得培训工作能够高效开展。2015年省级财政共安排1819万元经费用于支持省市合作培训。其中,"送培到市县"培训819万元(63个团,每个团13万元),农村学校教师提高培训及特级教师后备高级研修1000万元。

2015年江苏省名师送培工作,得到了省教育厅师资处、省师培中心、各培训机构、承办单位及送培单位的通力合作。通过网络问卷调查结果分析,全体参训学员对培训总体评价为好或较好的人员占99%,相比2014年提高了一个百分点。94.14%的学员认为培训内容和课程能完全或较好的符合自己专业需求。99.58%的学员在培训中对教育教学知识、技能有所更新和提高;对于培训师资,不管是高校专家、一线教师,还是教科研的,授课教师教学水平的满意度均在90%以上,培训的管理工作满意度更是大于95%,有97.2%的学员表示培训对提高自身学习意识有很大或比较大的触动。许多学员在网上意见反馈中表示,通过培训自己收获了许多,希望多开展这样有深度、新颖的培训活动。[①]

> 任教五年以来,经历的培训也不少,可唯独这次省级骨干教师培训给我留下了深刻的印象。通过这次培训学习,我深深体会到师大领导、老师的热情,感受到学员集体大家庭的温暖。在这里,四处弥漫着一股浓浓的暖意。渐渐的,我习惯了学员之间的思想交流,习惯了班主任的声声叮嘱,更习惯了专家们对我思想上的冲击。本次邀请了省市乃至全国非常有名的专家和学者给我们学员上课、举办讲座。这些讲座或深刻、或睿智、或沉稳、或思辨,无不滋润着我的心田。(省培学员反思日记2014-10-18)

送培到县工程被誉为民心工程和农村教师最大的福祉。工程实施以来,由

---

① 江苏省教育厅师资处,江苏省教师培训中心.2015年江苏省中小学(幼)教师(校长、园长)培训质量数据分析报告,2015-12-31.

于各级教育行政部门精致管理、精心组织、精细操作,使"送培到县"工作取得了圆满成功。"送培到县"有效解决了农村教师的工学矛盾,减轻了农村教师及所在学校的经济负担,调动了地方参与教师培训的积极性,其规模和影响之大前所未有。"送培到市(县)"由省教育厅拨付专项经费,把优质培训送到基层,把省级培训带到农村教师身边,扩大了培训受益面,内容精致,形式独特,为农村学校送来了全新的培训理念和思路,为区域培训和校本研修的广泛开展提供了样本和范例。参训的农村教师纷纷表示,通过培训,学到了提升教育教学能力的方法,发现了自己的不足,受益匪浅。省级最优质教育资源被广大农村教师吸收、转化和辐射,使苏中、苏北地区尤其是广大农村中小学教师队伍的整体素质得到了明显提升,促进了城乡教育优质均衡发展。"送培到县"活动也因为高规格、平民化而越来越受到广大一线教师的欢迎。

(二)师范院校成为乡村教师培训的主体

新世纪以来,我国教师教育实现了由老三级师范(中师、专科、本科)向新三级师范(专科、本科、研究生)的转型,教师的培养与培训呈现了"大学化"的趋势。1999—2009 年,我国本科层次高师院校由 87 所增加到了 103 所,开展教育硕士培养的高师院校由 29 所增加到了 73 所。[①] 随着教师教育体系的开放,越来越多的师范院校和高水平大学开始跻身于国培、省培等各级教师培训的行列,以师范院校为主体的高等院校开始担当了乡村教师全员培训的重任。不少农村学员也是满怀激动的心情和对高水平培训的期待而踏进了培训的大门。

  2014 年暑假的一天,教科处郭主任的一个电话通知我参加国培学习。当我听到"国培""师大""脱产"这些词汇,内心不由有些兴奋和期待。从 2004 年毕业至今,工作已经十年。十年间,我从一个激情满怀的理想主义者逐渐变得理性、现实甚至疲惫、麻木。由于我校地处城乡接合部,生源质量较差,付出鲜有回报,工作没有成就感、幸福感。我觉得自己越来越迷茫,提前进入了职业倦怠期,很怀念读书时简单纯粹、充满希望的快乐时光。终于有机会暂时告别眼前冗杂的事物,回归大学校园听课学习,提升自己,我觉得这是一种无比的幸运,很感激,很珍惜。带着满满的期待与憧憬,我开始了为期三个月的国培学习之旅。(国培学员访谈记录2014

[①] 中华人民共和国教育部师范教育司,中央教育科学研究所. 中国中小学教师发展报告·2010 [M]. 北京:教育科学出版社,2011:59-60.

-11-29)

我国传统的乡村教师培训系统是由省级教育学院、地市教师进修院校和县级教师进修学校构成的教师培训的完整链条，而且各自的服务对象有着明确的层级分工，省级教育学院提供的乡村教师培训服务，主要是中学教师的学历提升和省级乡村教师培训项目，而市级教师进修院校，主要是为市直系统学校教师进修服务，也承担部分市级乡村教师培训项目，都不是真正意义上的乡村教师全员培训，"这种层级化的农村教师培训体系不是面对所有乡村教师，实际上是一种不公平的教师培训体系"[1]，大多数乡村教师无法突破这种层级的限制获得更高层次以及城市学校享有的优质培训资源。随着教师学历水平的不断提高，高学历新教师源源不断地补充到农村学校，地方教育学院和教师进修学校越来越无法满足教师培训的需求，加上地方教师进修院校的大部分教师都是从中小学校工作多年后调入的，有些还是关系户，把教师进修院校当成了养老院，知识老化、能力不足、模式单一、培训功利化已经使教师进修院校无力承担农村教师提高培训的重任，农村教师培训的无效性现象十分突出。

1999年《中共中央国务院关于深化教育改革全面推进素质教育的决定》提出了要调整师范学校的层次和布局，鼓励综合性高等学校和非师范高等院校参与中小学教师的培养、培训工作。2001年《国务院关于基础教育改革与发展的决定》将建设一支高素质的教师队伍作为推进素质教育的关键，而"完善以现有师范院校为主体、其他高等学校共同参与、培养培训相衔接的开放的教师教育体系"则成为一种历史的必然。

> 关于培训机构的选择，强调两点：一是要充分发挥高水平师范大学和有条件的综合大学的作用。"国培计划"强调高起点、高标准、高要求，谁来承担培训任务，让参训老师的心里感受不一样。不要搞任务分摊、经费分摊，培训任务要相对聚焦在高水平大学。二是提倡区域联合，优势互补、资源共享。[2]

以教师网联计划为代表的现代远程教育工程更是突显了"互联网+"信息技术条件下高等学校在农村教师全员培训过程中的主体作用，同时也使农村教

---

[1] 朱旭东. 论我国农村教师培训系统的重建 [J]. 教师教育研究, 2011 (6).
[2] 宋永刚. 精心设计，精心组织，认真实施"国培计划"——在"国培计划（2010）—中西部农村骨干教师培训项目评审会议"上的讲话.

师进修学校获得了新的生机。教师网联是在国务院教育行政部门支持和推动下,以高水平大学(专业组织)为核心,由举办教师教育的高等学校和提供相应技术支持与服务的机构组成,共建共享优质教育资源的教师教育协作组织。

2004 年《教育部关于加快推进全国教师教育网络联盟计划组织实施新一轮中小学教师全员培训的意见》提出共享优质教育资源,提高教师培训质量,必须"充分发挥相关高校的优势,按照教师网联计划'三步走'的发展方针,争取用五年左右时间,构建以师范院校、其他举办教师教育的高校和教育机构为主体,以高水平大学为先导和核心,区域教师学习与资源中心为支撑,中小学校本研修为基础,职前职后教育一体化,学历教育非学历教育相沟通,覆盖全国城乡、开放高效的教师教育网络体系"。

教师网联计划充分发挥了经核准进行现代远程教育试点的师范大学和其他高水平大学的学科优势及网络教育优势,提供优质共享的培训课程资源,实施骨干教师高级研修培训;通过中央广播电视大学在公共服务体系和卫星电视远程教育方面的优势,重点面向农村边远地区的中小学教师开展本、专科学历教育和非学历培训。

地方师范院校、区域性大学(学院)主要面向本地教师开展本、专科学历教育,承担骨干教师市、县级研修任务,与高水平师范大学合作办学,或成为现代远程教育试点师范大学的办学点,根据协议和合作学校制定的教学计划开展相关辅导、面授、课程考试等任务。

表 4-10　2015 年江苏省农村初中学科骨干教师培训承担院校[①]

培训学科	培训基地	配额	培训学时
地理	江苏教育学院、南京晓庄学院、南师大泰州学院、盐城师范学院、淮阴师范学院	620	40
化学	泰州学院、江苏大学、常熟理工学院、江南大学、盐城师范学院、淮阴师范学院	620	40

---

①　江苏省教育厅. 关于做好 2015 年中小学教师和校长培训工作的通知.(苏教师〔2015〕7 号),2015-03-03.

续表

培训学科	培训基地	配额	培训学时
历史	江苏教育学院、南通大学、南师大泰州学院、江苏师范大学、盐城师范学院、淮阴师范学院	620	40
信息技术	泰州学院、江苏大学、常熟理工学院、江南大学、盐城师范学院、淮阴师范学院	620	40
政治	江苏教育学院、南通大学、南师大泰州学院、江苏师范大学、盐城师范学院、淮阴师范学院	620	40

《国家中长期教育改革和发展规划纲要（2010—2020年）》强调以农村教师为重点，推行五年一周期的全员培训制度，而"构建以师范院校为主体、综合大学参与、开放灵活的教师教育体系"则是加强教师教育，建设高素质专业化教师队伍的重要保障。

根据《教育部财政部关于实施"中小学教师国家级培训计划"的通知》要求，经过前期项目申报和答辩，南京师范大学获准承担"国培计划（2010）"中小学骨干教师研修项目五项任务，包括高中班主任教师培训、初中班主任教师培训、高中地理骨干教师培训、小学品德与生活（品德与社会）骨干教师培训、幼儿园骨干教师培训项目。

为保障"国培计划"的顺利实施，学校成立了南京师范大学实施"国培计划"领导小组，组长由校长担任，各承担任务的学院也都成立了由学院主要领导负责的"国培计划"实施工作团队，项目实行首席专家负责制，并建章立制，强化培训管理。班主任培训团队对项目实施计划、课程方案进行了反复推敲和论证，前期提交的"项目申请表"和"实施方案"以其科学性、规范性、专业性和系统性，在7月份北京召开的项目评审答辩会上受到了一致好评。①

　　　初来南京市，我被这个城市与地域文化深深地吸引了，觉得这儿处处是文化，随时随地可以感受到文化气息，同时也被人们的热情所感动。同样也被他们身上所持有的追随和信仰文化的精神深深地打动，从而引发了我的求知欲望。因此，在接下来的这段日子里，我每天早起让自己有饱满

---

① 南京师范大学."国培计划（2010）"——中小学骨干教师研修项目总结."国培计划"总结交流工作会议院校经验交流材料汇编，2011-03.

的精神来享受，吸取教授、专家、学者们为我们带来的"精神大餐"。（国培学员反思日记2010-10-16）

在培训过程中，班主任项目工作组成员团结协作，为学员提供了精细化、人性化的服务，项目组的工作受到学员们的一致好评，特别是结业典礼上的"精彩回放"，令许多学员感动得落泪，将整个研修活动推向了高潮。学员纷纷与授课教师、班主任和助教学生合影留念，场面动人。学员反映，这样高规格、高质量、高品质的培训，使他们获得了人生第一次的体验，他们将终生难忘在南京师范大学度过的每一天。

> 这次培训学院聘请了许多知名专家、教授给我们讲授教育新知识、新理念。他们或精彩、或动容的讲授令人感佩。其中Y教授说的话，我记忆犹深。而M教授的幽默风趣也使自己思忖教学方法怎样才能受学生喜欢。

（国培学员反思日记2010-10-18）

通过与一线研修班主任的交流与对话，名校参观考察，学员们发现了自己与优秀班主任之间的差距和不足，认识到读书、反思、写作对于班主任专业成长的意义，进而增强了对班主任工作的热爱和职业幸福感，提高了自我研修、自我反思的意识。就像一位学员所说，走进国培班时，我是充满了自豪和自信而来，走出国培班，我是低着头，带着不断学习、提高的愿望离开的。因为我发现了自己的不足，单单是在爱学生这一点上，与一些优秀班主任相比，自己还存在很大的差距。

> 参加工作以来，我一直都在农村，一直认为农村学校教育教学质量不高都是上级投入不够、农村学校生源素质不高、农村教师教育教学水平低……造成的，但是TS小学和XZ学校的做法，给了我很大启发。那就是我们农村学校的观念还没有转变，对那些身边的教育教学资源重视不足，开发力度不够大的缘故。比如我校不仅养了几只羊，还组织了三至六年级学生分片种植蔬菜，还比如我校师生很爱踢足球，也有足球队，还比如我校组织学生搞了大量的手工作品。还比如我校还组织学生跳民族舞……但我们都没有将这些潜在的资源开发成课程，没有上升到一个新的高度。相反，在应试教育的盲目比拼中逐渐失去了自我。（国培学员访谈记录2016-1-25）

由南京师范大学承办的历次国家级班主任培训都不同程度地为一线优秀班主任搭建了对话交流的平台，这里汇集了全国优秀的班主任资源，他们来自不

191

同的地域和文化背景，他们汇集在一起，本身就是一个很好的交流资源和平台。这有助于他们跳出自己所处地域文化的局限，站在一个更高的角度审视自己的班主任工作。这样的交流本身就具有极其重要的成长意义。通过与专家对话、同伴互助，加上南京师范大学为学员提供的后续交流平台，相信他们当中一定会诞生一批在国内有影响的优秀班主任。在此意义上，班主任国培项目是一个"种子工程"，利在当代，功在千秋，相信这批火种一定会在自己的工作和更大的平台上发挥自己的辐射作用。

南京市是历史古城，有非常悠久的历史和文化，有着非常深厚的文化底蕴。初来乍到，一切都显得那么陌生、那么新鲜。在地铁车里和景点里面，也经常听见很多年轻人张口闭口的在谈论韩国日本……这使我感到很惊奇，也许是由于这里的经济发达，人们受教育的影响深而已吧，和自己相比差距还不是一般的大。当然古都悠久的历史文化也给我们留下了不小的震撼。（国培学员访谈记录2016-1-25）

从实际培训效果来看，学员们普遍反映，专家理论上的引领和观念层面的提升，对于一线教师来说十分迫切与必要。借用班主任班学员的话来说："国培项目10天的学习成为我们教师生涯的加油站和新的起点。一线教师在与高校教师面对面的互动和交流过程中，启迪了思想和智慧，感受到教授学者不同的教学风格和人格魅力，这样的学习实属难得；项目组的三位专业教师和四位助教与学员们一起生活、切磋交流，既增长了知识、又增进了友谊，这样的经历令我们终生难忘。"

参加"国培计划"的学员，在返回各自的工作岗位后，仍然"漫步"在南京师范大学"国培计划"教师研修平台和班级QQ群、班级微信群，与大学老师、专家教授探讨教学理论和实践中的问题，与国培学友交流学习心得，分享国培经验，体验参与研修的友谊与快乐。南京师范大学的国培教师研修平台已经成为参与国培计划学员的家园，体现"一次参加国培，终身体验国培成果"。

2016年1月16—25日，我有幸参加"国培计划"为期十天的培训。重新回到校园学习，是一种全新的生活和体验。与以往每天周而复始的烦琐的工作相比，突然有一种别样的感觉。每天有规律的学习、生活洗去了我身上的浮躁，让我回归本真，静心学习，潜心研修。（国培学员访谈记录2016-1-25）

《江苏省"十三五"教育发展规划》围绕高素质专业化教师队伍建设，强调实行五年一周期的教师全员培训、乡村教师领雁工程和助力工程,需要"构建以师范院校为主体、综合性大学参与、本科和研究生教育为主的教师教育体系",促进教师培养、培训、研究和服务的一体化。

表4-11 2016年省市合作项目培训基地安排①

市	特级后备高级研修 S2016106	乡村校（园）长轮训 S2016204	乡村音体美兼职教师培训 S2016205	乡村幼儿园教师"双基"培训 S2016206
南京	南京晓庄学院	南京晓庄学院	南京晓庄学院	南京幼儿高等师范学校
无锡	江南大学	江南大学	无锡高师	无锡高师
徐州	江苏师范大学	徐州工程学院（初中）徐州高师（小学）徐州幼儿师范高等专科学校（幼儿园）	徐州市教育局师资处牵头，联合新沂教师发展中心 铜山教师发展中心 沛县教师资源中心	徐州幼儿高等师范专科学校
常州	常州市教师发展中心	常州市教师发展中心	常州市教师发展中心	常州工学院
苏州	苏州市教师发展中心	苏州市教师发展中心	苏州市教师发展中心	苏州幼儿师范高等专科学校（筹）
南通	南通师范高等专科学校	南通师范高等专科学校	南通师范高等专科学校	南通师范高等专科学校
连云港	江苏大学	江苏教育行政干部培训中心	市、县区教师发展中心与连云港师范高等专科学校合作	连云港师范高等专科学校

---

① 江苏省教育厅档案.省教育厅关于做好2016年中小学教师和校长培训工作的通知（苏教师〔2016〕3号），2016-01-08.

193

续表

市	特级后备高级研修 S2016106	乡村校（园）长轮训 S2016204	乡村音体美兼职教师培训 S2016205	乡村幼儿园教师"双基"培训 S2016206
淮安	省教师培训中心	淮阴师范学院	淮阴师范学院	淮阴师范学院
盐城	盐城师范学院	阜宁高师	盐城市教师发展中心	盐城高师
扬州	扬州市教师培训发展中心	扬州大学	扬州市职业大学	扬州大学
镇江	江苏大学	扬州市职业大学	江苏大学	镇江市高等专科学校
泰州	江苏师范大学	江苏师范大学	南师大泰州学院	泰州学院
宿迁	江苏大学	省教育行政干部培训中心 徐州幼儿师范高等专科学校	宿迁高师	宿迁高师

从"国培计划"到江苏省的"省市合作""送培到县"等乡村教师培训项目纷纷采取招投标等方式遴选有资质的高师院校和高水平综合性大学来承担培训任务，使得乡村教师全员培训工作得到了强有力的支撑，并受到了乡村教师的青睐。

> 工作以来，第一次出省学习，在去之前，就有很多的期待和想象；去之后，更是有很多的收获和感受。这些收获和感受，汇成一句话就是善待老师，善待学生，创造奇迹。（国培学员访谈记录 2016 - 1 - 25）

（三）信息技术开创了乡村教师网络培训新时代

运用现代远程教育技术，建立高效、优质的信息化教师培训平台，大幅度提高乡村教师队伍整体素质，是新世纪我国将互联网技术与教师教育优质资源紧密结合，构建"人网""天网""地网"三网合一的现代乡村教师培训体系的创新举措。根据《2003—2007 年教育振兴行动计划》，按照

《教育部关于实施全国教师教育网络联盟计划的指导意见》要求，教育部不断加快推进全国教师网联计划的实施步伐，力促教师教育体系与卫星电视网、计算机互联网及其他教育资源的优化整合，实现了乡村教师培训的现代化、信息化。

按照教师网联计划"三步走"的发展方针，我国用了10多年时间，初步构建了以高水平大学为先导，以师范院校为主体，区域教师学习与资源中心建设为支撑，中小学校本研修为基础，学历教育与非学历教育相结合，职前教育与职后培训一体化，覆盖全国城乡、高效开放的教师教育网络体系，推进了优质教育资源共享，全面提高乡村教师全员培训的质量和水平。

2003年"全国教师网络联盟计划"实施以来，我国中小学教师学历和非学历培训取得了重要进展。2004年全国"教师网联"首次实现了联合考试招生，8所师范院校联合招收149938名远程教育学生，比"教师网联"成立前的学员数增长27.96%。中央广播电视大学招收师范生38万人，其中"教师网联"新招师范生163618人。"教师网联"利用远程教育优势"面向全员、突出骨干、倾斜农村"培训在职教师，到2007年共开发3000多门学历教育网络课程，1万多门非学历网络课程，覆盖全国20多个省（自治区、直辖市）。[①] 2004年《国家西部地区"两基"攻坚计划（2004—2007年）》加大了对农村中小学教师的培训力度，在"全国教师网络教育联盟"中设立了专门针对西部农村中小学教师的远程培训项目。

2007年教育部在新课程培训的基础上，采用网络培训与校本研修方式，充分发挥远程教育手段为广大教师特别是农村教师提供优质培训服务。2008年对新进入新课程改革实验的5个省区（江西、山西、河南、湖北、新疆及新疆生产建设兵团）近10万名学科教师进行了50学时专题培训。依托"农远工程"，通过卫星电视课程播放及网络在线辅导答疑等方式，对中西部22个省和新疆生产建设兵团150个县20万义务教育阶段6个学科农村教师进行了40学时的专项培训（其中网络辅导和交流研讨20学时，卫星电视培训课程20学时）。在2007年"万名中小学班主任国家级远程培训"基础上，教育部还采取网络培训与集中研修方式，对1万名中小学班主任进行了50学时专

---

① 中华人民共和国教育部师范教育司，中央教育科学研究所．中国中小学教师发展报告·2010［M］．北京：教育科学出版社，2011：66.

题培训；委托高校，采取"送培下省"集中培训方式，对西部地区中小学专职体育教师和传统项目学校体育教师进行了专项培训，提高中小学体育教师的教育教学能力。

各地在推进乡村教师培训信息化的过程中，不断整合区域内"人网""天网""地网"等相关教师教育资源，发挥高水平大学在教师培训体系中的龙头作用，坚持以师范院校和举办教师教育机构为主体，建设开放、灵活的区域性教师教育网络联盟，促进省级区域性教师网联与全国教师网联相互衔接，推进各省教师教育网络联盟与全国"教师网联"之间的互联互通和联合合作，共同开展面向乡村教师的学历培训与非学历培训合作办学，实现省属院校与教师网联成员优质资源共建共享。

新一轮教师信息技术应用能力全员提升培训致力于建设并利用教师选学服务平台，按照教师需求实施全员培训。根据信息技术环境下教师学习的特点，各地积极建设网络研修社区，强化情境体验环节，推行网络研修与现场指导相结合的混合式培训。为确保网络培训质量，坚持底部攻坚，不断推动网络研修与校本研修整合培训，建立学习效果即时监测机制，完善以校为本的常态化培训机制。大力推行移动学习，平板电脑、手机等移动终端设备为教师进行便捷有效的学习提供了技术支持。

2015年江苏省开展的教师网络培训项目共计94项，参培人数达46536人，涉及13个大市，学员合格率为94.51%。从后期抽样调查的结果来看，各个培训项目的完成情况都比较好，为一线教师的教学工作和专业发展提供了必要的帮助，参培教师对网络培训的满意度比较高（如下表）。从数据中可以看出，学员对组织机构组织管理的满意度最低，相比之下辅导人员帮助与学习体验满意度最高。

表4-12 2015年省级教师网络培训项目满意度

序号	项目名称	测评人数	组织管理满意度	授课满意度	帮助与体检满意度	课程资源满意度	整体满意度
1	2015江苏省初中化学新课程教师网络培训（老版）	59	7.66	8.90	9.08	8.67	8.61

续表

序号	项目名称	测评人数	组织管理满意度	授课满意度	帮助与体检满意度	课程资源满意度	整体满意度
2	2015 江苏省初中物理新课程教师网络培训（老版）	46	7.94	8.67	8.94	8.42	8.52
3	2015 江苏省高中通用技术教师网络培训	29	7.79	8.65	9.03	8.45	8.51
4	2015 高中生物探究性实验设计及学生指导网络培训	10	7.42	9.01	8.57	8.90	8.48
5	2015 教育研究方法网络培训	1358	8.08	8.45	9.00	8.27	8.48
6	2015 网络课程与学习评价网络培训	4	6.46	7.39	8.39	7.00	7.37
	平均满意度		8.39	9.00	9.34	9.04	8.96

2016 年江苏省远程网络培训包括乡村教师培育站、信息技术能力提升工程、英特尔未来教育和中小学教师健康知识竞赛。乡村骨干教师培育站是实施国家乡村教师支持计划的重要举措之一，在全国尚属首创。"十三五"伊始，根据《江苏省乡村教师支持计划实施办法（2015—2020 年）》，江苏省在全省各市、县建了一批乡村学校学科带头人培育站和乡村学校骨干教师培育站，共建了 218 个乡村培育站，培训本土化的乡村学校骨干教师，引领全省乡村教师专业发展。[①]

表 4-13 2016 年江苏省乡村教师培育站分布

地区	市级培育站个数	县级培育站个数	培育站总数
南京市教育局	4	7	11
无锡市教育局	/	/	11

---

① 江苏省教育厅师资处，江苏省教师培训中心.2016 年江苏省中小学（幼）教师（校长、园长）培训质量数据分析报告.2016-12-31.

续表

地区	市级培育站个数	县级培育站个数	培育站总数
徐州市教育局	10	16	26
常州市教育局	4	6	10
苏州市教育局	6	8	14
南通市教育局	7	12	19
连云港市教育局	/	/	26
淮安市教育局	7	11	18
盐城市教育局	/	/	26
扬州市教育局	4	7	11
镇江市教育局	4	7	11
泰州市教育局	6	10	16
宿迁市教育局	7	12	19
总计	/	/	218

(备注:"/"表示相关数据缺失)

四、政策问题

随着"互联网+"信息技术在教师网联计划中的运用,工程控制的含义在教师培训领域不断扩展,并成为教师继续教育工程的重要推手。然而,在这些轰轰烈烈的形象工程背后,乡村教师培训却似乎缺失了前行的动力,培训效果也差强人意。当前,学校举办教师培训的动力不足,教师主动学习的积极性不高,"教师教育管理还存在职责不清、重复培训、资源浪费等现象。"[1] 这些问题的存在与教师培训工程化的思维有关,最根本的就是人在培训中的政策缺失。

(一)自上而下的计划管控

在我国九年制义务教育由数量满足向质量提升、由局部普及向优质均衡发展的过程中,政府显示了极其强大的作用,即使在教师培训迈向改革开放的市场化进程中,我们依然能看见隐藏在背后看不见的一只"无形的大手"。

---

[1] 袁贵仁. 全面落实以人为本的科学发展观,努力建设高素质的教师队伍[J]. 人民教育,2005(9).

1. 政府：工程制造与工程控制

教师培训的工程化与政策科学依赖理性与技术的理念如出一辙。伍德罗·威尔逊（Woodrow Wilson）重视政策程序化的规则问题，把政策定义为"由政治家即具有立法权者制定的而由行政人员执行的法律和规范。"① 自从1999年实施"中小学教师继续教育工程"以来，各地围绕着"一个工程目标"，推出了"一系列工程计划"，制定工程进度表，遴选工程专家，实行工程招投标机制，配套一笔笔工程建设经费，辅之以工程验收、项目评估等工程控制系统。这是一个极其复杂的程序化的工程制造过程。"工程"思维不是不好，但依靠工程来树立形象甚至追求所谓的教育政绩，则会欲速则不达，嫁接到教育、培训领域也会产生遗传与变异，并产生很大的危害性。

我国乡村教师全员培训的"工程化"有其特殊的历史背景，工程出身的精明的管理者发现普及九年制义务教育面临的师资数量短缺和质量问题可以用工程制造的方法来处理，远比纯行政的组织管理来得更有效率。以计算机为中心的数据库的建立，更为管理者开展教师全员培训提供了可参照的动态映像和政策模型。

"国培计划"出台很不容易，准备工作时间的确是晚了些，给我们的时间非常紧，在座的各位和教育厅主管领导一定要认识到"国培计划"的紧迫性。因为大规模教师集中培训有其自身规律，时间性真的很强，时间与培训质量密切相关，若不抓紧时间，即使我们付出再大努力，质量还会大打折扣。在"国培计划"两个项目中，"示范性项目"我们积累了一些经验，很多因素都在我们掌控之中。而"中西部项目"，却是第一次做，面广量大，比较分散，弄不好就会放水。我们确实有很多担心。今年"国培计划"的成效，直接关系到明年和今后几年能否得到更大支持。一定要认识到这个问题的严重性，全国教师培训战线要紧急动员起来，中西部地区尤其要抓紧，要有责任感、使命感和紧迫感。②

教师培训"工程化"的一个重要推手是计划而非市场。计划是政府决策的一个重要组成部分和调节社会分配的重要手段。政策科学创立者之一亚伯拉

---

① 伍启元. 公共政策 [M]. 香港：商务印书馆，1989：4.
② 管培俊. 精心筹划 精心组织 确保"国培计划"顺利实施——在"国培计划"实施准备工作会议上的讲话. 2010 – 07 – 05.

罕·卡普兰（A. Kplan）和哈罗德·拉斯韦尔（Harald D. Lasswell）将政策表述为"一种含有目标、价值与策略的大型计划"。[1] 这种表述强调政府的公共政策的整体设计功能和程序化目标，体现了政策对社会发展的整体规划及政策本身的价值取向。科学决策是目标制定和程序化生产的一个重要前提，科学决策需要一个自下而上的决策过程。然而，在权力高度集中的计划经济年代，在向社会主义市场经济转轨的过程中，我们发现好多重要的权力、培训项目的立项都还扎口在决策者手中。在"官本位"社会中，计划生产远非想象的那样是科学决策的结果，"屁股决定脑袋"，闭门造车的现象会时有发生。不少省市存在人事部门与教育行政部门同时组织教师继续教育的现象，政出多门，重复培训，互不相通，管理不顺。不少情况下是计划在影响着我们的决策，权力运行着我们的需要，"上面刮阵风，下面就动一动"，搞花架子，唯上献媚。面对铺天盖地的教师培训工程，中小学教师无所适从，在一定程度上挫伤了教师参训的积极性。

"国培计划"中央给予前所未有的支持，地方为主实施。各地具体组织实施，就要对项目实施效果负责，在项目实施中要有相应配套。拨款采取因素法，考虑几个关键因素：一看教师人数，二看省里自身重视程度、努力程度。如果不重视，或没有掌控能力，组织不好，以后也就不会得到更多的支持。[2]

在计划经济管理模式下，教师培训工程是自上而下构建的一种封闭运行的控制系统，从计划指标的下达到评估考核，构成了一个完整的链条，甚至是一条利益链或者一种地方保护主义的政策行动。以"国培计划"为代表的工程控制系统有着严格的招投标程序，在最初的实施计划中，我们可以发现不少省份名义上面向全国实行公开招投标机制，大多数项目最终还是以邀标或内定的形式将项目分配给了相关培训机构。尽管不少中西部项目集中培训遵守了"省外院校占的比例原则上不少于四分之一"的规定，但大多数执行机构仍然倾向于将计划配额拨给本地的教师培训机构，而不考虑这些机构是否具备国家级培训的条件和水平。这里固然有出省培训经费不足的原因，更深层次的就是利用有

---

[1] Harald D. Lasswell and A. Kplan, 1970, *Power and society*, New Haven：Yale University Press, p. 71.
[2] 管培俊. 精心筹划 精心组织 确保"国培计划"顺利实施——在"国培计划"实施准备工作会议上的讲话. 2010 – 07 – 05.

<<< 第四章　乡村教师全员培训的政策推进（2000至今）

限的中央财政支持最大限度地扩大地方培训的规模，一方面可以节省地方的培训经费，另一方面也让更多的本地院校拥有"国培"的荣耀，为地方院校增添"面子工程"，从利益上来说也可以保证"肥水不流外人田"。

政绩工程具有短平快的特点，有着明确的数字化工程特征和工程目标。在推进九年制义务教育均衡发展的过程中，不少地方一度将教师学历作为工程变量，设定工程参数，通过局部地区的工程试点，修改数据模型，再以政策法令的形式由政府或教师培训机构来进行工程施工，辅之以政策优化、工程反馈和工程验收，从而实现工程的系统控制。

J县教育局2015年申报了中小学8个学科省级网络培训项目，组织400名学员参训。为做好省级网络培训学习报名及督促工作，县教育局专门下发文件，要求各学校根据网络培训学习时间安排，分期分批做好学员安排及学习督促工作。文件明确省网络培训情况将纳入学校办学质量评估考核的重要内容，并作为年度培训工作先进单位表彰"一票否决"的内容，对网络学习参与率和合格率未达100%的学校，不得评为年度培训工作先进单位；对未完成培训任务的学校及个人，将在教育系统予以通报批评。[①]

自4月16日，2015年省级网络培训开班以来，XZ市项目办坚持把工作的标准贯彻始终，坚决杜绝"开头热热闹闹，中场松松散散，最后垮垮塌塌"的现象，加强制度管理，加强过程管理，截止到6月20日，已经完成4个批次的学习任务，参培率全部为100%，合格率分别为98.2%、98.3%、99%和98.9%，不仅完成了省师培中心规定的合格率98%的任务，而且四个批次全部位居全省前三。

在这个追求效率的年代，政绩工程视效率为效益，以规模论质量，以至于经常出现一些"豆腐渣工程"。学历达标和高学历教师的比例成为地方提高师资队伍建设水平和义务教育普及程度的重要指标，限时甚至超前完成，在一些地方看来这就是政绩，殊不知这种快速成长的教师队伍里塞了多少"豆腐渣"，学历真的能与水平成正比吗？下面这则总结材料以简要的数字高度概括了某局一年来师资队伍建设工程所取得的辉煌战绩，本来要用5年时间来完成的"十二五"工作目标，竟然一下子提前了4年就完成了。汇报者沾沾自喜于"两夺省

---

① 江苏教师教育网内部资料.Y市2015年省网络培训工作启动.2015江苏教师教育网新闻集锦，23.

师资建设先进市成果"和教师学历"可提前2年达到省厅确定的工作目标"的政绩。这短短一到两年所取得的一系列数字化的成果充分展示了该局服务全市教育提升工程所取得的荣耀。

一年来,我局立足实际,着眼于实施教师队伍建设"三三三工程",认真贯彻落实省教育厅《关于"十二五"期间进一步加强中小学教师和校长培训工作的意见》和全省师训干训工作会议精神,扎扎实实开展中小学教师和校长系列培训工作,以实际行动巩固两夺省师资建设先进市成果,主动服务全市教育发展提升工程,取得了新的成绩。全市高中阶段学校专任教师取得硕士学位人数占教师总数的20%以上,已提前4年完成省厅"十二五"工作目标,初中教师本科、硕士率分别达85%、4%以上,小学教师专科、本科率分别达95%、53%以上,幼儿园教师专科、本科率分别达80%、28%以上,预计到2013年可提前2年达到省厅确定的工作目标。①

然而,教师的能力和水平并不是如某局所展示的那样通过一两次或一两年短暂的培训就能提高的,也不是一两个证书的获得就能标明的。教师培训的绩效也不是如项目评估者所描述的那样立竿见影、精彩纷呈。俗话说"十年树木,百年树人"。"国培计划"一般10~20天左右,其他培训项目基本是一周左右。一个农村教师参加一两次培训就能成为骨干教师了吗?每5年一周期接受360学时培训是否有针对每个教师做了阶段性成长的培训安排?作为政绩工程恐怕没有过多的时间对每个教师的发展从长计议,能够做到的就是培训项目一哄而起,启动得快,做起来匆忙,形式上走过场,最后草草收场。培训过于注重形式,一味贪大求全,其实质就是没有抓住教师专业发展的瓶颈。② 在操作过程中,工作脱节也是常有的事:

今年,在与学员联络过程中,我们明显感觉到前面的工作有些脱节,好多学员在第一次接到我们的通知时表示此前对自己要参加培训一事一无所知,以至于持怀疑态度,以为是骗子。后经多次与当地教育局联系才总算落实。因此,我们建议省厅进一步重申各相关部门的工作职责和时间表,把上级的要求和任务落到实处,及时通知参训教师,提高参训率,保证培

---

① 江苏省教育厅材料汇编.强化师资培训 服务教育提升.2011年度师干训工作总结,2011-12-17.
② 江苏省教育厅师资处,江苏省教师培训中心.2015年江苏省中小学(幼)教师(校长、园长)培训质量数据分析报告.2015-12-31.

训任务的顺利进行。①

政绩工程是一种急功近利的短视行为，究其实质则是官僚主义和形式主义在教师培训领域的一种延续。如果决策者有意将这些形象工程作为个人职务升迁的"政治资本"，就更是一种虚假的繁荣了。在这里，工程制造本身不是目的，人只是其中被利用的一个工具而已。满足私利的教育政绩其实就是一种"腐败政绩"[2]，更将为广大教师所唾弃。

2. 培训机构：既想马儿跑得快，又想马儿不吃草

教师全员培训"工程"启动之后很长一段时间，许多省份对骨干教师培训有专项经费投入，但在全员培训上还没有专门的培训经费，培训经费"零运转"与中小学教师经济负担过重的问题在基层学校普遍存在。[3] 政府部门无力提供专项培训经费，培训机构自身难保，即使有，也是杯水车薪。在全员培训上，不少地方将经费转嫁到教师个人身上，采取"三个一点"（政府财政补一点、学校报一点，教师个人出一点）的方式处理教师的培训经费。

由于农村税费改革推行"一费制"和"两免一补"政策，断了苏北农村学校原有的学费返还、代办费余额等活钱的来路，因而，一切花费都必须从上级拨款中开支。苏北不少地方只是将工资上收到县，人、财、物等权力没有完全归县统一管理，农村小学教师进修还受所在乡镇和行政村制约。农村学校因为过去财政由乡镇负责时所遗留下来的工资拖欠等各种债务，像沉重的包袱压在农村学校身上，使得他们无力承担教师培训的事。上面划拨的经费，只能勉强维持农村学校教学开支，地方挤占农村教育经费、擅自挪用上级拨款的情况时有发生，更谈不上拿出专项资金保证教师专业发展。经费问题严重制约着农村教师培训工作的开展，几乎所有项目的自评报告都不同程度地反映了培训经费短缺的问题。

> 随着物价的上涨和学员生活质量的提高，培训期间对学员的吃住安排确实是令人头疼的问题。根据学员的反馈，他们对食宿要求还是比较高的，尽管我们已经从方便学员的角度出发，将住宿、吃饭和教室安排到了一起，但仍然不能满足需要，特别是对住宿标准想法较多，这些因素在一定程度

---

① SZ 大学档案. SZ 大学 2011 年省级教师培训工作总结. 2011 – 12 – 01.
② 郑生勇. 教育政绩的偏误与匡正 [J]. 教育研究与实验, 2015 (2)：71.
③ 朱益明，田宏忠. "中小学教师继续教育工程"的当前进展 [J]. 中小学教师培训, 2002 (3).

上影响着学员对培训的满意度。建议省厅充分考虑这些因素,在可能的情况下适当增加培训经费,提前、及时向培训院校划拨一定比例的经费资助,以减轻承办院校的负担。①

作为培训者,在承办培训的过程中,我们会经常遇到经费政策的困扰。一方面要全力打造农村教师培训品牌,另一方面还得按照各种经费政策做事。政绩工程从工程思维的角度来看讲求工程技术的量化投入与产出效益,坚持严格的量化标准和制作工序;作为形象工程,则是要在最短的时间内以最少的投入获得最优化的成果。然而,这种低成本却要求高收益的工程化思维运用于教师培训领域,似乎并不能为广大教师和培训者所接受。

当前各级培训机构承受着低经费标准和高成本支出的双重压力。教师培训工程的系统控制有着一系列的数字化指标体系和控制标准,与工程技术一样都是需要以数字形式进行量化和可测量的,更有一套严格规范的工程制作程序,一切基于人的情感的因素和想法都会被工程参数的设置所淹没。从"国培计划"到各个省市县教师培训项目都有着严格的经费控制参数。2016 年江苏省省级培训经费执行省级财政专项经费标准,主要用于培训专家费、场租费、材料费、食宿费等。2016 年一般性集中培训按每人每天 350 元标准下达;乡村领军校长培训、特殊教育教师、教师选学、书法、足球、艺术骨干教师等培训按每人每天 400 元标准下达;省际联合培训项目,由联合省协商确定,原则上不超过每人每天 400 元。省级按照每人每年 0.5 万元补助"国培计划"示范性综合改革项目。承担培训任务的机构必须严格执行国家及省有关教师培训经费的管理规定,单独核算,专款专用,厉行节约,既不准向培训学员收取任何费用,也不能安排与培训无关的任何参观考察内容,不得以任何形式提取管理费。其实,有些地方财政并不缺钱,账面上大量积余的专项经费由于受工程经费参数的限制无法用于该用或想用的地方,常见每年年底快到财政结算的时候,会临时冒出一些所谓的培训项目,那是要想办法把当年预算经费突击花掉的节奏,如果不花掉下一年度的财政拨款就会受到很大的影响。既如此,为何不能在平时的项目中多使点力气,让广大农村教师获得更好的服务呢?

讨论中大家提到工作经费、配套的条件,实际上教育部也没有工作经费,所以我们希望设有工作经费。这次我们在《经费管理办法》里提出来

---

① S 大学档案. S 大学 2011 年省级教师培训工作总结. 2011 – 12 – 01.

<<< 第四章 乡村教师全员培训的政策推进（2000至今）

了，如果财政部同意，皆大欢喜。如果不能单列，我们就自己配套工作经费。人家送你一盘饺子，你说不行，还得送我一瓶醋，还得老陈醋。所以，我们不再提这样的要求。既然省里对培训重视，既然希望"国培计划"有一个好的效果，那你就要有经费保障包括工作经费。这是不言而喻的，是题中应有之意。①

在个税增加和管理成本加大的情况下，培训机构承担"国培计划"和省培项目等各类培训任务的积极性显然受到了极大的影响。一些高校为提升学校的教学科研水平，重心开始转向了学科建设和科研，而不鼓励教师从事中小学教师培训工作，将培训收入视同创收收入，并采取了高税收政策，全然不顾教师培训的公益性和社会效应。对于授课教师的报酬也规定了相应级别的发放标准，校外专家最高级别为院士3000元/场，教授2000/场，校内专家则相应减半执行。这种过低的劳务费发放标准显然不能体现知识的价值和对教师个体劳动的尊重，对校内校外实行的双重标准更无以体现对校内教职工的关爱和保护，无益于教育事业的整体发展。

作为一所师范大学，如果不鼓励教师承担基础教育前行的重任，不珍惜本校教职工自身的劳动，不尊重自己教师的职业定向，那是在倡导一种什么样的政绩观？"一刀切"带来的可能是官僚主义的死灰复燃和形式主义的横行，伤害的是教师个体投身教育的积极性和创造性，最终伤及基础教育的命脉和国民教育的大体。

从教育部近几年公布的对"国培计划"示范项目参训学员网络匿名评估结果可以看出，不少重点师范大学和高水平综合性大学的培训排名排在一般院校之后。2014和2015年教育部重点评估了参训学员对培训过程和培训效果的总体满意度，其中，在一线研修教师培训技能提升项目各院校排名中，北京师范大学分别排第51和44名，北京大学分别排第50和49名，南京师范大学分别排第45和28名，华中师范大学分别排第49和37名；同样，在2013年国培培训团队研修项目19所院校排名中，北京教育学院排第10名，华中师范大学排第14名，北京大学排第13名；在2014年培训团队研修项目16所院校排名中，华东师范大学排第7名，华中师范大学排第10名，北京大学排第12名（详见附录）。如此靠后的考评结果反映的是承办院校的水平问题还是重视程度问题？是

---

① 管培俊. 精心筹划 精心组织 确保"国培计划"顺利实施——在"国培计划"实施准备工作会议上的讲话. 2010-07-05.

承办院校本身的问题还是工程政策的问题？在构建以高水平大学为支撑的农村教师培训体系过程中，如何充分发挥这些高水平大学对农村教师队伍建设的支持和引领作用是教师教育者们必须深思的重要话题。

3. 参训教师：不是我要学，是"要我学"

培训人员的选配政策一直是影响政绩工程整体效果的一个重要因素，关系到教师培训的整体规划，也是培训组织管理中出现问题较多的地方。但目前有关培训人员的选配官方尚未形成完整明确的办法。有些地方采取行政性的措施，近似"强迫"教师参加学习与培训，造成了教师很勉强地去接受培训，即使去了也心不在焉，甚至想办法逃课。

在培训中，我们会经常遇到一些十分尴尬的事，一些想来的来不了，不想来却又被派来了。有些学员因为生病，或家中有事，产生畏难情绪要求请假；有些学员因为年纪较大，对参加网络培训有抵触情绪。这些"不速之客"有真正令人感动的好学者，也有不安心学习纯粹为了拿证书、为学分而来的"打酱油"者。让培训者比较伤心的是，面对一场精心准备的培训"盛宴"，"赴宴者"却一脸茫然，甚至不屑一顾。

学校任务逼迫着我学[1]

2010年10月29日，我怀着无可奈何的心情来到教师进修学校，参加学校下达的培训学习。几乎所有人都这么想：又搞什么培训，都已经见多不怪了，有些老师都没来。搞完简单的开学典礼，觉得头都大了，一个感觉：这次培训是惨了，不仅是网上学习，还要6个月才能完，哎……，领了一张学习卡就快快地回家了。

笔者在承办一些省培、地培项目时，也经常遇到这么一些"不速之客"，尽管是少数，但也反映了我们培训政策方面存在的教师被动参训问题。在一次接待省培报到学员时，我遇到了一位有特殊需要的学员，这是一位来自苏南参加思品课省培项目的老师，签完到以后，她以不习惯与别人住一起为由要求一人住一个房间，但受经费限制，培训是按两个人住一个标准间的费用进行预算的，根据经费标准所订的宾馆往往是一些经济型的快捷酒店。正常的做法是等到报到结束，看有没有多余的房间再说，然而，这位学员没有耐心等下去，随即她就说了一句让我们吃惊的话："我是不是可以回去了，算我来报过到了"。来报

---

[1] 龚华蓉．"国培"感悟．"国培计划"总结交流工作会议"国培计划"征文集，2011-03.

到算是给我们面子的，那是一种怎样的打赏啊。情急之下，我们又问她为什么，她随即又补了一句："又不是我要来的！"这种被派来的情形自然是带着不屑一顾而疲于应付的态度来培训的。

在2015年年底的时候，我接到领导通知——赴南京市学习20天。当时以为校长和我开玩笑呢，结果他让我在群里查看详细通知。此事被我证实后，我的内心是七上八下呀！原因有二：其一因为校内员工都很优秀，为何领导派我去；二是我对南京市一点儿不熟悉，因此不知是福是祸。就在放假前夕参加完教育局领导为我们召开的动员大会后，我才明白：此次学习是由我市教育局组织的，并且都是首次外出学习。所以听完局领导的讲话后，我的心情是既兴奋又忐忑——兴奋的是很荣幸获得了此次学习的机会；忐忑的是此次学习的任务非常艰巨，我能否学懂，能否付诸实践呢？最后想想算了，既然事情已成定局，那就心无杂念地全身心投入吧，正所谓福分祸倚吗，因此我怀揣忐忑，肩挑重任，来到了南京市。（国培学员访谈记录2016-1-25）

2015年江苏省名师送培项目满意度调查显示培训形式在所有工作的满意度中排位最低。调查过程中，有许多学员在问卷中反映："培训形式过于单一，主要以专家讲座为主，缺少互动的机会"，但是据笔者对实际教师培训课堂的观察来看，在讲座授课之后往往会有问答环节，但是参训学员互动的积极性并不高。即使培训采取了多种形式进行活动，许多参训学员也是应付了事，教师参培情绪不高。

问题的根源不在于采取何种方式进行培训，培训的形式仅仅是培训活动的载体，对于调动学员积极性有一定的促进作用，但要想提高学员的培训效果，还是要抓住学员真正的需要，变被动培训为主动参加培训，培训工作在追逐时代脚步的过程中，不断地做加法的基础上，也要把教师发展的根本一同提上来，化繁为简，抓住教师专业发展的根本。

（二）培训的针对性与实效性不强

省市合作作为集中培训中规模最大、项目立项最多、参训学员人数最多的培训项目。2015年江苏省省市合作优先选取了经济薄弱地区和贫困县学校的教师，开展了"千名教师出乡村"、农村音体美兼职教师、农村学科骨干教师提高培训及特级教师后备高级研修等72个项目，培训规模比2014年有所扩大。培训配额为9629人、报名人数为9451人，最后合格人数为8897人。如此密集、"遍地开花"的教师培训工程看似热闹非凡，却并非都精彩纷呈，学非所用可能是影响参训学员积极性的一个重要因素。

表4-14 省级培训项目乡村教师素质提升工程任务安排①

序号	项目类别	项目名称	培训基地	人数（人）	培训方式和时间
1	乡村教师素质提升工程	"领雁工程"：领军校长培育计划	省教育行政干部培训中心	100	持续混合，集中40天
2	乡村教师素质提升工程	"领雁工程"：学科带头人培育计划	各市上报方案，方案评审通过后公布	80个培育站，每个培育站25人	省市合作，以市为主，工作坊式，周期1年
3	乡村教师素质提升工程	"领雁工程"：骨干教师培育计划	各市上报方案，方案评审通过后公布	133个培育站，每个培育站30人	省市县合作，以县为主，工作坊式，周期1年
4	乡村教师素质提升工程	"助力工程"：校（园）长轮训		1000	省市合作，分集中学习和跟岗培训，各5天。
5	乡村教师素质提升工程	"助力工程"：音体美兼职教师培训		各市上报方案，方案评审通过后公布	
6	乡村教师素质提升工程	"助力工程"：幼儿园教师"双基"培训		1200	省市合作，混合式分段开展，集中研修30天.
7	乡村教师素质提升工程	"助力工程"：名师送培到县		64个团，每团150人	省市县合作，以县为主，每团2.5天。

---

① 江苏省教育厅档案.省教育厅关于做好2016年中小学教师和校长培训工作的通知（苏教师〔2016〕3号），2016-01-08.

第四章 乡村教师全员培训的政策推进（2000至今）

由于培训对象在各个层面上都存在很大的差异性，学员年龄、性别、学历、职称、学科、学段等诸多方面选配结构不合理，参培名额不均衡，因而，其迫切需要培训的内容、所喜爱的培训形式及培训中遇到的困难都会有差异。农村教师编制紧张，基本上是"一个萝卜一个坑"，结构性缺编现象十分严重，培训时间有限，自然也不能完全满足所有参训学员的培训需求。随着培训任务的密集开展，越来越多的教师需要频繁调课，常常因为课务调不开而不能参加培训，也有委托其他学科老师代为参训的情况。江苏省省市合作培训对象主要集中在苏北农村地区，这些地区的教师专业发展水平参差不齐，广撒网式的培训往往蜻蜓点水，加上培训课程的设置缺乏针对性，所学非所用，培训质量自然就受到了很大的影响。部分参训学员在调查问卷意见反馈中建议"分人员岗位不同，针对不同对象，提高培训的针对性"，"培训内容要有系统性，不要都是碎片化教学，东西学回去不方便使用"等等。在2015年学员满意度测评中，教师培训的课程满意度是各项培训工作中满意度最低的。课程内容满足教师专业发展需求比例在80%以上的占71.78%，比例在61%~80%的占22.32%，但比例低于60%的却占了5.89%，相对于参训学员最为急需的培训内容却涉及较少。①

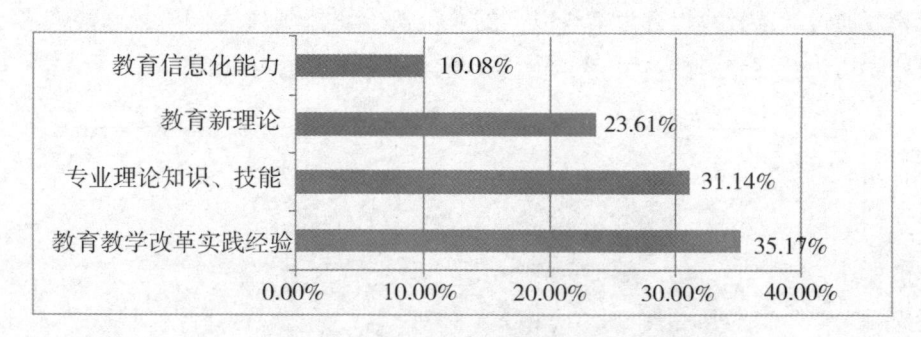

图4-10 急需哪些方面的培训内容

- 教育信息化能力 10.08%
- 教育新理论 23.61%
- 专业理论知识、技能 31.14%
- 教育教学改革实践经验 35.17%

在对学历提高培训所做的调查发现，本科学历教师所学专业与任教学科吻合度较高，高中各主要学科吻合度基本在95%以上，初中吻合度在75%

---

① 江苏省教育厅师资处，江苏省教师培训中心. 2015年江苏省中小学（幼）教师（校长、园长）培训质量数据分析报告. 2015-12-31.

左右。① 主要原因是高中教师中相当数量的教师第一学历为本科，进校时即基本与任教学科对应，而初中教师中相当数量的本科学历是通过继续教育获得的，后学历教育的主要目的是提升学历，地方政府推进九年制义务教育关心的是教师整体学历达标情况和高学历教师的比例，学历文凭成了一种符号，为文凭而学的情况大有人在，因而教师所学与任教学科的对应关系并不强。

表4-15　中学最高学历本科以上教师所学专业与任教学科吻合比例（%）

	政治	语文	数学	英语	物理	化学
高中（本科以上）	90.74	97.05	97.04	96.65	96.35	96.26
初中（本科以上）	66.41	91.97	78.75	83.36	76.06	73.69
初中（专科以上）	55.21	85.59	71.51	78.27	69.67	70.74

从上表中，我们可以发现，初中教师所学专业与任教学科的吻合度明显下降。以初中英语为例，全省2.25万名英语教师中最高学历为本科及以上的有1.06万人，其中第一学历为英语本科的人数为1800人，仅占英语教师总数的17%，通过继续教育提升为本科以上的非英语学历比例高达83%，这些人当中第一学历为英语专科的占72%，第一学历为英语中专的占11%。

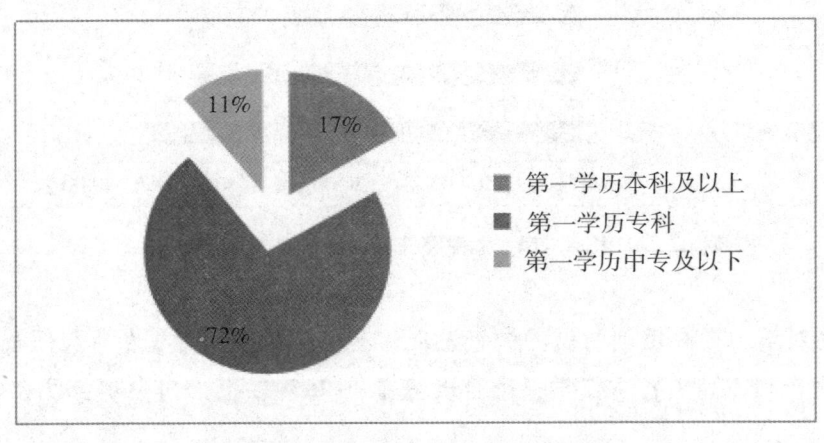

图4-11　初中英语教师第一学历比例

---

① 江苏省教育厅档案．江苏省中小学教师队伍基本结构现状分析报告．2006-08.

小学英语教师最高学历所学非所教情况比较突出，学历提高培训所学专业为英语的比例只有35.11%（无法从小学教育专业中区分出英语方向，实际比例应略高于这个数字）。而农村教师所学非所教的比例则更高，小学英语教师中英语本科及以上专业毕业者城市和县镇为12.28%，农村只有2.81%，小学英语教师中英语专科毕业者城市和县镇为34.10%，而农村只有23.62%。[①]

表4-16 城乡小学英语教师提高培训所学非所教情况

类别	在职英语教师合计 人数	在职英语教师合计 比例	英语专业本科及以上学历者 人数	英语专业本科及以上学历者 比例	英语专业专科学历者 人数	英语专业专科学历者 比例
合计	15613	100.00%	1083	6.94%	4400	28.18%
城市	3399	21.77%	424	12.47%	1133	33.33%
县镇	3402	21.79%	411	12.08%	1186	34.86%
农村	8812	56.44%	248	2.81%	2081	23.62%

（三）远程培训工程实施的困境

在农村教师素质提高工程中，工程制造者比较关心的话题在于如何以最小的代价大面积地提高农村教师的学历层次和受益面，如何以最短时间实现全员培训的控制目标。以计算机为中心的数字化互联互通技术成为教师培训工程的技术基础，也是教师培训工程系统控制的先决条件。为解决最优化的工程控制问题，工程制造者们发现了一条能够批量制造、可以严密监控的工程技术——"互联网+"信息技术，进而成功地将它运用于全员培训时代，实现"天网""地网""人网"三网合一，人成了机器学习的一个重要组成部分。翻转课堂颠覆了传统的教学模式，虚拟空间取代了传统的课堂教学，人机对话取代了人与人之间面对面的沟通，人与人之间的隔空喊话真的将"空山不见人，但闻人语响"拉回了现实世界。

---

① 江苏省教育厅档案．江苏省中小学教师队伍基本结构现状分析报告[R]．2006-08．

表4-17 继教网国培服务人员及服务项目表

序号	部门	服务项目	国培服务人数	服务方式
1	教务管理	教学教务	17人	主要分为400热线、guopei邮箱、feedback邮箱、在线客服、短信群发、服务支持QQ等形式，咨询服务总量近10万余次
2	学科编辑	学科频道	22人	
3	质量监控	每日一报	3人	
4	各省常驻支持	支持当地国培项目	92人	
5	技术支持	平台技术支持	23人	
6	呼叫中心	答疑	31人	
合计			188人	

全国中小学继续教育网（简称"继教网"）通过招投标承担了"国培计划"中西部农村骨干教师远程培训项目。"继教网"依靠188人的服务团队（如上表）以及在19个省份培训出来的培训者8000多人于2010年7月—2011年2月组织实施了19个省份30个学科39万多人的培训任务。如此大规模的远程培训，让中西部农村中小学教师足不出户就可以享受国家级优质资源，推动了中西部中小学教师素质提升工程，对我国义务教育均衡发展做出了重大贡献。尽管很多偏远乡镇和农村学校还未实现计算机普及，一些地方还是突破了地域性经济条件差的制约，积极购置计算机硬件，改善网络通信，保障教师参训的硬件网络优势。

表4-18 各省论坛研讨交流情况统计表[1]

序号	省份	启动时间	已注册人数	论坛研讨数	人均研讨数
1	云南	2010-9-27	8167	173967	21
2	宁夏	2010-10-20	2476	207263	84
3	甘肃	2010-10-25	9572	314867	33
4	广西	2010-10-25	25013	888396	36
5	湖南	2010-10-30	4141	163221	39
6	吉林（教学技能）	2010-11-1	17144	921973	54

---

[1] 全国中小学继续教育网. 全面创新求实效，科学管理促发展."国培计划"总结交流工作会议院校经验交流材料汇编，2011-03.

续表

序号	省份	启动时间	已注册人数	论坛研讨数	人均研讨数
7	黑龙江	2010－11－1	4662	274843	59
8	陕西	2010－11－1	50387	1105519	22
9	四川	2010－11－10	15875	889821	56
10	贵州	2010－11－10	10500	575333	54

为保障学员注册学习率，继教网采取了方便快捷的实物卡和电子码并行发放的方式，实行一人一卡一码制，共印制了44万张实物卡、生成了44万个电子码，学员只需按照卡面文字提示即可顺利完成登录、注册开始学习，有效保证了注册学习率。继教网实行项目"专人专省管理制"，为每个省配备专门的教务管理专员与各级管理机构对接，定期制作"学情通报"和"项目简报"，线上线下全程跟进项目的管理，指导项目实施，全程保障培训质量。2011年2月，先后有《中国青年报》、"新华网"等媒体和网站进行了宣传报道，突出宣传了中小学教师继续教育培训工程的再次创新发展，将"绿色""低碳"等环保理念融入了"国培计划"，开创了教师培训"绿色低碳"的新纪元；虽培训经费有限，但借助网络作用无限。由此，我们再次见证了中小学继续教育工程的辉煌战绩。

表4－19 学科频道资源发布及访问量统计表

学科	学科专家	各学科学科频道发布资源总量	学员访问量人次
小学语文	DGM	515	257519
小学数学	MYP	387	193532
小学英语	LYP	175	87514
小学思品	ZHL	369	184526
小学音乐	YAQ	547	273565
小学体育	MZM	311	155571
小学美术	CWH	267	133539
小学科学	LJ	412	206059
小学信息	LY	491	245517
初中语文	LT	606	303046

数字化仿真技术是从现代工程控制理论发展起来的一种强有力的实验技术，工程制造者们设计了一套基于网络研修的自动学习程序，不受时空限制，让学员在极短的时间内，不用长途跋涉，花最少的钱就可以在家里独立完成在教室里所做的一切，如同网上购物无须出门就可以实现大规模的教师培训。从工程试点到系统工程实验，从要我学到学习者的自我进化，虚拟教学实现了对教师成长的全程控制。动辄上万人，最多达16万人的大规模在线开放课程慕课（MOOC）平台创造了网络学习的神话。工程制造者津津乐道的是网络学习注册人数、参与率、网络点击率和网络文字的发帖量，并以此作为教师考核和网络成就的重要依据，而很少关注网络点击和文字数据的真实性和可靠性。网络链接与抄袭，复制与粘贴，大大提高了网络学习的效率，人的身影和参训教师的真实想法大量淹没在茫茫数据之中。

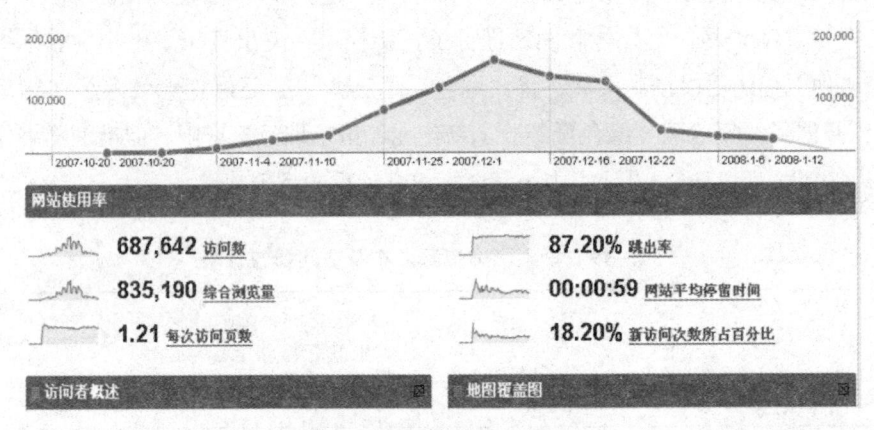

图4－12　网络学习访问量

工程控制依赖机器学习的高度自动化，而较少关注人本身的存在，批量制造的结果就是对个体学习情况的忽略。千篇一律，千人一面，循环播放，管理机械。2015年江苏省教师网络培训工程抽样调查结果显示，有9.42%的教师反映对学习的内容不太了解，需要边学习边摸索咨询，其满意度仅为7.28分，说明参训教师对网络培训工程的目的、进程了解不足。当学员在培训过程中遇到网络学习有困难时，有14.42%的教师咨询学校培训管理员，不能得到有效解决，让学员自己去咨询教育局或辅导人员。关于"您在哪儿完成培训任务"的调查结果显示满意度为 7.81 分,许多教师认为学校并没有提供合适的硬件设施和网络环境保障他们顺利完成"工程"任务。由于各地开展网络培训工作的情况和重视程度不同,网络工程整体培训情况自然也不均衡。①

---

① 江苏省教育厅师资处,江苏省教师培训中心.2015 年江苏省中小学(幼)教师(校长、园长)培训质量数据分析报告.2015-12-31.

第五章

个性化乡村教师培训政策展望

改革开放以来,我国始终坚持教育"为社会主义现代化建设服务"的方针,坚守"民族振兴,教育为本;教育振兴,教师为本"①。乡村教师培训政策在满足九年制义务教育对师资数量和质量需求的同时,给乡村教师带来了长足发展的机会,促进了乡村教师队伍整体素质的提高。然而,在自上而下构建的乡村教师培训体系中,国家主导的社会力量成为左右乡村教师发展的"无形的手"。推进城乡优质教育均衡发展还需要重构以教师为本的乡村教师培训新体系,实现乡村教师个性化发展的政策转型。

一、"以教师为本":乡村教师培训的政策定位

(一)乡村教师培训政策价值取向的异化

教育政策主体之间相互作用形成的基本问题和关系是构成乡村教师培训政策的价值基础。乡村教师培训的政策取向体现着国家政治、文化的价值选择。"教育政策是价值选择的结果,教育政策研究必须重视价值问题。"② 改革开放以来我国乡村教师的培训政策呈现了教育行政部门、教师培训机构和教师等不同权力主体在我国中小学教师培训中的权力关系。在教师培训日益制度化的过程中,我国乡村教师培训政策出现的价值取向的异化现象值得我们予以关注。

以国家为中心的话语模式使得我国乡村教师培训政策呈现了单向度的政府选择模式,即政府及相关行政机关是唯一合法的政策决策中心和利益主体,乡村教师作为个体受众在以国家为中心的话语模式中自然丧失了话语权,缺少利

---

① 袁贵仁. 全面落实以人为本的科学发展观,努力建设高素质的教师队伍 [J]. 人民教育,2005(9).
② 劳凯声,刘复兴. 论教育政策的价值基础 [J]. 北京师范大学学报(人文社会科学版),2000(6).

益诉求的渠道和权利。农村中小学教师培训长期依赖"外控"的力量进行着统一化的培训。教育行政部门在中国教师培训中起着主导作用,扮演着立法者角色,决定着培训制度和培训课程。各地主流的教师培训模式,包括由地方政府发起、带有指令性的教师培训模式,和由高校提供课程、讲座、研讨会、工作坊等形式的培训模式,在由政府、高校和中小学教师决定资源分配、确定教师培训的政策目标和优先次序等问题的三角关系中,多是前两者从各自利益出发,设定在职培训议程,乡村教师多处于弱势地位,乡村教师培训政策在制定过程中常常使政策的受众处于缺失的状态。

以国家为中心的乡村教师培训政策坚持从社会需要出发,来制定培训的政策目标,将教师队伍建设视为社会体系建设的一个系统工程。"教育应当把培养符合一定准则的人,使教育者社会化,保证社会生活的稳定与延续作为自己的目的。"[①] 1985年《中共中央关于教育体制改革的决定》将"建立一支有足够数量的、合格而稳定的师资队伍"作为推进义务教育、提高基础教育水平的根本大计。《国家中长期教育改革和发展规划纲要(2010—2020年)》将"以农村教师为重点,提高中小学教师队伍整体素质"作为提高教育质量的根本保障。一系列农村教师培训政策着眼于如何以最快的速度满足义务教育普及的需要,从最初根据"教什么、学什么,缺什么、补什么"对教师进行教材教法培训,使其适应课程教学的需要,到以"新理念、新课程、新技术"和师德教育为重点的新一轮中小学教师全员培训,不同程度地出现了以知识、技术、理性、实用为特征的工具主义的倾向。

历史上高度集中的计划经济管理模式通过计划指标与摊派也曾将乡村教师层层管制于庞大官僚体系的最底层。有的教育行政部门领导满足于形式上的成就,视"达到指标,通过考核"为第一目标;部分承担中小学教师任务的高校培训机构把"经济效益"作为参加教师培训的最大动力,没有经济收益不愿介入;少部分中小学校长把"5年360学时培训"视为干扰学校正常教学秩序,影响学校教学质量的"不良政策","工学矛盾"成为部分中小学校长对抗教师培训的基本工具;少部分中小学教师把培训看成是额外负担,是教师头上的"紧箍咒";也有教师将培训作为逃离"紧张"教学一线的极好喘息、休整机会,视培训为福利,把学习看成享受;更多教师则关注学分的获得,而非水平

[①] 黄济,王策三. 现代教育论[M]. 北京:人民教育出版社,1996:220.

的提高。① 教师完成规定的培训学时任务是教师获取与社会职务相关的社会资本——通过教师考核、职务聘任、教师资格证书定期注册的必备条件和重要依据。同时，对不合格者辅之以相应的惩罚措施，即"未完成规定培训学时的视为继续教育不合格，不得评先评优和晋升专业技术职务。新教师未完成上岗培训规定学时者，不得转正定级"②。教育行政部门将教师培训任务的完成情况与教师的职务评聘、评优晋级直接捆绑了起来。上级部门考核下级部门年度培训计划的完成情况，并纳入政府考核指标体系，层层制定责任状，限时限额甚至"大跃进"式超额提前完成；教师则疲于应付各种给定的培训任务，为了评优晋级而不得不参加规定的各种培训。这种近乎赤裸的工具主义的理性需要，看中的是荣誉符号的有用性和知识的千篇一律，忽视了教师作为"人"的存在和各种需求。

长期以来，国家、社会、学校、家长对"教师应当如何"的角色期待与规训，掩盖了乡村教师作为"人"本身发展的合理诉求，忽略了乡村教师在个人预期和角色担当以外可能存在的特殊性，并按照城市教师的要求培训乡村教师，使其完美地扮演与国家主流意识一致的"社会代表者"角色。③ 乡村教师成为教育政策的工具，并由技术和制度宰制。这种普遍存在的"外控"力量使得乡村教师在培训中无声和去专业化，无法满足乡村教师的个性化需求，使乡村教师处于局外人和被适应的境地。

传统的教师培训往往游离于中小学教育之外，什么时候培训、培训什么成了教育行政部门、培训专家和培训机构的专利，从计划的制定到课程实施，农村教师作为培训的主体，在培训中常常被边缘化。为强化权力使用，教育行政部门普遍地将考核结果与教师利益直接挂钩。教师培训机构则处于非独立、附属化的尴尬境地，扮演着"专业知识的提供者"及"行政指令执行者"双重角色。这种双重角色使其承受着来自教育行政部门、领导和教师多重责难的压力，进而导致很多培训脱离了学校实际。教师在权力关系中处于最无权的地位，常

---

① 吴惠强. 全员培训背景下的县级进修学校培训能力分析——以浙江省J市为例 [J]. 教育研究，2015（6）.
② 江苏省教育厅文件. 江苏省教师培训学时认定和登记管理办法（苏教规〔2013〕1号），2013-03-25.
③ 吴康宁. 价值的定位与架构：课程目标的一种社会学诠释 [J]. 教育科学，2000（4）.

常成为没有自主选择权的受控客体。[1]

（二）尊重乡村教师群体的特殊性和个性特点

乡村教师的特殊性首先体现在对乡村教师的身份认同上。身份和认同是英文单词"identity"的同义语，意味着一个人或事物在任何场合有着自身内在的特质并保持着同一性。这里的内在特质就是农村教师特殊性的集中体现。身份认同是有关"我是谁"和"我与世界是什么关系"的问题（Kanno，2003）。[2] 乡村教师的身份认同也就是要明确"乡村教师是谁""乡村教师与乡村有着什么关系"等问题。身份认同是人对自身归属的主动追寻，对于"我是谁""我会成为什么人""我想成为什么人""我应该成为什么人""我怎样成为想要成的人"等问题能够形成清晰的主体意识，做出相应的行为判断。乡村教师的身份认同是乡村教师对"专业的我"与"生活中的我"交互认知与体验，[3] 体现着乡村教师对教师职业和自身的情感、态度和价值观。

个性化乡村教师培训应该是建立在乡村教师特殊需要基础上拥有与城市教师不一样的政策体系，并避免与城市教师培训的同质化。乡村教师的特殊性成为个性化乡村教师培训的政策源泉。受政治和行政区划的影响，乡村教师面临着复杂多变的社会情境，因而，乡村教师的特殊性有着复杂的身份体验。在城乡二元阻隔的年代，同样生活在农村学校的乡村教师却有着两种不同的身份，一种是拥有非农户口、吃财政饭的公办教师，一种是地道的农村户口、体制外的民办教师和代课教师。在计划经济体制下，国家根据政治成分和户籍制度将社会明确分层，不少民办教师打破头挤进乡村教师队伍，为的就是要获取公办教师的"国家干部"身份和"非农"户口的种种优待。

从地域来看，乡村教师的先天禀赋跟城市教师相比并无多大差别，只是乡村教师工作生活的基础更多是乡土社会以地缘和血缘关系为纽带的族亲关系，即使少部分外来的大学生毕业分配到农村当老师，也多半会在当地成家落户，成为乡土社会的一员。有研究者从人类学、社会学、文化学的角度描述了乡村教师的悲情境遇，把他们喻为疲于追赶城市、疲于应对新课改存在身份认同危

---

[1] 卢乃桂，陈峥. 中国内地教师继续教育中的权力关系与教师领导 [J]. 复旦教育论坛，2008（5）.

[2] Kanno Y. *Negotiating bilingual and bicultural identities: Japanese returnees betwixt two worlds*, Mahwah. N. J.: Lawrence Erlbaum. 2003.

[3] 张军凤. 教师的专业身份认同 [J]. 教育发展研究，2007（4）.

机的乡村社会的"异乡人"。①

乡村教师大多是本地人,来自社会的中下层,出身于农民家庭或乡村教师家庭的比较多,基本属于苦读型出身,很少有"官二代"或"富二代",与城市教师相比,乡村教师的家庭成员大多数没有稳定的收入来源,要靠乡村教师来支撑整个家庭。农村的多子女家庭往往举全家之力供教师一个人读书,也有家庭"因学返贫"的,因而,读书成功的乡村教师不仅要承担家里的农活,还要在工作以后回报大家庭。这是乡土社会约定俗成的社会秩序,也是制约乡村教师发展的重要因素。有学者将这些教师称之为"农民化教师",② 然而,这些在制度上已经摆脱"农民"身份的乡村教师已然"不是农民",他们对乡村的眷念很难分辨是因为家住农村而留在了农村,还是因为职业的原因促使他们留在了农村。

具有老中师背景的乡村教师对乡村教育有着深厚的职业认同感和责任感,中师教育使他们对乡村教育保持着质朴的、近乎本能的关怀,并能安守在乡村的土地上。③ 下面就是一位农村教师为谋职业而"误入歧途"选择教师者的自白:

> 我,土生土长的乡下人,农民的儿子,家有四兄妹,排行老二,自幼活泼可爱,深得父母长辈喜爱,八十年代四兄妹相继到了上学年龄,质朴憨厚的父母,务农为生,不堪学费重负,每到开学季节都东借西凑,勉强维持上学,为减轻家里负担,早日谋个职业,中学毕业,直接报考师范,解决了非农业户口,考上"铁饭碗",选择了教师,开始教书育人的生活,每天播种着希望,期盼着收获,从此爱上了教育事业,并为之不懈奋斗。

如果说差序格局的社会语境带给乡村教师的是城乡二元体系的区隔,那么改革开放带来的农转非户籍制度的开放和城市与乡村教师的相互流动,则使得乡村教师的特殊性变得更加复杂多变起来,越来越多的乡村教师开始成为工作在农村、生活在城市的流动一族。乡村教师生活的农村也不再单纯以种植业为主,而是集农、林、牧、副、渔五业并举,农产品加工、五金电器、建筑、化

---

① 张济洲. 乡村教师的文化冲突与乡村教育改革 [J]. 河北师范大学学报(教育科学版),2008(9).
② 刘晴. 小学教师职业倦怠影响因素及模型研究 [D]. 华中科技大学博士论文,2007.
③ 张莉莉,林玲. 城市化进程中乡村教师的境遇:倦怠与坚守 [J]. 河北师范大学学报(教育科学版),2014(1).

工、进出口贸易等农工商全面发展的新农村。县城以及以工业为主的发达乡镇、村已经与城市非常接近,许多"农村"在性质上更像城市,而非传统意义的乡村。农村城镇化进程的加快使得曾经因摆脱了农村户口而被羡慕、也因其乡村社会知识分子的角色而受到尊重的乡村精英受到了巨大冲击,农村公办教师原有的身份优势也开始逐渐丧失,长期被制度固化的铁饭碗越来越赶不上社会财富急剧增长的"金饭碗"。市场经济的大潮与旧有制度的规约不同程度改变着农村教师对自己的身份认同。有的不再寂寞,由原来单纯的"亦书亦农"变成了"亦书亦工",有的变成了"亦书亦商";有能力者则"孔雀东南飞"调进了城里或成为"教师打工族",有的则跳槽到了企业或干脆辞职下海创办了自己的产业;也有无助与困惑者迷失了自我,随波逐流,得过且过。

乡村教师群体面临着历史性的结构变迁。由于农村地域广大、居住分散,留守农村的教师们,尤其是不发达地区或偏远山区的乡村教师,面临着大学毕业生难进与不合格教师难出、超编与缺编、合格学历达标率高与乡村教师实际水平低等结构性矛盾与问题。[1]加上农村教育投入严重不足,乡村教师发展的财力得不到应有的保障,农村学校"耗竭式"地挤占乡村教师发展的时间和空间,城乡教师差距进一步拉大。乡村教师赖以存在的文化资本只是一种象征性的资本,以嵌入式的形式存在于教师的知识分子品格、科学精神中,或以发明专利、科学著作等对象化的形式存在,或以学历证书等制度化形式存在。然而,乡村教师的文化资本受到农村条件的限制具有低增值性,只是提供生存的基本需要。乡村教师参加职后培训和学术交流的机会都比较少,限制了乡村教师提升文化资本的能力。乡村教师的社会资本受制于农村集体本位和乡土情结缔造的社会关系,与教师的文化资本、经济资本相互作用。国家需要制定相关政策,提高农村教师待遇、扩大农村教师资本范围和转换能力,提升农村教师的社会地位。[2]

乡村教师成长的个性在于它的"农村性",而不是被束缚在现代化与教师专业标准体系中。当下我国乡村教师的发展存在着严重的"离农"倾向[3],缺乏

---

[1] 于伟,张力跃,李伯玲. 我国欠发达地区农村教师队伍建设中的结构性困境与破解[J]. 教育研究,2007(3).
[2] 李金齐. 资本与地位:农村教师社会地位的社会学考察[M]. 北京:中央编译出版社,2012:45.
[3] 李尚卫,袁桂林. 我国农村教师教育制度反思[J]. 教师教育研究,2009(3).

应有的乡村气息。乡村教师发展需要坚持走本土化的农村道路，通过普及"农村知识"，繁衍"乡土文化"，促进"农村生活"，使乡村教师形成合理的"乡村"观念，培育农村教师的"农村"情感。热爱"农村"的情感、投入"农村教育"的情怀才是乡村教师赖以存在的重要基石，也是乡村教师持续发展的动力。教师发展这个概念经历了由被忽视到逐渐关注、由关注教师专业群体专业化到关注教师个体专业发展、由关注专业发展的'外部环境'和对社会专业地位的认可转到关注'内部'专业素质和个体生命质量提高的过程。[①] 教师发展不能无视教师个体成长的自由，割裂教师作为普通人和专业人统一体的存在，造成教师的人格分裂。

乡村教师有着自身发展的丰富内涵和不断扩大的外延组织，也正是因为这一点，才使得本研究得以延续和深入下去。乡村教师赖以存在的是深受农村社会发展和政治制度制约的文化资本。传统的农村以农业（种植业）为主，在那些只恃体力、摒弃知识的年代，乡村教师和其他知识分子一样被誉为"臭老九"，不仅不能上讲台，而且是到处被批斗的对象。乡村教师之所以被批斗、乡村教师的职业身份之所以被扭曲，其根源就在于乡村教师所特有的"知识"本性，所谓"知识越多越反动"盖源于此。为落实邓小平同志提出的"尊重知识，尊重人才"的知识分子政策，教育战线全面拨乱反正，乡村教师的社会地位和待遇得以恢复和提高。

如今，乡村教师赖以生存的依然是那些制度规约下的有限的文化资本。总体上来说，乡村教师还算是一个专业群体，大多数毕业于师范院校，有学历、有学位、有教师资格证书、有职称证书、有各种荣誉，这些都是乡村教师赖以体面的能够标榜知识分子的制度性符号，尽管那些符号不能代表一个教师的真正水平和能力，但至少可以说明，不是谁都可以做教师的。因而，乡村教师有着自身本质的规定性，这种规定性就是那些符号赋予的"知识分子"的本性，只不过需要他们与乡土社会结合、做"农民化"的知识分子。他们是生活在农村土地上为农民子弟成长服务的一群读书人，这就是乡村教师区别于城市教师非常特殊的地方。尽管有时候他们生活在社会中的最底层，甚至被泥土所埋没，但终究抹不去他们身上所蕴含的知识分子的光芒。他们在农村默默耕耘，为农村播撒文明的种子，为人类培育后学。那些转而经商从政甚至跳槽的也不失为

---

① 刘秀江，韩杰. 对教师专业发展内涵的诠释 [J]. 教育科学研究, 2003 (4).

乡村教师中的佼佼者，在他们身上可以发现乡村教师不甘寂寞的身影和卓有成效的智慧。

乡村教师已不再是传统意义上的教书匠，而是与农村乡土社会发展和农民生活息息相关的播种机、宣传队和引路人。乡村教师需要发展农夫的身手和具有乡土气息的聪明才智，成为我国幅员辽阔的乡土社会中促进农村发展、造福农民子弟的知识精英，也似镶嵌在广袤大地上的一颗颗璀璨的明珠，与农村发展交相辉映。他们不仅为农村创造精神财富，为社会输送人才，也通过各种形式为农村创造物质财富，是社会主义新农村建设的依靠力量。

乡村教师的特殊性及其身份认同是乡村教师发展的基石，也是乡村教师培训政策制定和政策执行的基础，更是研究乡村教师培训政策的起点和落脚点。乡土社会对乡村教师的角色期待应当转化为乡村教师培训的政策话语，并且在政策执行过程中改变农村教师的角色。对于乡村教师的尊重可能源于伦理意义上的"师威"，所谓"师道尊严"，而现代社会对乡村教师的尊重可能源于科学意义上教师对知识的垄断和对真理所具有的象征意义。然而，在信息化社会，教师的角色地位和社会声望受到了前所未有的挑战，以书本知识为媒介的知识体系已不再是科学知识的唯一来源，教师也不再是社会唯一的道德模范和知识启蒙者。在政策研究的视野中，我们需要重新审视乡村教师作为知识分子角色、农村人角色和自我角色的存在，并将其作为乡村教师培训政策价值选择的重要基础。

（三）从社会本位向教师本位的立场转换

对乡村教师特殊性的尊重和多样性的选择应当成为个性化农村教师培训的政策起点。乡村教师本身蕴含的丰富的情感体验，对教育、教学、课程和教师价值的独特认知应当成为乡村教师培训政策研究的重要关切。政策设计以满足利害关系人或团体的需求为基本前提，期望通过标的人口的运作，使政策发生效果，进而达成政策目标。[1] 以教师为本是教育现代化的价值追求，它把教育与教师幸福，教师作为人的自由、人的尊严和人的终极价值联系在一起，以现代人的公民意识塑造人，以人的全面发展的理论培养人。"社会本位与个人本位的冲突，反主体的教育与有关人的发展的主体性原则的冲突，知识的认知与生活

---

[1] 张世贤. 公共政策分析［M］. 台北：五南图书出版股份有限公司，2005：299.

价值的领悟的冲突，教育与人的精神建构的分裂"① 等等，从另一个侧面告诉我们，必须抛弃贬损个人价值的工具理性，代之以突显乡村教师生命价值和公民意义的个性化教师培训政策。

个性化乡村教师培训政策以尊重乡村教师的个体差异和成长规律为前提，为教师培训注入生命活力。真正有效的教育一定是基于个性化选择的以人为本的教育。个性是一事物区别于他事物的个别的、特殊的性质，即事物的特殊性，它承认事物之间的差异性。这种差异性表现在每一事物及其发展的每一个阶段都各有其不同的特点，它与共性相对组成唯物辩证法的一对范畴，共性寓于个性之中。乡村教师培训不仅是将学科知识和方法灌输到教师的头脑中，而且要把乡村教师的个体优势和生命创造力引发出来。

以教师为本的个性化教师培训是提高乡村教师素质的根本途径，这个"根"就在于人本身的生命力和生长特性。这是教师个体呈现多样化和全面发展的教育。陶行知先生关于"教的法子必须根据于学的法子"的论述启发我们，要善于研究和把握乡村教师的生活实际和个性特征，这样"先生就费力少而成功多，学生一方面也就能够乐学了"。当前违背教育规律，特别是违背乡村教师特殊性和成长规律的培训现象屡见不鲜，这正是教师培训改革与发展所要着力解决的根本问题。教师培训是对人的教育，是对教育人的人的教育，必须以尊重教师的个体差异性和成长规律为前提，适应全面推进素质教育的需要，促进教师健康成长和全面发展。

乡村教师培训的历史转型，关键是乡村教师培训制度的创新。虽然我国已颁布《教师资格条例》，但教师资格的认证机制还不够完善，乡村教师培训经费保障机制和管理体制尚待理顺，适应社会主义市场规则要求的个性化教师培训制度尚未形成。现行的教师法规需要根据形势发展要求进行重新修订，教师培训场域的准入制度、教师培训（教师资格）的课程标准等新的规章还有待于进一步完善，以确立乡村教师个性化发展的质量标准。个性化乡村教师培训还缺乏一个成熟的体制环境和制度保障。建立以教师为本的个性化乡村教师培训体系必须打破旧有的层级关系和条块分割，建立一整套既符合市场规则，又满足教育事业发展需要和人性特点的现代乡村教师培训制度。

---

① 金生鈜. 反主体教育的反思与主体教育的构想 [J]. 教育导刊, 1995 (12).

二、市场化选择：个性化乡村教师培训的政策推进

（一）提供多样化的政策选择和平等参与机会

教师培训场域的制度重构需要准确定位政府与市场、机构与教师、高校与传统教师培训机构等多元主体间的平等关系，推进教师培训决策过程的民主化和政策执行的透明度及程序公正，保护多元主体享有参与教师培训的平等权利，充分发挥多元主体在教师培训场域的积极作用，共同促进乡村教师的专业发展。

传统的乡村教师培训以独立设置的教师进修院校为主体，面向中小学对口培训师资。随着全球化、信息化时代的到来，这种体制上的弊端日益显现。打破一元封闭的农村教师培训体系，建立多元开放灵活的教师培训新体系，已成为世界发展的普遍趋势。当前，我国教师教育体系正处于一个新的历史性发展时期，计划经济体制下形成的封闭体系已不复存在，一个多元、开放、灵活的现代教师教育体系业正在形成。在迈向教育现代化的世纪征程中，以"教师教育"取代传统的"师范教育"，不仅仅是"师范教育"这种称谓的改变，而是意味着教师教育从"师源"到"生源"的全面开放。乡村教师培训的政策主体呈现了多元共生的状态。

世纪之交，《中共中央关于深化教育改革全面推进素质教育的决定》明确提出，要"调整师范学校的层次和布局，鼓励综合性高等学校和非师范类高等学校参与培养、培训中小学教师的工作，探索在有条件的综合性高等学校中试办师范学校。"这样做既发挥了独立设置的师范院校的主体作用，又鼓励一批高水平综合性大学参与培养和培训中小学教师。打破不同隶属关系的高师院校与教师培训机构的条块分割、地域界限和分工关系，密切教师教育机构与中小学的合作关系，逐步实现教师职前培养与职后培训的一体化，为个性化教师培训政策选择提供了广阔的空间。

社会学视教师培训场域为一个多纬的立体空间，每个教师群体和教师培训机构在政策空间中所处的位置各不相同，因而获得的各种教育发展机会也各不相同。由于历史的原因，我国城乡教育发展面临着严重的不均衡现象。改革开放 40 年伴随着城市化进程的不断加快，以城市为中心的教育倾向以及发展重点校等政策使得城市与乡村的教师群体发生了历史性的结构变迁。由于农村地域广大、居住分散、经费不足、工学矛盾突出使得乡村教师培训面

临着极其复杂的环境和困难。乡村教师，尤其是不发达地区或偏远山区的中小学教师在培训场域中是最少享有受教育权利的弱势群体，需要给予更多的政策关怀。

作为教师培训政策主体之一的各级教师培训机构，面临着不同程度的不均衡资源分配和发展问题。新中国成立后，我国逐步建立起培养与培训相分离的二元封闭体系。高等师范院校致力于职前师范生的培养，省市教育学院和区县教师进修学校承担起教师职后培训的重任。在这个独立建制的教师职后培训体系中，教育学院和区县教师进修学校曾一度成为线性官僚体系中靠计划吃饭的独立"王国"，号称教育系统的"敬老院""养老院"。沿袭着计划经济管理模式的培训场域运行着拥有决策权的领导者的偏好和强烈的意识形态诉求，成就并巩固着领导者的政治威信和对教师的社会控制。教师培训场域中关系主体的不均衡发展问题严重窒息着教师参与培训的自主性，抑制着教师培训机构在培训场域中的主动性和创造性。

新世纪以来，随着教师教育体系的转型，传统封闭的教师培训体系逐渐被打破，越来越多的师范院校、高水平综合性大学和民办教师培训机构等相继进入了教师培训场域。"参与"是实现社会平等的重要途径，新兴力量的崛起需要打破原先的场域格局，并通过有利于自己的合法性定义来推翻原有场域的话语权力或另起炉灶，教师培训场域面临着新一轮的重新洗牌。

近10多年来，我国推出了一系列旨在加强乡村教师培训、促进城乡教育均衡发展的政策举措。作为国家教育改革和发展规划纲要颁布后推出的第一个重大项目，"国培计划"重点支持"中西部农村骨干教师培训项目"。"国培计划"通过竞争择优机制，按照"公开、公平、公正"的原则，采用公开招投标或邀标的方式，面向全国遴选省域内外高水平院校、具有资质的公办和民办教师培训机构以及优质中小学承担培训任务。然而，受培训规模和培训经费等多种因素的制约，"国培计划"毕竟只是培训少数"种子教师"的项目，有机会接受国家级教师培训的农村教师具体到县也只是凤毛麟角。大规模的乡村教师培训需要推进乡村教师培训供给侧结构性改革，提高培训供给能力，为乡村教师提供多样化的、更高质量的政策选择，满足乡村教师日益增长、不断升级的个性化培训需求。

（二）型塑正当的利益关系和价值观

场域理论是我们考察乡村教师培训政策的一把钥匙。"从分析的角度看，一个场域可以被定义为在各种位置之间存在的客观关系的一个网络,或一个构型"①。不同的场域会形成不同的社会关系,而利益则是社会关系的核心。当前,深化以制度设计为重点的教育改革,需要加强乡村教师培训场域利益关系的研究,准确把握各种关系主体在教师培训场域的利益诉求和价值观,构筑教师培训场域良性互动的政策机制,为乡村教师的个性发展提供良好的政策环境,全面提高乡村教师培训质量。

从教育政策的根本目的来看,政策主体根据不同群体的不同需求进行利益分配,协调由此而引起的各种社会关系,"对我们自己的利益和公众利益的关注就促使我们确立正义法则"②。教育政策在利益分配过程中所调整的社会关系具有一定的层次性,其中基本的全局性社会关系(如国家、社会与个人、中央与地方、政府与学校等)对于其他社会关系具有广泛的包容性。而指导决策主体合理地处理和调整这些全局性关系的价值标准则成为教育政策的价值基础。以"国培计划"为代表的培训项目,其支持力度之大,参与面之广,开放程度之高,打破了教师培训市场长久的沉寂。③ 场域竞争机制犹如杠杆撬动着计划经济体制下原本封闭的教师培训市场,也孕育着多元教师培训主体新一轮的权力之争与利益博弈。

政策行动本质上是政策主体的一种主动的选择活动,而选择即意味着价值理性相对于工具理性的优先性。詹姆斯·安德森(James E. Anderson)在强调政策的程序化目标的同时将政策执行的关键指向了政策制定或执行的主体"一个或一批行为者","政策是一个有目的的活动过程,而这些活动是由一个或一批行为者,为处理某一问题或有关事务而采取的"④。政策论研究者戴伊(Thomas R. Dye)重视公共政策程序化过程中的一些行为特征,将公共政策描述为政府选择作为或不作为的理性行为。这种理解突出了"选择"是公共政策的理性基础。而戴维·伊斯顿(David Easton)比较重视政策程序化的结果问题,强调"公共政策是对全社会的价值做权威性的分配"⑤。这里的"价值"包

---

① [法] 皮埃尔·布迪厄,华康德. 实践与反思——反思社会学导引 [M]. 北京:中央编译出版社,2004.
② [英] 戴维·休谟. 人性论 [M]. 北京:九州出版社,2007:1017.
③ 教育部副部长刘利民在"国培计划"总结交流工作会议上的讲话.
④ [美] 詹姆斯·E. 安德森. 公共决策 [M]. 北京:华夏出版社,1990:4.
⑤ D. Easton, 1953, *The Political System*, New York: Kropf, p.129.

括一切有用的社会资源,并暗含着政治学关于利益集团的一种基本假设,即利益关系是公共政策调节的关键,政府的职能就是对利益集团的利益进行全社会的合理分配。公共政策就是政府进行社会性利益分配的主要形式。[1]

教师培训场域中的多元主体自然代表着各种不同的利益群体。利益是社会问题的核心,"人们所为之奋斗的一切,都同他们的利益有关";利益是社会发展的基础和动力,"由于他们的需要即他们的本性,以及他们求得满足的方式,把他们联系起来(两性关系、交换、分工),所以他们必然发生相互关系"[2]。每个乡村教师培训项目的推出无疑造就着一个特殊的政策场域,众多的教师培训机构参与乡村教师培训项目的角逐与论证,呈现不同的利益表达。当前,培训项目的运行已不再遵循过去那种自上而下绝对的权力分配路径,在场域中越来越多活跃的力量是那些用来定义各种资本的东西。各种关系主体凭借自身拥有的经济资本、文化资本和社会资本进入乡村教师培训场域。高等师范院校和高水平综合性大学凭借传统的学术资本等优势,在乡村教师培训场域中无疑充当着领头羊的作用。弱一点的培训机构则视培训项目为品牌,为了获得这一象征性的符号资本,哪怕"贴本"也愿意干。

教师培训场域是一个名利场,无论是参与竞标的各种培训机构,还是争取参训机会的各类教师,或为名或为利,为名或是为了事业发展,为利则可能看中培训市场可能带来的直接或间接的经济效益。理想市场的目标是效率,衡量市场效率的标准往往是投入与产出的效益,如金钱名利的获得等。乡村教师培训场域的开放,显然也充斥着一般市场目标的追求、不同的利益矛盾及潜在的不良竞争,诸如唯利是图、权钱交易、政府寻租及地方保护主义等。多重角色的利益冲突使得行动者依靠各自的惯习在场域中博弈,不断强化或调整自己的培训策略,以获取对自己相对有利的培训资本,"社会交换"的原则在这里可能会演绎得淋漓尽致。参训教师在培训过程中也会存在一些非正当的搭便车行为。场域竞争带有明显的功利性,显然也不全以教师的专业发展为本,而是把名利的获取作为教师培训的重要目的。这种本末倒置的做法恰恰与教师培训的理念是背道而驰的。

教育政策作为价值分配的权威体现,需要致力于推进社会平等的"公共

---

[1] 张国庆. 现代公共政策导论 [M]. 北京:北京大学出版社,1997:7.
[2] 马克思恩格斯全集:第1卷 [M]. 北京:人民出版社,1956.

善"。"一个组织良好的社会是一个被设计来发展它的成员们的善并由一个公开的正义观念有效地调节着的社会。"① 罗尔斯强调的正义原则主要涉及社会的基本结构,是合作体系中的一种制度性安排。这种安排决定着社会成员的权利和义务的分派是否恰当。在设计和改造社会的政策性的安排时,我们需要贯彻正义的平等原则,考察政策的权力分配方案和它倾向于鼓励的行为策略是否"合乎每一个人的利益(机会公正平等原则)""合乎最少受惠者的最大利益(差别原则)"。自主选择的培训政策需要重塑政府与教师、高校与地方教师培训机构、培训者与被培训者等不同利益主体间的平等关系,明确不同政策执行主体在教师培训中的责任分担,赋予高校与传统教师培训机构、公立学校与民办教师培训机构平等开放的"国民待遇"和平等权利。社会学的学科之眼专注于"社会平等",更关注社会中的那些被忽视、被轻视、被歧视、被鄙视的人群——"社会处境不利人群"、"弱势人群"——的价值、尊严及机会问题。② 教师培训场域的"公共善"在于保护不同教师群体、不同教师培训机构等培训主体的合法权益免受不平等的侵犯,并让参训机会最少者获得尽可能多的培训机会,努力形成一种制度性的合理安排。

维护培训场域的正当利益关系和价值观是培训场域良性循环的重要保证。从利益关系的角度来看,教师培训场域涉及政府所代表的公共利益、政策主体的集团利益及培训政策所指向的不同教师群体的个人利益等。以"国培计划"为代表的教师培训项目的价值首先在于它的公益性,"它是促进农村地区教师培训长期得不到保证的一种培训资源公平分配的政策"③,以是否有利于满足乡村教师的正当利益需求作为教师培训的首要价值,因而与其他以营利为首要目的的商业活动有着截然不同的价值追求。当然,教师培训的公益性并不排斥相关培训机构在培训过程中的正当得利和农村教师合理的个性诉求,我们需要界定教师培训场域各方利益的合法尺度和边界,在政策许可的范围内可以有合理的成本支出和积余,甚至给培训机构一定数额的酬金或奖励。教师培训场域的制度重构需要在多元竞争基础上强调正当对效率和福利优先的原则,完善正当利益表达机制,防止不良竞争对正当利益的侵害,维护多元主体尤其是弱势群体

---

① 约翰·罗尔斯. 正义论 [M]. 何怀宏,等译. 北京:中国社会科学出版社,1988.
② 吴康宁. 社会学视野中的教育 [J]. 教育研究与实验,2006(4).
③ 朱旭东. 论"国培计划"的价值 [J]. 教师教育研究,2010(6).

的正当利益，型塑多元主体间的正当利益关系。

（三）共建互助合作的伙伴关系

市场化选择路径有竞争也有合作。竞争形成了不同主体间的利益关系，而合作则体现了竞争主体间的共生性。培训主体间的交往与合作是人性发展的需要，是达成主体共识的桥梁。哈贝马斯的教育理论认为，个人交往的目的是建立主体间性，形成主体之间的相关性和统一性。同样，组织之间的交往也会建立组织间性，形成不同培训机构之间的利益相关性和目标一致性。维果茨基的教育理论强调人与人之间的行为互动在培养人的主体意识方面所具有的特别重要的决定作用，"人所特有的被中介的心理机能不是从内部自发产生的，他们只能产生于人民的协同活动和人与人的交往之中"①。培训机构间的互动行为在培养机构的独立性和主体责任方面也具有重要意义。只有这种主体间的行为互动才能使个体突破自我封闭的狭隘观念，体验生存的意义和价值。主体性也只有在不同主体的互动中，才会得以真正体现和最终确立。

主体是一个关系的范畴，主体性是人所特有的一种内在的规定性，是人类在长期社会实践的过程中逐步形成和发展起来的。"自然界起初是作为一种完全异己的、有无限威力的和不可制服的力量与人们对立的，人们同它的关系完全像动物同它的关系一样，人们就像牲畜一样服从它的权力。"②自社会关系产生以来，尤其随着交换的发展，人与人之间的交往日益显示人所特有的那种主体性，这种主体性绝非人与自然之间那种简单的主客体关系，而是人与人之间所特有那种内涵丰富社会关系。人的存在，人的价值，人的力量等，无不表现为社会关系，并通过人与人之间的互动形式来得以实现。这是人区别于其他动物和物质世界的重要特质。"人与人之间的共生性关系就是各具其独特性、创造性个体之间的关系。"③人正是通过自己处理各种社会关系的活动来不断证实、表现和完善自我的。

教师培训场域需要尊重不同乡村教师基于个性发展的自我选择，并促成教师群体同伴互助关系的形成。当前，不少学校通过专家的引领、同伴互助、个人反思等形式开展高质量的校本研修，受到了广大教师的普遍欢迎。作为知识

---

① 余震球. 维果茨基教育论著选 [M]. 人民教育出版社，1994：4.
② 中央编译局. 马克思恩格斯选集：第1卷 [M]. 北京：人民出版社，1975：35.
③ 鲁洁. 关系中的人：当代道德教育的一种人学探寻 [J]. 教育研究，2002（1）.

分子的一员，乡村教师是知识社会依赖并参与知识系统构建的知识人，没有选择的参与无以发挥乡村教师在知识领域的积极性和创造性，没有同伴互助关系的形成同样也无以感受乡村教师基于生命共创意义上的"成人体验"。"学生的解放要以教师解放为前提。因为没有生命活力、没有主体性和创造性的教师，也培养不出具有活力、具有主体性和创造性的学生。"① 同伴互助最重要的可能在于共同做出决定或生产知识，"充溢在成人体验之中的，是合作参与者的思想与行动得以协调推进、智慧与情感得以协调发展的快乐与幸福，是自己与他人得以共同成长、改变自己与改变世界得以同步进行的快乐与幸福"②。

根据教师工作的特点，我们通常把师德修养、教师的专业知识和专业技能规定为教师专业发展的基本内容。理智取向的教师专业发展强调教师专业知识的灌输与技能的掌握。以舒尔曼和斯滕伯格为代表的教师专业知识结构理论成为众多教育机构制定教师发展课程的依据，因而，在乡村教师培训中也十分强调教师的学科知识与教育知识的掌握。生态取向的教师发展重视乡村教师群体及周围环境对教师专业成长的意义，强调教师职业不是一个单打独斗的行业，乡村教师的专业发展需要教师群体相互间的合作与默契，而不仅仅依靠自己去发展自己的知能体系，乡村教师个体需要依靠周围的同事和校外专家的帮助以及共同创造的教师文化来改进自己的教学策略。乡村教师群体的发展也是教师专业发展的重要内容和强大支持。

乡村教师群体的发展，需要建立专业化的乡村教师培训网络，构筑区域教师培训机构一体化运行机制，加强不同教师培训机构及其与中小学校在乡村教师培训方面的横向联合。实行行政业务双轨并进的一体化教师管理体制，以"省—市—县—学区—学校"五级培训机构为基础形成"以县为主，上下贯通"的阶梯式乡村教师培养和培训体系。加强乡村教师培训机构和中小学的信息化建设，推进数字化、网络化培训基地建设。在培训师资队伍建设方面，要通过上挂下联、内聘外请等办法，聘请高等院校和科研院所的专家、教授，基层中小学骨干教师和学科带头人及兄弟区县教师进修学校的优秀教师做兼职教师，组建一支相对稳定的、力量整合的专兼职教师队伍，加强培训机构自身的培训

---

① 冯建军. 人的解放：改革开放 30 年中国教育的主旋律 [J]. 中国教师, 2008 (11).
② 吴康宁. 从利益联合到文化融合：走向大学与中小学的深度合作 [J]. 南京师大学报（社会科学版）, 2010 (3).

者培训和"校本培训"。整合教研室、教科所、县级教师进修学校、电教中心（仪器站）等多个原本各自为战的教师研训机构，建立"多位一体"的以县级教师进修学校为核心的乡村教师研训体制，使教学研究、教师培训与教育科研等方面紧密结合，促进"研训一体化"。在培训经费的政策支持与保障方面，实行由政府、学校、教师三者共同负担的政策，为培训机构和教师等权利主体参与培训提供经费支持和政策保障。《中小学教师继续教育规定》将教师继续教育的经费主要依靠政府拨款，需要结合多渠道方式筹措培训经费。政府要将教师培训经费纳入经常性财政支出渠道，并按一定比例给予保障。学校和教师也可以分担部分培训费用，或设立教师发展基金，通过接受社会捐赠等形式拓展经费筹措的多样化渠道。[①]

教师培训机构与中小学之间的合作，要发挥优势学校"窗口"辐射的作用，通过校校联合、结对帮扶等多种形式，让农村薄弱学校教师直接参与"窗口"学校的校本培训，享受优质教师培训资源。县级教师进修学校通过组织讲师团送教上门等方式，使农村教师不定期接受培训。整合优质教师培训资源，改造传统的中小学教师培训体系，以信息化带动教师培训的现代化，已成为提高乡村教师培训质量的时代要求。"走向类的存在是人类发展的未来。能否实现这个理想，取决于我们是否能走出自身封闭的单子式自我的存在状态。"陶行知先生曾积极倡导师范下乡运动，并强调了师范教育对于支持乡村教师义不容辞的责任及自身新的出路："我以为乡村师范学校负有训练乡村教师改造乡村生活的使命。师范学校在乡村里设分校，在乡村的环境里训练乡村师资已经是朝着正当的方向进行了"，"要充分运用乡村环境来做这种训练的工夫"。当前，师范院校需要进一步密切同基础教育的传统纽带和伙伴关系，通过教师发展学校、教师发展联盟等形式与中小学、地方政府及地方教师培训机构建立长期有效的合作培训机制。教师培训要剔除"官本位"、狭隘的地方保护主义、本位主义思想的影响，以开放的姿态吸纳多元、异域的教师培训机构参与竞争，发挥多元主体的资源优势共同开发、协同创新，从单纯的利益联合走向多元共生的文化融合，从边缘性的培训参与走向深度合作的乡村教师发展共同体。

---

① 金李胜. 县级教师进修学校职能转变与拓展的思考［J］. 中小学教师培训，2007（5）.

三、专业自主性：改变乡村教师"被"培训的惯习

（一）自主性与专业化的程度密切相关

专业自主性是社会分工的结果，并与社会化大生产的专业化程度密切相关。自主性意味着一个场域摆脱了另一个场域的限制或影响，而在追求自身专业发展过程中体现出本场域特有的专业本质。在"非知识社会"，当科学知识还处于奴婢地位的时候，许多社会场域的准入还无须特定的专业知识来进行判断，政治、权力与金钱往往左右着社会的政策运转。随着知识社会的到来，社会场域愈来愈具有了专业知识的准入性，科学场域则成为自主性最强的场域。1966年联合国教科文组织和国际劳工组织《关于教师地位的建议书》（Concerning the Status of Teachers）以官方文件的形式对教师这个特殊的职业及其发展的专业化要求进行了特别的说明："应把教育工作视为专门的职业，这种职业要求教师经过严格、持续的学习，获得并保持专门的知识和特别的技能。"[1] 布迪厄的研究显示，一个场域越是自主的，这个场域的生产者只为本场域其他生产者生产而不为社会场域的消费者生产的程度越大。科学场域之所以能够成为专业自主性的典范，或许是因为科学场域较少受到政治场域的干扰，行动者能用最具科学、最真实的语言来表达自己的见解。教师对于专业知识的真实追求和对"成人体验"的满足构成了改变教师"被培训"惯习的原动力。

新中国成立以来，我国的乡村教师培训一直处于高度政治化的规约环境中，由国家授权的教师培训机构所控制，市场自由选择的机会或自由提供者甚少。"不论一个国家的社会道德的或政治的、经济的情况如何，政治社会化曾经是今后仍然是一切教育制度的一个主要功能"[2]。由于国家的授权或指定，各级教师培训机构以指令性或指导性计划的形式组织各类教师培训，乡村教师不能自主选择在哪一个机构中接受培训或自主选择学习内容。当我们以"角色"期待要求一个"人"时，这个人就按照传统的惯性思维成了一个预定的角色，并掩盖了人的真实自我，长久以来侵蚀着人的专业认同。"由一个权力来源所赋予的专

---

[1] ILO/UNESCO. 2002, The 1966 ILO/UNESCO Recommendation Concerning the Status of Teachers: What Is It? Who Should Use It? ILO & UNESCO.

[2] ［美］卡扎米亚斯，马亚拉斯. 教育的传统与变革［M］. 北京：文化教育出版社，1981：191.

业角色却经常与教师的认同不一致,而导致教师在工作上的困扰。"①

为促进不同类型教师的专业发展,建设高素质的中小学幼儿园教师队伍,我国于2012年印发了《幼儿园教师专业标准(试行)》《小学教师专业标准(试行)》和《中学教师专业标准(试行)》(教育部文件,教师[2012]1号)。三类教师的专业标准基于"师德为先""学生为本""能力为重""终身学习"的理念,从"专业理念与师德""专业知识""专业能力"三个维度、13至14个领域提出了60至63条教师专业发展的基本要求。对各级教育行政部门、开展教师教育的院校、中小学幼儿园及教师个人均提出了不同的实施建议。在我国实施的新一轮基础教育课程改革过程中,农村与城市学校在推进课程改革方面的差距还比较大,农村学校推进课程改革的首要问题是农村教师的发展问题。由国家主流意识形态主导的新课程理念和教学方法使广大农村教师面临着空前挑战和压力。挑战是因为课程改革是革命性的、全新的任务,压力是因为国家课程带给农村教师自身的困惑和无助。为此,要通过政策举措来帮助农村教师解决课程改革中遇到的困难。而政策层面的教师培训更多从社会本位的角度关注教师的专业发展,视教师为社会职业分层中专门从事教育教学工作的"专业"人员,需要有较高的行业标准,需要在专业思想、专业知识和专业能力等方面进行全面提高。从新教师的岗前培训到骨干教师的专业成长,再到"领军人才"的成长,逐级构成了乡村教师专业发展的无数阶梯。

教师专业发展存在着普遍的"技术主义""技能主义"和"传递主义"倾向。"技术主义"的教师发展观视教师为"教学技师",进而导致各种模式的教师技能训练。所谓教师的专业发展如同朝圣一般,盲目接近或符合一套既定的所谓专业标准或角色规范,并将所有的自我嵌入既定框架中。规制性角色经常导致个人声音的压制,剥夺教师个人界定教学情境的自主性。教师培训的政治性诱导教师获取各种证书符号作为知识人获得"知识准入性"所必需的专业技术资本,资格证书的排他性在政府授权指导下使专业技能建立了绝对的优势,专业通过资格证书获得了自身的形式价值,即所谓"程序公正"的合法性,因而可以在市场中交换工资并获得相应的社会地位和认同。资格证书成为专业特质的集中体现,资格证书制度也成为专业团体维护自身专业地位和利益的重要保障。然而,这种外在的政治诱惑并不能最大限度地激发教师对自身专业品性

---

① 周淑卿. 课程发展与教师专业[M]. 北京:九州出版社,2006:89.

的永恒追求，相反会浅尝辄止，进而产生教师职业倦怠。培训政策的这种政治性和排他性长久以来造就了教师培训机构不思进取，甚至漠视教师培训权利的行为异化，也造就了中小学教师为了完成规定的培训学时而不得不"被培训"的种种惯习。

（二）专业化引领乡村教师发展

教师培训场域的自主性与教师培训的专业化程度息息相关。专业化程度愈高，则自主性愈强，反之，则愈弱。"专业化政策"体现了一种更多地依靠专业团体所制定的标准而不是由政府直接控制的方法，代表着专业权威，而不是把一套外在的行政规定强加给专业群体、阻碍教师多样化自主学习能力的形成。2001年美国国家教师教育认证委员会（National Council for Accredifation of Teacher Education, NCATE）发布了美国第一个《专业发展学校标准》，为专业发展学校提供了指导性的办学原则和分级评估标准。[1] 这种以专业团体形式指导教师专业发展学校的政策已经成为美国教师教育的范例，并在国际上产生了广泛影响。级村教师的专业发展应立足于教师的专业品性，以专业精神为核心，建构乡村教师的专业素养，培养乡村教师的专业自主意识和自主发展能力，促进乡村教师专业品性的可持续发展。专业品性是教师的专业素养、专业自主性和专业精神的集中体现，是教师的立足之本，也是乡村教师专业化发展的重要特征。[2]

然而，教师的发展又不仅仅限于专业的领域，教师的专业发展也不是教师发展的全部内容，那种将教师发展等同于教师的专业发展的观点更是一种错误的理解。在"城市-现代"语境中，乡村教师用现代化的要求和教师专业化标准来衡量往往被视为"低素质者"，而"城市-现代"语境赋予乡村教师发展的逻辑恰恰是科学话语体系下运用教育理念、教育科学方法配置的现代教师知识技能来武装教师，他们就能成为现代社会所需要的专业教师，这种将城市教师与乡村教师纳入一个标准化、无差别的教师专业发展体系中的做法极大地夸大了科学对于教师专业化的作用，并脱离教师的真实世界。[3] 教师专业发展体系预设的理论是将乡村教师作为有"缺陷"的人，通过集中培训的方式，按照教育学者们事先制定的统一的课程标准，将固化的知识传授给教师。而教师发展

---

[1] 代华蕊. 教师专业发展与校本培训 [M]. 北京：教育科学出版社，2011：50-52.
[2] 蒋茵. 专业品性在农村教师专业发展中的价值思考 [J]. 教育理论与实践，2012 (11).
[3] 唐松林，邹芳. 语境视域与乡村教师：乡村教师素质分析 [J]. 湖南师范大学教育科学学报，2013 (5).

更注重从教师真实体验出发,是教师理解自己工作中的问题、与同事和外来专家共同建构知识、发展能力、提升情商的过程。教师专业发展与教师发展的两种方式预示着教师的真实学习体验与教育行政部门及教师教育者和研究者的期待两种结果的差异。① 实践-反思取向的教师发展关注教师的个人生活及生产实践对专业知识积累的意义,这一点已经突破了教师专业发展的狭隘概念,重视情感、态度、价值观对于教师专业发展的意义,强调教师个体成长的过程性与体验性,挖掘乡村教师成长的个性特征。

在后现代的语境中,教师的教学工具性和政治代言人的角色已经受到了不同程度的批判。教师首先是一个普通人,具有普通人所具有的一切基本特性。教师发展也首先是一个普通人的成长,具有普通人所需要的一切,既有对物质生活的需求,也有对精神生活的追求。教师的工作特点决定了教师需要有很强的专业自主性。因而,教师培训需要关注教师首先作为一个普通人的成长需要,并尊重教师专业成长的自主性,将教师发展作为教师培训的出发点和归宿。教师的成长贯穿着独立、健康、自由、自信、安全、能力、成就、威望的需要。这些需要不仅仅是生理上的,更多是来自心理的感受和思想的共鸣,如同被尊重和被理解一样,是每个人都具有的高层次的人性需要。"教育与意识形态在某种程度上的脱离和生产活动的紧密联系是教师职业专业化的一个前提条件。"②教师的发展需要脱离功利思想的束缚,尊重、了解、满足教师个性成长的需要,只有这样,才可能使教师对真正的社会问题和教育问题发生影响,并产生属于自己的见解与思考领域。教师成长的自由与教育民主化已经成为教师发展的重要保障。

教师培训场域的可持续发展需要以专业化的视野重新审视政府在教师培训场域的主体角色,打破培训单一控制、独家提供的局面,主动开放培训市场,为专业团体提供更多自主发展的机会和空间,加大对乡村教师的培训供给,满足乡村教师多样化发展的个性需求。避免过多的行政干预和包办代替,简政放权,提供专业服务,培育乡村教师的专业品性,共建教师发展的伙伴关系,打造上靠高等院校,下联农村学校的区域教师发展共同体。通过建立专业团体间的需要和潜在基础上的社会联合,每个人才能分享其他人表现出来的天赋才能。

---

① 陈向明. 从教师"专业发展"到教师"专业学习"[J]. 教育发展研究,2013(8).
② 叶映华,刘宣文. 专业化与教师社会形象重建[J]. 教育发展研究,2006(14).

教师培训机构专业化水平的提高是培训场域自主性发展的重要保证。承担教师培训的师范院校和高水平综合性大学有多种学科专业和人才的优势，但尚未与中小学结成密切的伙伴关系，存在理论脱离实践的专业倾向，不能有效地结合中小学教师的教学实践开展有效的教师培训，这是目前高校教师培训者普遍存在的缺憾。在2015年江苏省名师送培满意度测评中，参培学员对来自高校的授课教师的教学效果的整体评价满意的占79.73%，评分低于中小学一线授课教师和来自教科研机构的授课教师。在对你最喜欢的授课教师的调查中，有75.96%的参训学员选择了实践经验丰富的一线教师，而选择理论丰富专家的仅占21.79%。[1] 许多一线教师参加培训希望能够迅速掌握拿来就能用的知识，却对教育理论方面的培训内容不感兴趣。许多高校专家对农村中小学教学实际情况不是很了解，培训活动也仅仅理解为上一次课，而对乡村教师没有过多了解和关怀，因而，对转变乡村教师的教育观念影响程度较小。教师作为专业性很强的职业，却往往被误认为专业性不强，许多培训者认为学段越低所需的知识储备越少，这是完全错误的想法。按照这样的思维，幼儿教师的培训当时最低级的培训活动了，事实恰恰相反，幼儿教育的复杂性和对幼儿教育质量评价的改变，需要教会老师如何以专业的知识、专业的态度、专业的情感和专业的智慧来处理幼儿成长中的问题与困惑，并教会家长如何以专业的态度和专业的知识来进行家庭教育。所有这些绝非教幼儿认识几个汉字、学唱几首歌那么简单，这就是专业的真正含义了，专业已经超出了科学与技术本身的含义，而融入了更多生活的智慧和教育的理解与领悟。

区县教师进修学校与乡村中小学校接触密切，有自身的实践教学优势，但缺乏相应的学科专业建设和高水平理论教师队伍，因而也不能高水平地开展教师培训工作。农村教师培训机构普遍存在专业人员缺乏而大量依靠外请专家的特征。因而，承担乡村教师培训任务的高校及传统的教师培训机构都需要加强自身的专业化培训能力建设。要真正成为有能力指导、帮助乡村教师成长的专业机构需要进行多方面的专业建设，打造高水平的培训专家团队，并能够以教师专业发展的视野来组织设计并开展各类乡村教师培训项目。乡村教师培训机构不仅是传承教师专业发展知识与技能的专业习得基地，更要成为研究、开发

---

[1] 江苏省教育厅师资处，江苏省教师培训中心.2015年江苏省中小学（幼）教师（校长、园长）培训质量数据分析报告.2015-12-31.

并创造乡村教师专业发展知识和技能的专业创新基地。

（三）基于选择性学习的自由发展

自我实现的需要是马斯诺需求层次理论的最高境界，而行为的选择性和行为的自由度则是实现个性发展的重要变量。教师培训机构作为乡村教师培训的工作母机，需要在教师培训的理念、培训模式等方面进行全面改革与创新，为有效促进乡村教师专业发展发挥应有的作用。

教师发展的专业化并不是教师培训机构的专营化，教师培训机构需要有专业的人员、专业的培训模式，为参训教师提供丰富的可选择的专业课程计划，辅之以专业的评价标准，积极拓宽教师培训渠道，将短期培训与长期培训相结合、校外培训与校内培训相结合、专家指导与自我研修相结合，为农村教师提供可选择的开放的多种培训机会。[①] 常州市教师培训中心以选择性学习为核心理念的"名师大学堂"教师培训品牌项目为我们展示了基于选择性学习的教师培训的政策前景。该项目实行培训机构在教师培训课程菜单形成、教师培训券实施过程中的职责与柔性管理策略，主张尊重教师个体差异和生命自觉，还给教师选择性学习的权力，以选择性学习来实现教师培训的变革，体现教师自主学习，最大限度为每位教师提供发展机会与可能，让教师学习实现从"需求"到"追求"的转变。[②]

新的教师培训模式需要以教师的专业化发展为目标，充分尊重乡村教师的个性特点和自由发展的需求，关注与教师职业发展有关的情感、态度、知识、技能，乃至体力与健康等个体因素，关注教师的当前状态与组织变革及外在环境变化所要求的绩效之间的差距，将教师由过去那种非专业化或半专业化的教师转变为适应现代社会发展和个体提高需要、具备专业化理论水平、专业知识和能力等方面全面发展的教师。

无论是培训机构主导的集中培训模式，还是以中小学为基地的校本培训模式，无论是传统的班级授课制培训模式，还是基于网络的远程培训模式，农村教师培训都需要面向中小学教育实践，走进中小学教育现场，培养中小学教师的实践反思能力，促进乡村教师的个性发展。虽然目前教师培训的政策理论和

---

① 杜华勇，王玮. 教师进修学校与中小学战略伙伴关系构建的研究与实践［J］. 上海教育科研，2009（9）.

② 朱广清. 教师培训中的选择性学习——以常州市"名师大学堂"为例［J］. 中国教育学刊，2011（5）.

实践在不同国家和地区各有侧重,但都有一以贯之的主线即以实践性反思为特征,在教学实践中提升教师理性思维的品质和教育实践智慧。教师培训政策"范式"的转换,已经由支撑教师教育根基的"理论"转向了"实践",由单纯的知识"传授"转向了基于教师行动、在教师行动中和为了行动的实践性"反思"。以实践性反思为特征的乡村教师培训已经成为当前教师发展的共同特征和取向。

教师培训的自由度又是衡量乡村教师个性发展的主要尺度。"实践旨趣"的教师发展视教师为"反思性实践者",教师是一种专业,因而,"专业发展"是教师发展的首要目标。而"解放旨趣"的教师发展则视教师为"知识分子",进而教师发展进入"后专业"时代,自由发展成为乡村教师发展的根本目标。乡村教师具有"知识分子"的专业品性,知识分子的独立性和自我批判能力则是乡村教师专业素养的核心。教师培训的目的在于解放教师的思想,培养教师的自我批判意识和实践性反思能力。自由发展的培训政策并非放任自流,而是促进乡村教师个性发展的自主选择与责任担当的融合。解放必须建立在尊重教师个性发展基础之上,通过自我反思的行为和互助合作才能实现。只有当乡村教师将教育实践转化为反思性实践的时候,他才能践行知识分子的使命与责任,而不是教书匠。教师专业发展与自由发展是互为条件、相互影响、相互融合的。个性化乡村教师培训政策转型的基本方向是促进教师专业发展与教师个体自由发展的一体化。[①]

---

① 张华. 论教师发展的本质与价值取向 [J]. 教育发展研究,2014(22).

参考文献

一、学术著作

1. [法] 皮埃尔·布迪厄. 艺术的法则：文学场的生成和结构 [M]. 北京：中央编译出版社，2001.

2. [法] 皮埃尔·布迪厄. 实践与反思——反思社会学导引 [M]. 北京：中央编译出版社，2004.

3. [美] T. 帕森斯. 社会行动的结构 [M]. 南京：译林出版社，2003.

4. [美] 约翰·罗尔斯. 正义论 [M]. 北京：中国社会科学出版社，2009.

5. [美] 詹姆斯·C. 斯科特. 国家的视角：那些试图改善人类状况的项目是如何失败的 [M]. 北京：社会科学文献出版社，2004.

6. [美] 库恩（T. S. Kuhn）. 科学革命的结构 [M]. 上海：上海科学技术出版社，1980.

7. [英] 罗博·麦克布莱德. 教师教育政策：来自研究和实践的反思 [M]. 北京：北京师范大学出版社，2009.

8. [美] 卡扎米亚斯，马亚拉斯. 教育的传统与变革 [M]. 福建师范大学教育系，等译. 北京：文化教育出版社，1981.

9. [美] 杜威（Dewey, J.）. 杜威教育论著选 [M]. 上海：华东师范大学出版社，1981.

10. [美] 卡扎米亚斯，马亚拉斯. 教育的传统与变革 [M]. 北京：文化教育出版社，1981.

11. [日] 佐藤学. 教师：两难问题 [M]. 世织书房，1997.

12. [英] 阿尔玛·哈里斯（Alma Harris），丹尼尔·缪伊斯（Daniel Mui-

js）．教师领导力与学校发展［M］．许联，吴合文，译．北京：北京师范大学出版社，2007．

13．［英］罗素．西方哲学史：上卷［M］．何兆武，李约瑟，译．北京：商务印书馆，1963．

14．［英］戴维·休谟．人性论［M］．北京：九州出版社，2007．

15．［美］埃莉诺·奥斯特罗姆．公共事物的治理之道：集体行动制度的演进［M］．上海：三联书店，2000．

16．［美］杰夫·米尔斯．教师行动研究指南［M］．重庆：重庆大学出版社，2010．

17．［美］马克·汉森．教育管理与组织行为［M］．冯大鸣，译．上海：上海教育出版社，2005．

18．［德］马克斯·韦伯．经济与社会：上卷［M］．林远荣，译．北京：商务印书馆，1997．

19．［美］尼古拉斯·M．米凯利．为了民主和社会公正的教师教育［M］．上海：华东师范大学出版社，2009．

20．［美］道格拉斯·C．诺思．经济史中的结构与变迁［M］．上海：三联书店，1997．

21. Cullen, J. B. The structure of professionalism: A quantitative examination. New York: Petroceli Book, 1978.

22. Durkheim Emile. Division of Labor in Society Translated by George simpson. NewYork: The Free Press. 1933.

23. Harald D. Lasswell and A. Kplan, 1970, Power and society, New Haven: Yale University Press.

24. ILO/UNESCO. 2002, The 1966 ILO/UNESCO Recommendation Concerning the Status of Teachers: What Is It? Who Should Use It? ILO & UNESCO.

25. Kanno Y. Negotiating bilingual and bicultural identities: Japanese returnees betwixt two worlds, Mahwah. N. J. : Lawrence Erlbaum. 2003.

26. William Foster, Paradigms and Promises: New Approaches to Educational Administration, Prometheus Books, 1986.

27．陈永明．教师教育学［M］．北京：北京大学出版社，2012．

28．陈振明．政策科学［M］．北京：中国人民大学出版社，1998．

29. 程天君，吴康宁. 中国高校哲学社会科学发展报告（1978—2008）：教育学［M］. 桂林：广西师范大学出版社，2008.

30. 代华蕊. 教师专业发展与校本培训［M］. 北京：教育科学出版社，2011.

31. 丁钢. 中国教育：研究与评论：第13辑［M］. 北京：教育科学出版社，2009.

32. 丁钢. 中国中小学教师专业发展状况调查与政策分析报告［M］. 上海：华东师范大学出版社，2010.

33. 杜时忠. 科学教育与人文教育［M］. 武汉：华中师范大学出版社，2005.

34. 范国睿，杜成宪. 教师政策［M］. 上海：上海教育出版社，2012.

35. 范国睿. 教育政策的理论与实践［M］. 上海：华东师范大学出版社，2013.

36. 范国睿. 教育政策观察：第4辑［Educational Policy Observatory］［M］. 上海：上海教育出版社，2011.

37. 冯建军. 生命与教育［M］. 北京：教育科学出版社，2004.

38. 高清海，胡海波，贺来. 人的"类生命"与"类哲学"：走向未来的当代哲学［M］. 长春：吉林人民出版社，1998.

39. 何东昌. 何东昌论教育［M］. 北京：人民教育出版社，2009.

40. 何杰. 新世纪支持农村义务教育发展的政策执行考察［M］. 北京：中国社会科学出版社，2014.

41. 黄济，王策三. 现代教育论［M］. 北京：人民教育出版社，1996.

42. 黄济. 教育哲学通论［M］. 太原：山西教育出版社，2001.

43. 黄旭. 教师培训的反思与展望［M］. 福州：福建教育出版社，2007.

44. 金生鈜. 规训与教化［M］. 北京：教育科学出版社，2004.

45. 金生鈜. 教育：思想与对话［M］. 北京：教育科学出版社，2005.

46. 李金齐. 资本与地位：农村教师社会地位的社会学考察［M］. 北京：中央编译出版社，2012.

47. 李学农，张清雅. 教师教育世纪转型与发展［M］. 南京：南京师范大学出版社，2014.

48. 李学农. 教育研究的理论与实践［M］. 南京：南京师范大学出版

社，2014.

49. 连榕．教师职业生涯发展［M］．北京：中国轻工业出版社，2008.

50. 刘复兴．教育政策的价值分析［M］．北京：教育科学出版社，2003.

51. 柳海民．教育学概论［M］．北京：北京师范大学出版社，2015.

52. 马国贤，赵宏斌．我国农村义务教育财政政策：现状与思考［M］．镇江：江苏大学出版社，2010.

53. 冒荣．南京大学办学理念与治校方略［M］．南京：南京大学出版社，2002.

54. 孙煜明，乔建中．动机心理学［M］．南京：南京大学出版社，1993.

55. 瞿葆奎，郑金洲．中国教育研究新进展［M］．上海：华东师范大学出版社，2001.

56. 邵泽斌．新中国义务教育治理方式的政策考察［M］．北京：北京师范大学出版社，2012.

57. 石中英．教育哲学［M］．北京：北京师范大学出版社，2007.

58. 时伟．当代教师继续教育论［M］．合肥：安徽教育出版社，2004.

59. 孙绵涛．教育政策论［M］．武汉：华中师范大学出版社，2002.

60. 孙维炎，方茂田．邓小平教育理论与实践研究［M］．北京：对外经济贸易大学出版社，1999.

61. 唐松林．中国农村教师发展研究［M］．杭州：浙江大学出版社，2005.

62. 唐莹．元教育学：西方教育学认识论剪影［M］．北京：人民教育出版社，2002.

63. 王辉．校地合作：教师培训与教学研究的新探索［M］．北京：光明日报出版社，2007.

64. 王洁，顾泠沅．行动教育：教师在职学习的范式革新［M］．上海：华东师范大学出版社，2007.

65. 魏峰．弹性与韧性：乡土社会民办教师政策运行的民族志［M］．上海：上海三联书店，2009.

66. 吴德刚．中国教育改革发展报告：改革开放二十年回顾与展望［M］．中共中央党校出版社，1999.

67. 吴康宁．教育社会学［M］．北京：人民教育出版社，1998.

68. 吴文胜．教师发展与政治文化研究：基于教师政策演变的分析［M］．

243

杭州：浙江大学出版社，2013.

69. 吴文胜．教师发展与政治文化研究：基于教师政策演变的分析［M］．杭州：浙江大学出版社，2013.

70. 伍启元．公共政策［M］．香港：商务印书馆，1989.

71. 肖正德，林正范．农村教师的发展状况和保障机制研究［M］．杭州：浙江大学出版社，2014.

72. 叶澜．中国教育学科年度发展报告［M］．上海：上海教育出版社，2002.

73. 叶澜等．教师角色与教师发展新探［M］．北京：北京教育科学出版社，2002.

74. 余震球．维果茨基教育论著选［M］．北京：人民教育出版社，1994.

75. 袁先潋．"四有"好教师［M］．武汉：长江出版社，2015.

76. 袁振国．教育研究方法［M］．北京：高等教育出版社，2005.

77. 袁振国．教育政策学［M］．南京：江苏教育出版社，2001.

78. 袁振国．中国教育政策评论2011［M］．北京：教育科学出版社，2011.

79. 张乐天．教育学［M］．北京：高等教育出版社，2007.

80. 张乐天．教育政策法规的理论与实践［M］．上海：华东师范大学出版社，2009.

81. 张新平．教育管理学的方法体系［M］．北京：科学出版社，2012.

82. 张行涛，李玉平．走进校本教研［M］．北京：开明出版社，2003.

83. 郑燕祥．教育范式转变：效能保证［M］．上海：上海教育出版社，2006.

84. 钟秉林．教师教育转型研究［M］．北京：北京师范大学出版社，2009.

85. 周成海．教师教育范式论［M］．长春：东北师范大学出版社，2008.

86. 周淑卿．课程发展与教师专业［M］．北京：九州出版社，2006.

87. 朱小蔓，笪佐领．新世纪教师教育的专业化走向［M］．南京：南京师范大学出版社，2003.

88. 刘君．教师培训：引领教师自主成长的阶梯——当前中小学教师培训的问题与策略［D］．长沙：湖南师范大学，2004.

89. 庞守兴．中国当代农村教育改革发展史研究［D］．上海：华东师范大学，2000.

90. 涂怀京. 新中国中小学教师法规研究（1949—2000）[D]. 上海：华东师范大学，2003.

91. 石长林. 中国教师政策研究——基于教育政策内容的视角[D]. 武汉：华中师范大学，2005.

92. 于维涛. 县域教师发展支持体系建设研究[D]. 上海：华东师范大学，2009.

93. 朱益明. 教师培训的教育学研究[D]. 上海：华东师范大学，2004.

二、学术论文

1. 白炳贵. 我国中小学教师培训研究回顾与展望[J]. 青海社会科学，2009（4）.

2. 别林业. 中师布局调整和师范教育制度的逐步开放——关于我国师范教育体制改革的政策建议[J]. 教育研究，2000（7）.

3. 陈向明. 从教师"专业发展"到教师"专业学习"[J]. 教育发展研究，2013（8）.

4. 陈赟. 20世纪90年代教师工资问题研究[J]. 清华大学教育研究，2003（1）.

5. 陈至立. 千秋基业 壮丽诗篇——共和国教育50年[J]. 教育研究，1999（9）.

6. 杜华勇，王玮. 教师进修学校与中小学战略伙伴关系构建的研究与实践[J]. 上海教育科研，2009（9）.

7. 杜静. 比较视阈下教师在职培训的特征分析[J]. 河北大学成人教育学院学报，2008，10（1）.

8. 杜时忠. 教师教育的批判与重构[J]. 教师教育学报，2014（3）.

9. 范国睿. 教育体制改革与教育生态活力——纪念《中共中央关于教育体制改革的决定》颁布30周年[J]. 教育发展研究，2015（19）.

10. 范国睿. 教育政策与教育改革的逻辑展开[J]. 教育科学研究，2016（9）.

11. 冯建军. 人的解放：改革开放30年中国教育的主旋律[J]. 中国教师，2008（11）.

12. 顾明远. 发展师范教育，培训在职教师[J]. 瞭望周刊，1985（22）.

13. 顾明远. 师范教育的传统与变迁 [J]. 高等师范教育研究, 2003 (3).

14. 顾明远. 师范院校的出路何在 [J]. 高等师范教育研究, 2000 (6).

15. 顾明远. 我国教师教育改革的反思 [J]. 教师教育研究, 2006 (6).

16. 管培俊. 我国教师教育改革开放三十年的历程、成就与基本经验 [J]. 中国高教研究, 2009 (2).

17. 郭炳德. 构建服务农村基础教育的"双向培训"模式 [N]. 中国教育报, 2007-04-04.

18. 郭浩. 机制创新：农村教师专业发展的根本出路 [J]. 中小学教师培训, 2007 (2).

19. 韩素兰. 中小学教师继续教育政策法规保障机制建设研究 [J]. 中小学教师培训, 2003 (7).

20. 华东师范大学课题组, 王建磐, 马钦荣, 袁振国, 唐玉光, 胡惠闵. 建立高水平、有活力的教师教育体系——关于"十五"期间我国高师院校改革与发展的战略思考 [J]. 高等师范教育研究, 2001 (2).

21. 贺晓星. 教育中的权力—知识分析——深度访谈的中国经验 [J]. 北京大学教育评论, 2014 (2).

22. 贺晓星. 叙事资本：对教育社会史、生活史研究的一种深度理解 [J]. 高等教育研究, 2013 (4).

23. 蒋茵. 专业品性在农村教师专业发展中的价值思考 [J]. 教育理论与实践, 2012 (11).

24. 金李胜. 县级教师进修学校职能转变与拓展的思考 [J]. 中小学教师培训, 2007 (5).

25. 金生鈜. 反主体教育的反思与主体教育的构想 [J]. 教育导刊, 1995 (12).

26. 靳玉乐, 范蔚. 教师教育体制的创新与发展 [J]. 西南大学学报（社会科学版）, 2007 (6).

27. 劳凯声, 刘复兴. 论教育政策的价值基础 [J]. 北京师范大学学报（人文社会科学版）, 2000 (6).

28. 雷伟贺. 中国农村教师培养与培训体系重建 [J]. 中国教育学刊, 2016 (6).

29. 李锋亮, 康小明. 教师教育培训财政体制中的政府职责 [J]. 教师教育研究，2008（1）．

30. 李建平．教研：如何适应课程改革的需要［N］．中国教育报，2003-05-25．

31. 李介．农村教师自主发展的困境与策略研究［J］．中国教育学刊，2016（4）．

32. 李静．农村教师培训需求研究［J］．中国成人教育，2015（7）．

33. 李尚卫，袁桂林．我国农村教师教育制度反思［J］．教师教育研究，2009（3）．

34. 李新宇．我国中小学教师继续教育的进程和新的使命［J］．河南教育学院学报（哲学社会科学版），2001（1）．

35. 李学农．教师教育实践取向辨［J］．教育学报，2016（1）．

36. 李学农．论教师教育者的专业发展［J］．教育发展研究，2012（12）．

37. 李学农．师范大学综合化与教师教育专业化［J］．江苏高教，2005（2）．

38. 梁文艳，胡咏梅．农村中小学教师队伍建设的实证研究——基于中国西部农村的调查［J］．上海教育科研，2008（12）．

39. 刘静．农村教师专业发展支持体系——发展中国家的实践［J］．比较教育研究，2014（1）．

40. 刘君晓．农村中小学骨干教师思想状况的调查分析［J］．现代教育科学，2006（2）．

41. 刘明远．江苏中小学教师培训机构的现状及走向［J］．江苏教育学院学报（社会科学版），2008（2）．

42. 刘秀江，韩杰．对教师专业发展内涵的诠释［J］．教育科学研究，2003（4）．

43. 柳海民．中国义务教育实施30年：成就、价值与展望［J］．北京大学教育评论，2016（4）．

44. 卢乃桂，陈霜叶，郑玉莲．中国校长培训政策的延续与变革（1989—2009）［J］．清华大学教育研究，2010（5）．

45. 卢乃桂，陈峥．中国内地教师继续教育中的权力关系与教师领导［J］．复旦教育论坛，2008（5）．

46. 鲁洁．关系中的人：当代道德教育的一种人学探寻［J］．教育研究，

2002（1）.

47. 庞丽娟，韩小雨. 我国农村义务教育教师队伍建设：问题及其破解[J]. 教育研究，2006（9）.

48. 乔晖. 农村教师教育的问题与转变——从国际比较的视角出发[J]. 盐城师范学院学报（人文社会科学版），2008（2）.

49. 秦磊. 学校教育的结构、功能与"伺服系统"——省、市、县三级教师进修院校的结构定位与功能[J]. 吉林省教育学院学报（上旬），2012（7）.

50. 曲中林. 公益性教师培训的现实与未来[J]. 教育理论与实践，2012（13）.

51. 容中逵. 农村教师发展保障机制与政策体系的系统构建[J]. 教育理论与实践，2014（1）.

52. 邵泽斌. 我国义务教育管理体制的理论逻辑与政策思考[J]. 教育研究与实验，2013（3）.

53. 石中英. 教育公平政策终极价值指向反思[J]. 探索与争鸣，2015（5）.

54. 石中英. 让学校充满自由的精神[J]. 中国教育学刊，2016（6）.

55. 宋永忠. 教师教育的定位、体系与政策[J]. 江苏高教，2005（1）.

56. 孙德芳. 保障农村教师发展的国际经验[J]. 中国教育学刊，2012（12）.

57. 孙绵涛. 教育体制理论的新诠释[J]. 教育研究，2004（12）.

58. 孙征龙. 小学教师提高学历层次培训的实践与思考[J]. 中小学教师培训，1993（7·8）.

59. 唐松林，邹芳. 语境视域与乡村教师：乡村教师素质分析[J]. 湖南师范大学教育科学学报，2013（5）.

60. 唐玉光. 新世纪的教师教育：理论、制度、政策——第三届教师教育政策分析高级研讨会综述[J]. 高等师范教育研究，2001（5）.

61. 陶蕾. 西部地区教师"远程培训"项目绩效评价及改进路径分析[J]. 中小学教师培训，2013（2）.

62. 田慧生. 关于农村教师队伍建设问题的思考[J]. 教育研究，2003（8）.

63. 王晶晶. 教师培训中"厌学"的病理分析[J]. 宁波教育学院学报，2005（1）.

64. 王凯. 农村教师专业发展的保障状况与对策[J]. 全球教育展望，

2011 (11).

65. 王凯. 我国农村中小学教师专业发展评价存在的问题及政策建议——以山东省为个案 [J]. 当代教育科学, 2011 (24).

66. 王立科. 我国教师教育政策发展三十年回顾与展望 [J]. 国家教育行政学院学报, 2009 (1).

67. 王全乐. 我国中小学教师培训制度的历史研究 [J]. 继续教育研究, 2005 (5).

68. 王少华. 关于中小学教研制度建设的研究 [J]. 现代中小学教育, 2005 (12).

69. 王文彦, 安宝生. 新论我国中小学教师培训历史阶段的划分 [J]. 继续教育研究, 2007 (3).

70. 吴广德. "国培计划"是给乡村教师最好的礼物. "国培计划"总结交流工作会议"国培计划"征文集, 2011-03.

71. 吴惠强. 全员培训背景下的县级进修学校培训能力分析——以浙江省J市为例 [J]. 教育研究, 2015 (6).

72. 吴康宁. 从利益联合到文化融合: 走向大学与中小学的深度合作 [J]. 南京师大学报 (社会科学版), 2010 (3).

73. 吴康宁. 社会学视野中的教育 [J]. 教育研究与实验, 2006 (4).

74. 吴康宁. 价值的定位与架构: 课程目标的一种社会学诠释 [J]. 教育科学, 2000 (4).

75. 吴康宁. 社会学视野中的教育 [J]. 教育研究与实验, 2006 (4).

76. 项贤明. 教育学作为科学之应该与可能 [J]. 教育研究, 2015 (1).

77. 项贤明. 教育与人的发展新论 [J]. 教育研究, 2005 (5).

78. 项贤明. 中国西部农村教师社会责任的功能性扩展 [J]. 教育研究, 2004 (10).

79. 肖正德. 文化视野中的农村教师专业发展 [J]. 教育理论与实践, 2006 (21).

80. 谢安邦. 教师教育转型时期的体制创新和制度建设 [J]. 教育研究, 2004 (9).

81. 谢维和. 教师培训: 补充还是转型 [J]. 高等师范教育研究, 2002 (1).

82. 徐今雅. 论新时期中国教师培训政策体系的构建 [J]. 教育探索,

2005（5）.

83. 闫华明. 教师培训区域支持政策的制定与实施［J］. 北京教育学院学报，2010（1）.

84. 杨小微. 转型性变革中的学校领导［J］. 教育研究与实验，2005（4）.

85. 杨小微. 教育学研究的"实践情结"［J］. 教育研究，2011（2）.

86. 杨跃. 回顾与展望：教师教育改革研究30年［J］. 教育理论与实践，2010（13）.

87. 叶澜. 一个真实的假问题——"师范性"与"学术性"之争的辨析［J］. 高等师范教育研究，1999（2）.

88. 叶澜. 转变观念、开拓发展空间——论当代中国高等师范教育的发展［J］. 高等师范教育研究，1995（5）.

89. 叶映华，刘宣文. 专业化与教师社会形象重建［J］. 教育发展研究，2006（14）.

90. 于伟. 我国欠发达地区农村教师队伍建设中的结构性困境与破解［J］. 教育研究，2007（3）.

91. 于泽元. 教师专业发展视野中的高师课程改革［J］. 高等教育研究，2004（3）.

92. 鱼霞，毛亚庆. 论有效的教师培训［J］. 教师教育研究，2004（1）.

93. 袁桂林. 中国农村教育发展指标研究［M］. 北京：经济科学出版社，2009.

94. 袁振国. 大力提高教师专业化水平［J］. 教师教育研究，2008（5）.

95. 袁振国. 教育质量的国家观念［J］. 中国教育学刊，2016（9）.

96. 张斌贤，李子江. 改革开放30年来我国教师教育体制改革的进展［J］. 教师教育研究，2008（6）.

97. 张贵新. 我国中小学教师继续教育的发展阶段与走向［J］. 东北师大学报（社会科学版），2001（1）.

98. 张华. 论教师发展的本质与价值取向［J］. 教育发展研究，2014（22）.

99. 张济洲. 乡村教师的文化冲突与乡村教育改革［J］. 河北师范大学学报（教育科学版），2008（9）.

100. 张军凤. 教师的专业身份认同 [J]. 教育发展研究, 2007 (4).

101. 张乐天. 进一步消解深化高等教育改革的体制障碍 [J]. 复旦教育论坛, 2004 (3).

102. 张乐天. 我国农村教育政策 30 年的演进与变迁 [J]. 南京师大学报（社会科学版）, 2008 (6).

103. 张乐天. 支持发展农村教育：历史使命与政策行动 [J]. 南京师大学报（社会科学版）, 2007 (3).

104. 张莉莉, 林玲. 城市化进程中乡村教师的境遇：倦怠与坚守 [J]. 河北师范大学学报（教育科学版）, 2014 (1).

105. 张茂聪, 李拉. 均衡与发展：县域基础教育教师培训体系的合理构建 [J]. 当代教育科学, 2007 (19).

106. 张琴秀. 新中国教师教育体制发展轨迹探析 [J]. 教育理论与实践, 2010 (16).

107. 张新平, 冯晓敏. 教师角色新定位：做一位欣赏型教师 [J]. 教育发展研究, 2016 (10).

108. 张新平. 义务教育优质学校的建设路径 [J]. 教师教育学报, 2016 (1).

119. 张宇, 宇海英. 城乡教育一体化进程中农村义务教育教师质量问题与对策 [J]. 教育发展研究, 2012 (24).

110. 郑生勇. 教育政绩的偏误与匡正 [J]. 教育研究与实验, 2015 (2): 71.

111. 钟秉林. 强化高校办学主体地位 促进内涵建设和质量提升 [J]. 中国高等教育, 2015 (18).

112. 钟启泉. 教师"专业化"：理念、制度、课题 [J]. 教育研究, 2001 (12).

113. 钟启泉. 我国教师教育制度创新的课题 [J]. 北京大学教育评论, 2008 (3).

114. 周小山, 严先元. 新课程的师资培训与教师教育改革 [J]. 教育研究, 2002 (11).

115. 周玉元. 我们需要什么样的培训 [J]. 中小学教师培训, 2010 (12).

116. 朱广清.教师培训中的选择性学习——以常州市"名师大学堂"为例［J］.中国教育学刊，2011（5）.

117. 朱旭东，宋萑.论教师培训的核心要素［J］.教师教育研究，2013（3）.

118. 朱旭东，袁丽.教师资格考试政策实施的制度设计［J］.教育研究，2016（5）.

119. 朱旭东.论"国培计划"的价值［J］.教师教育研究，2010（6）.

120. 朱旭东.论我国农村教师培训系统的重建［J］.教师教育研究，2011（6）.

121. 朱旭东.我国现代教师教育制度构建［J］.北京师范大学学报（社会科学版），2007（4）.

122. 朱益明，田宏忠."中小学教师继续教育工程"的当前进展［J］.中小学教师培训，2002（3）.

123. 朱永新.关于教师继续教育的政策建议［J］.教育研究，2003（4）.

124. ［日］浅沼茂.21世纪的教师形象［J］.教育展望，2000（1-2）.

三、历史文献及资料

1. "国培计划"总结交流工作会议"国培计划"征文集.2011-03.

2. "国培计划"总结交流工作会议院校经验交流材料汇编.2011-03.

3. 邓小平文选：第1-3卷［M］.北京：人民出版社，1994.

4. 关于我国教师教育发展战略及改革举措的建议——全国教师教育专家委员会成立大会暨第一次全体会议纪要［J］.教师教育研究，2004（3）.

5. 江苏省陶行知教育思想研究会.陶行知文集.南京：江苏人民出版社，1981.

6. 马克思恩格斯全集：第1卷［M］.北京：人民出版社，1956.

7. 农村教育政策的抉择.国际学术研讨会论文集.2009.

8. 中国教育年鉴（1988年）［M］.北京：人民教育出版社，1989.

9. 中国教育年鉴（1999）［M］.北京：人民教育出版社，2000.

10. 北京师范大学教育学院"中国教育发展报告·变革中的教师与教师教育"课题组.2003年中国中小学教师教育现状调研报告.

11. 国家教委发展与政策研究中心.发达国家改革的动向和趋势：第2集［M］.北京：人民教育出版社，1987.

12. 国家教育委员会师范教育局. 师范教育文件选编（1980—1987）[M]. 长春：东北师范大学出版社, 1989.

13. 江苏教师教育网内部资料. 2015 江苏教师教育网新闻集锦.

14. 江苏省教育厅. 江苏省中小学教师队伍基本结构现状分析报告. 2006 - 08.

15. 江苏省教育厅材料汇编. 强化师资培训 服务教育提升. 2011 年度师干训工作总结, 2011 - 12 - 17.

16. 江苏省教育厅师资处, 江苏省教师培训中心. 2015 年江苏省中小学（幼）教师（校长、园长）培训质量数据分析报告. 2015 - 12 - 31.

17. 江苏省教育厅师资处, 江苏省教师培训中心. 2016 年江苏省中小学（幼）教师（校长、园长）培训质量数据分析报告. 2016 - 12 - 31.

18. 江苏省陶行知教育思想研究会. 陶行知文集[M]. 南京：江苏人民出版社, 1981.

19. 教育部师范教育司. 中国中小学教师发展报告·2010 [M]. 北京：教育科学出版社, 2011.

20. 教育部师范司. 教师专业化的理论与实践[M]. 北京：人民教育出版社, 2001.

21. 琚鑫圭. 中国近代教育史资料汇编·实业教育师范教育[M]. 上海教育出版社, 1994.

22. 张健. 中国教育年鉴（1949 - 1981）[M]. 北京：中国大百科全书出版社, 1984.

23. 刘公绰, 赵西文. 铜山教师进修四十年. 徐铜新出准印字（95）013 号.

24. 教育部副部长刘利民在"国培计划"总结交流工作会议上的讲话.

25. 盖笑松. 当前农村教师培训工作面临的问题与对策[N]. 光明日报, 2006 - 12 - 02.

26. 管培俊. 精心筹划 精心组织 确保"国培计划"顺利实施——在"国培计划"实施准备工作会议上的讲话, 2010 - 07 - 05.

27. 刘苗. 对话 J 省"黑户乡村教师"：26 年后才知被辞退[N]. 华商报, 2016 - 02 - 27.

28. 谈松华. 以制度建设为重点深化教育改革[N]. 中国教育报, 2007 - 12 - 01.

29. 甄茜. 考老师[N]. 南方周末, 1999 - 10 - 08.

后 记

聚焦乡村教师成长，对改革开放以来的农村教师培训政策进行系统研究是一次有益的尝试。从写作到出版，在经历了长达8年的"阵痛"之后，虽然已形诸笔端，但终究只能算是阶段性完成了既定的研究任务，就算是抛砖引玉吧，期待更多的研究者能够关注农村教师培训政策的研究，期待更多更好的农村教师培训政策出台，为乡村教师成长奠基。

感谢我的导师张乐天教授，对我不离不弃，给予我悉心呵护与关爱，为我指点研究的方法与路径，字斟句酌，诲人不倦。不仅仅是学术的熏陶，更以其严谨的治学精神和慈父般的人格魅力感染着我，鞭策我在学术的道路上毅然前行，永不言弃。这是我一辈子的荣幸与收获。张老师教会了我如何做研究，更教会了我如何做人。

做研究是一个艰辛的学习过程。感谢我的老师吴康宁教授、金生鈜教授、张新平教授、冯建军教授、张之沧教授，以及来自美国新墨西哥州立大学的Dr. Dana教授等诸位大咖，他们的博学多才和在课堂内外、在学术报告和专业研究中带给我们的幽默、睿智与快乐，让我终身受益无穷。

南京师范大学是学术的殿堂。在研究选题、开题、写作、论证和出版等过程中，我得到了杨启亮教授、叶忠教授等专家和领导的支持和帮助。由华东师范大学杨小微教授、东北师范大学于伟教授、南京大学贺小星教授、南京师范大学项贤明教授和杨跃教授组成的评审委员会多角度对我的研究提出了犀利而又诚挚的修改意见。感谢老师们为我提供的学术滋养和指导，让我在迷茫中找准研究的方向和治学路径，感受教师的职业幸福和敬业精神。

南京师范大学教育科学学院是我从事教育研究的摇篮和强大支柱。在这里，同门互助，朝夕相伴，学术研习蔚然成风。感谢邵泽斌、魏峰、田一聚、刘孙

>>> 后记

渊、李传红、彭华安、何杰等各位同门给予我的力量和热情帮助，他们的学术成就和无私奉献让我引以为豪并时常作为我学习的榜样激励我勇往直前。李玲老师耐心细致的工作和温馨关爱令我们难忘。

本研究得到了江苏省教育厅师资处、江苏省教育评估院、江苏省高校师资培训中心、江苏省教师培训中心、南京师范大学现代教育技术中心、江苏省教师教育研究会等教育行政部门和教育研究机构的大力支持。南京师范大学教师教育学院和南京师范大学基础教育师资培训中心以"国培计划"和省培项目为代表开展的一系列乡村教师培训活动，为本研究累积了大量乡村教师的素材。衷心感谢各位领导、同事和老友的勉励与帮助！

研究过程中，我还到访了六合区教师进修学校、扬州市教育局师资处、邗江区教育局、邗江区教师进修学校、美琪学校、黄珏学校、酒甸学校、汊河学校等农村教师培训机构和农村学校，得到了一线农村教师培训管理者和农村教师的热情相助，为我的研究提供了大量鲜活的案例和访谈资料。不幸病故的王殿雨老师曾多次陪我进出当地教育局和档案馆，一别之后竟成永别，甚是怀念。也鸣谢江苏省档案馆、扬州市档案馆和邗江区档案馆为我的研究提供的热情服务和丰富馆藏。

最后，我要特别感谢在幕后默默支持我完成研究的家人。年近八旬的岳父母在我最需要的时候毅然从扬州老家来到南京与爱人王玉芳一起操劳家务，让我有足够的时间开展研究，衣食无忧，享受学习的幸福。女儿金晓晗从南京外国语学校到北京大学、再到美国卡内基梅隆大学读书，一路少不了催促我加油，跟上她的步伐和学习方法。唯一遗憾和对不起的是我在研究期间无法尽孝的年迈的母亲，也谨以此作献给为我操劳一生的伟大的母亲。

因资料解密等原因，加上水平有限，工学矛盾突出，对于乡村教师培训政策的研究尚未能深入开展。乡村教师培训任重而道远，我谨记"路漫漫其修远兮，吾将上下而求索"。唯愿犁出一片属于乡村教师的心田，迎接凤凰与彩蝶飞舞。

金礼久
2019 年 1 月 9 日于随园